Glanzlichter der Wissenschaft

Ein Almanach

*herausgegeben
vom Deutschen Hochschulverband*

Bibliografische Information der Deutschen Nationalbibliothek
Die Deutsche Nationalbibliothek verzeichnet diese Publikation in der Deutschen Nationalbibliografie; detaillierte bibliografische Daten sind im Internet über http://dnb.d-nb.de abrufbar.

ISBN 978-3-8282-0572-7
© Deutscher Hochschulverband 2012
Redaktion: Felix Grigat, M.A. (verantwortl.)
Dr. Michael Hartmer
Friederike Invernizzi, M.A.
Ina Lohaus
Vera Müller, M.A.
Druck: Saarländische Druckerei und Verlag GmbH, 66793 Saarwellingen

Inhaltsverzeichnis

Die dunkle Seite der Kindheit
Kleinkinder dauerhaftem Stress auszusetzen ist unethisch. Eine Analyse der Risiken und Nebenwirkungen der deutschen Krippenoffensive
Rainer Böhm 7

Die Bildung des Bürgers
Veränderte im achtzehnten Jahrhundert das Bürgertum die Gesellschaft oder die Gesellschaft das Bürgertum? Ein Beitrag zur Sozialgeschichte aufgeklärter Geselligkeit
Heinrich Bosse 13

Der Wert der Wahrheit wächst
Die Unparteilichkeit der Wissenschaft als Parteilichkeit für die Erkenntnis der gemeinsamen Welt
Volker Gerhardt 19

Der „Hamsterrad"-Effekt
Unparteilichkeit der Wissenschaft – Anspruch oder Wirklichkeit?
Michael Hartmann 29

Das Geld der Wissenschaft
Potenz und Faszination des Geldes für die Wissenschaft
Jochen Hörisch 33

Grundphänomen des Lebens
Sammeln und Horten – eine menschliche Eigenart?
Thomas Junker 41

Wie Studenten denken – Eine Stichprobe
157 Versuche, eine Karikatur zu verstehen
Georg Kamphausen 45

Die institutionalisierte Geringschätzung der Lehre
Und was die Exzellenzinitiative dazu beigetragen hat
Peter Graf Kielmansegg..51

Verfassungsnot!
Paul Kirchhof 55

Keine Zweifel, kein Abwägen, keine Kompromisse
Populismus aus rhetorischer Sicht
Joachim Knape 61

Kann man trinkend gute Bücher schreiben?
Der Wein und die Literatur
Hermann Kurzke 65

Humboldt aufpoliert
Kann ein Studium Bildung und Ausbildung zugleich sein? Ja!
Dieter Lenzen 71

Wandel in der Medizin: Folgen für Arzt und Patient
Julika Loss 75

Symmetrie und Gottes Teilchen
Klaus Mainzer 83

Ärztliche Hilfe als Geschäftsmodell?
Eine Kritik der ökonomischen Überformung der Medizin
Giovanni Maio 87

Muslime auf Augenhöhe
Ein Forschungsprojekt sucht nach der europäischen Dimension des Koran
Angelika Neuwirth 93

Gibt es andere Universen – und wie viele?
Auch die moderne Wissenschaft hat ihre Glaubensfragen
Ein Gespräch mit der US-amerikanischen Physikerin Lisa Randall 103

Bald wird alles anders sein
Doch wir können die Folgen steuern: Manifest für eine Sozialisierung
der Automatisierungsdividende
Frank Rieger 109

Die Werte der Tyrannei
Bernd Rüthers 117

Goethe und ein Ende
Lektüre und Lebensstil
Hannelore Schlaffer 125

Für Wildwuchs im europäischen System
Über die Attraktivität des europäischen Hochschulraums
Ulrich Schollwöck 129

Auf ein Glas Wein mit Kant
Oder: „Der Mensch ist, was er trinkt"
Andreas Speer 137

Zwist am Abgrund
Eine Debatte zur Frage „Gibt es noch eine Universität?" aus dem Jahr 1931/32
Dieter Thomä..141

Non scholae sed vitae?
Lehre an antiken Hochschulen
Konrad Vössing 149

Michael Kohlhaas und der Kampf ums Recht
Andreas Voßkuhle/Johannes Gerberding...153

Wie ökonomisch ist Bildung?
Barbara Zehnpfennig 165

Die Autoren 169

Quellennachweis..173

Rainer Böhm

Die dunkle Seite der Kindheit

Kleinkinder dauerhaftem Stress auszusetzen ist unethisch.
Eine Analyse der Risiken und Nebenwirkungen
der deutschen Krippenoffensive

Geht es nach der Bundesministerin Kristina Schröder (CDU), dann wird es im kommenden Jahr in Deutschland 750 000 Betreuungsplätze für Kinder unter drei Jahren geben, die meisten davon in Krippen. Dieses Ziel der Familienpolitik ist ehrgeizig: Bezogen auf drei Geburtsjahrgänge entspräche die Vorgabe der Bundesregierung einer außerfamiliären Betreuungsquote von 47 Prozent. Verteilte man die Plätze nur auf Ein- und Zweijährige, dann betrüge die Quote annähernd 70 Prozent.
Soll das Lebensumfeld der Kleinstkinder derart einschneidend verändert werden, ist eine hohe Sensibilität bei der Planung und der Einführung des nahezu flächendeckenden Angebots an Betreuungsmöglichkeiten unabdingbar. Doch auch damit ist es noch nicht getan. Ebenso unabdingbar ist es, die gesetzlichen Vorgaben an dem jeweils aktuellen Stand der psychologischen, medizinischen und anthropologischen Forschung auszurichten. In dieser Hinsicht sind den politischen Entscheidungsträgern schwerwiegende Versäumnisse vorzuwerfen.
Im Kreis der Industrienationen ist Deutschland, zumindest in den Grenzen der alten Bundesrepublik, in Bezug auf außerfamiliäre Betreuung eher ein Nachzügler. Diese Position bietet aber auch die Chance, Fehler zu vermeiden, die andere gemacht haben. Es lohnt sich also, einen Blick ins Ausland zu werfen, etwa in die Vereinigten Staaten und damit in ein Land, das einer der Vorreiter auf dem Feld der außerfamiliären Kinderbetreuung ist.

Dort haben die Globalisierung und eine staatlich tolerierte, zunehmende Ungleichheit der Erwerbseinkommen dazu geführt, dass aufgrund ökonomischer Zwänge der Doppelverdienerhaushalt seit den achtziger Jahren zur Regel geworden ist. Parallel dazu stieg die Nachfrage nach einem System umfassender Kinderbetreuung bis herab zum Säuglingsalter. Inzwischen ist „daycare", die Tagesbetreuung für Säuglinge und Kinder von null bis vier Jahren, zusammen mit „preschool" und „kindergarten" der Regelfall.

Indes entbrannte in den Vereinigten Staaten gleichfalls in den achtziger Jahren eine Debatte über die Frage, ob kleine Kinder in diesem grundlegend veränderten Umfeld nicht womöglich Schaden nähmen. Wissenschaftliche Untersuchungen erbrachten zunächst uneinheitliche Ergebnisse. Für Unruhe sorgte die Längsschnittstudie des Entwicklungspsychologen Thomas Achenbach (Universität Vermont), der an mehr als 3 000 Schülern einen deutlichen Rückgang sozioemotionaler Kompetenzen feststellte. Im Vergleich zu den Siebziger Jahren waren amerikanische Kinder 15 Jahre später verschlossener, mürrischer, unglücklicher, ängstlicher, depressiver, aufbrausender, unkonzentrierter, fahriger, aggressiver und häufiger straffällig. Sie zeigten bei 42 Verhaltensindikatoren schlechtere Ergebnisse, bei keinem Kriterium schnitten sie besser ab.

Um diese auch als „child care wars" bezeichneten Auseinandersetzungen zu befrieden, wurde eine Großstudie ins Auge gefasst. Unter der Regie des renommierten National Institute of Child Health and Development (NICHD) entwickelte eine Gruppe weltweit führender Spezialisten für frühkindliche Entwicklung Anfang der neunziger Jahre ein ausgefeiltes Untersuchungsdesign, in dem nahezu alle Faktoren berücksichtigt wurden, die für die kindliche Entwicklung relevant sind. Daraufhin wurden mehr als 1300 Kinder, überwiegend aus weißen Mittelschichtfamilien, im Alter von einem Monat in die Studie aufgenommen. Über einen Zeitraum von fünfzehn Jahren wurden sodann die kognitive Entwicklung und das Verhalten der Kinder detailliert gemessen. Erhoben wurden überdies der Bildungsstand, der sozioökonomische Status und der Familienstand der Eltern, dazu verschiedene Dimensionen der Eltern-Kind-Interaktion sowie eine Vielzahl an Daten zur außerfamiliären Betreuung wie Art der Einrichtung, Besuchsdauer und Betreuungsqualität. Dieser weltweit einzigartige Datensatz wurde bis heute in über 300 wissenschaftlichen Publikationen ausgewertet und steht auch externen Forschern für eigene Analysen zur Verfügung.

In Deutschland wurden die Ergebnisse der Studie im vergangenen Jahr wurden während des Kinderärztekongresses in Bielefeld vorgestellt. Wie Jay Belsky, ein Psychologe aus San Francisco, berichtete, konnte nachgewiesen werden, dass die Eltern-Kind-Bindung durch außerfamiliäre Betreuung nicht grundsätzlich negativ beeinflusst wird. Unzweifelhaft ist aber auch, dass sehr frühe und umfangreiche Betreuung von zweifelhafter Qualität mit erheblichen Risiken für das Bindungsmuster zwischen Mutter und Kind einhergeht. Damit erhöht sich auch das Risiko, später an einer psychischen Störung zu erkranken. Hohe Betreuungsqualität führte, im Vergleich zu geringerer Qualität, zu etwas besseren kognitiven Leistungen im Vorschulalter. Dieser Unterschied war auch noch in der Sekundarstufe nachweisbar. Die Dauer außerfamiliärer Betreuung hatte hingegen keinen signifikanten Einfluss auf die schulischen Leistungen.

Am beunruhigendsten war indes der Befund, dass Krippenbetreuung sich unabhängig von sämtlichen anderen Messfaktoren negativ auf die sozioemotionalen Kompetenzen der Kinder auswirkt. Je mehr Zeit kumulativ Kinder in einer Einrichtung verbrachten, desto stärker zeigten sie später dissoziales Verhalten wie Streiten, Kämpfen, Sachbeschädigungen, Prahlen, Lügen, Schikanieren, Gemeinheiten begehen, Grausamkeit, Ungehorsam oder häufiges Schreien. Unter den ganztags betreuten Kindern zeigte ein Viertel im Alter von vier Jahren Problemverhalten, das dem klinischen Risikobereich zugeordnet werden muss. Später konnten bei den inzwischen 15 Jahre alten Jugendlichen signifikante Auffälligkeiten festgestellt werden, unter anderem Tabak- und Alkoholkonsum, Rauschgiftgebrauch, Diebstahl und Vandalismus. Noch ein weiteres, ebenfalls unerwartetes Ergebnis kristallisierte sich heraus: Die Verhaltensauffälligkeiten waren weitgehend unabhängig von der Qualität der Betreuung. Kinder, die sehr gute Einrichtungen besuchten, verhielten sich fast ebenso auffällig wie Kinder, die in Einrichtungen minderer Qualität betreut wurden. Grundsätzlich zeigte sich aber, dass das Erziehungsverhalten der Eltern einen deutlich stärkeren Einfluss auf die Entwicklung ausübt als die Betreuungseinrichtungen.

Die Autoren der NICHD-Studie leiteten aus diesen Ergebnissen zahlreiche Empfehlungen ab. Kurz gefasst lauten diese: Die Qualität der Betreuung müsse gesteigert werden, die Dauer der Betreuung sei zu reduzieren, während die Eltern in ihrem Erziehungsauftrag gestärkt werden müssten. In den Vereinigten Staaten hat man sich allenfalls des ersten Punktes angenommen. In Deutschland wiederum sind die Politiker auf dem besten Weg, die erste und dritte Empfehlung nicht ernst zu nehmen und die zweite Empfehlung – die Verringerung der Betreuungsdauer – in ihr Gegenteil zu verkehren.

Warum dieses Vorgehen mehr als bedenklich ist, zeigen wissenschaftliche Daten, die in den letzten zehn Jahren erhoben wurden. Sie belegen, dass es sich bei den Verhaltensauffälligkeiten, die in der NICHD-Studie registriert wurden, nur um die sprichwörtliche Spitze des Eisbergs handelt. Dank einer neuen Technik konnten Wissenschaftler in den Vereinigten Staaten Ende der neunziger Jahre bei Kleinkindern in ganztägiger Betreuung in zwei Daycare Centers erstmals das Tagesprofil des wichtigsten Stresshormons Cortisol bestimmten. Entgegen dem normalen Verlauf im Kreis der Familie – hoher Wert am Morgen und kontinuierlicher Abfall zum Abend hin – stieg die Ausschüttung des Stresshormons während der ganztägigen Betreuung im Verlauf des Tages an – ein untrügliches Zeichen einer erheblichen chronischen Stressbelastung. In der ersten Einrichtung, deren Betreuungsqualität als gehoben gelten konnte, zeigten fast alle Kinder diesen auffälligen Verlauf. In der zweiten Einrichtung mit sehr hoher Betreuungsqualität standen am Abend immerhin noch fast drei Viertel der Kinder unter abnormem Stress. Eine Metaanalyse einer niederländischen Wissenschaftlerin, die neun ähnliche Folgestudien auswertete, hat diese Ergebnisse bestätigt. Somit muss als gesichert gelten, dass besorgniserregende Veränderungen des Cortisolprofils vor allem bei außerfamiliärer Betreuung von Kleinkindern auftreten, und das selbst bei qualitativ sehr guter Betreuung.

Jene Cortisol-Tagesprofile, wie sie bei Kleinkindern in Kinderkrippen nachgewiesen wurden, lassen sich am ehesten mit den Stressreaktionen von Managern vergleichen, die im Beruf extremen Anforderungen ausgesetzt sind. Bei Kindern liegen die Hormonwerte weit jenseits der milden und punktuellen Aktivierungen des Stresssystems, die als entwicklungsförderlich anzusehen sind. Vielmehr muss in der chronischen Stressbelastung eine Ursache dafür gesehen werden, dass Krippenkinder häufiger erkranken. Sie leiden nicht nur öfter an Infektionen, sondern auch an Kopfschmerzen oder immunologischen Störungen wie Neurodermitis.

Aus der psychobiologischen Forschung ist bekannt, dass chronische Stressbelastung ein Kernphänomen bei misshandelten und vernachlässigten Kindern darstellt. Die amerikanische Anthropologin Meredith Small bezeichnete Stress, sexuelle Übergriffe und Gewalt daher auch als „dunkle Seite der Kindheit": Die dauerhafte Aktivierung des Stresssystems mündet oft in einer Erschöpfungsreaktion: Das Stressregulationssystem geht sozusagen unter dem Stress-

Trommelfeuer in die Knie. Genau dieser Effekt wurde jetzt auch in Wien in einer Studie über Kinderkrippen nachgewiesen. Vor allem Kinder im Alter unter zwei Jahren zeigten nach fünf Monaten qualitativ durchschnittlicher Krippenbetreuung stark abgeflachte Cortisol-Tagesprofile – vergleichbar mit den Werten, die in den neunziger Jahren bei zweijährigen Kindern in rumänischen Waisenhäusern gemessen wurden. Diese Befunde lassen keinen anderen Schluss zu als den, dass eine große Zahl von Krippenkindern durch die frühe und langdauernde Trennung von ihren Eltern und die ungenügende Bewältigung der Gruppensituation emotional massiv überfordert ist.

Wie sich diese Überforderung im späteren Leben auswirken kann, lässt sich mittlerweile der NICHD-Studie entnehmen. Kürzlich wurden die morgendlichen Cortisol-Werte der inzwischen 15 Jahre alten Studienteilnehmer gemessen. Bei den Probanden, die schon früh ganztags betreut worden waren, zeigten sich die gleichen Veränderungen wie bei Kindern, die in der Familie emotional vernachlässigt oder misshandelt worden waren. Besonders fällt auf, dass die Effekte in beiden Gruppen gleich stark waren, dass die Veränderungen unabhängig von der Qualität der Betreuung auftraten und dass sich die Stresseffekte von Tagesbetreuung und familiärer Vernachlässigung addierten. Mit anderen Worten: Die Krippenbetreuung wirkte sich weder kompensatorisch noch schützend aus. Alles in allem steht damit fest, dass Krippenbetreuung die Stressregulation auch langfristig negativ beeinflusst. Und: Das in der Öffentlichkeit verbreitete Mantra ist falsch, alle Probleme der Krippenbetreuung ließen sich alleine mit Qualität lösen.

In den vergangenen Jahren ist in einer Fülle von Publikationen dargelegt worden, dass und wie chronische Stressbelastungen die Entwicklung des Gehirns beeinträchtigen, speziell die Zentren für die Stressregulation und die sozioemotionale Kompetenz. Nun zählen die beiden ersten Lebensjahre zu den besonders heiklen Phasen der Entwicklung des Gehirns. In dieser sensiblen Periode gräbt sich chronischer Stress sogar in die Gene ein und führt auf dem Weg sogenannter epigenetischer Mechanismen zu dauerhaften Regulationsstörungen, die sogar an die folgenden Generationen vererbt werden können. Die Wissenschaft weiß mittlerweile, dass chronische Stressbelastung durch kindliche Vernachlässigung und Misshandlung mit einem langfristig deutlich erhöhten Risiko verbunden ist, an schwer behandelbarer Depression zu erkranken oder aber Suizid zu begehen. Neben psychischen Störungen geht mit chronischem Stress auch ein erhöhtes Risiko für körperliche Krankheiten einher wie Herz-Kreislauferkrankungen und Fettsucht, ja sogar für Krebs.

Säuglinge und Kleinkinder können Stressbelastungen noch nicht in Worte fassen. Auch in ihrem Verhalten sind Anzeichen für chronischen Stress oft diskret, wenn nicht fast unmerklich. Jetzt haben die neuen Techniken zur Messung von Stress ein weiteres Fenster zur Seele des Kleinkinds geöffnet. Derzeit fällt es vielen noch schwer, das Bild anzunehmen, das diese neuen, objektiven Messdaten zu erkennen geben. Aber es führt kein Weg um die Einsicht herum, dass die Mehrheit ganztagsbetreuter Krippenkinder, selbst wenn sie bestenfalls in schönen Räumen mit anregendem Spielzeug von engagierten Erziehern oder Erzieherinnen betreut wird, den Tag in ängstlicher Anspannung verbringt, dass sich dies bei einem Teil der Kinder in anhaltenden Verhaltensauffälligkeiten niederschlägt, und dass mit dieser Form der Betreuung Risiken für die langfristige seelische und körperliche Gesundheit einhergehen. Die Gesellschaft muss sich also der Tatsache stellen, dass sich emotionale Misshandlung nicht nur unter familiären oder institutionellen Deprivationsbedingungen, sondern – unbeabsichtigt – häufig auch im kognitiv stimulierenden Umfeld einer Krippe ereignet.

Indes hat sich selbst die Kinder- und Jugendmedizin in Deutschland diesem Thema bislang nicht eingehend gestellt. Noch im Jahr 2008 hieß es in der „Monatsschrift Kinderheilkunde", dass es keinen einzigen Artikel gebe, in dem Daten zum Thema Krippen und Gesundheit in Deutschland in einer peer-reviewed-Zeitschrift publiziert wurden und der somit eine datengestützte Antwort auf die Frage geben könnte, inwieweit mit der Kinderbetreuung in einer Krippe erhöhte (oder auch verminderte) gesundheitliche Risiken verbunden sind. Dieser Befund ist umso bemerkenswerter, als die damalige Bundesfamilienministerin von der Leyen (CDU) das Ziel ausgab, binnen weniger Jahre 750 000 Kinder in U3-Betreuung zu haben.

In dieser Situation erfordert das „primum nil nocere" – das erste Gebot ärztlichen Handelns, keinen Schaden zuzufügen – größere Anstrengungen. Niemand kann exakt vorhersehen, wie sich ein einzelnes Kind in Betreuung entwickeln wird. Zu vielfältig sind die Faktoren, die Einfluss auf die kindliche Entwicklung nehmen. Wichtig neben den familiären Lebensumständen ist vor allem die genetische Ausstattung eines Kindes, denn sie ist mitursächlich für die Resilienz gegenüber Belastungssituationen. Fachleute müssen Eltern und Politikern jedoch angemessene Informationen über statistisch erfassbare Risiken der U3-Betreuung geben.

Dieses Risiko liegt für Verhaltensauffälligkeiten in einem moderaten Bereich. Hinsichtlich einer chronischen Beeinträchtigung des emotionalen Wohlbefindens ist das Risiko jedoch stark erhöht. Nicht zu verschweigen ist ferner ein erhöhtes Risiko für späte seelische Erkrankungen.

Erhöhte Stressbelastung und vermehrte Verhaltensauffälligkeiten wurden mittlerweile auch bei ersten systematischen Untersuchungen zur U3-Betreuung in Tagespflege gefunden. Durch nichts zu belegen ist dagegen die Hoffnung auf Förderung des Sozialverhaltens, die viele Eltern derzeit einen frühen Krippenbesuch in Betracht ziehen lässt. Eine signifikante, moderate Förderung der Lernleistungen kann nur bei hoher Betreuungsqualität erwartet werden. Diese ist in deutschen Krippen derzeit nur in Ausnahmefällen anzutreffen. Die von der Bertelsmann-Stiftung mit großem publizistischen Aufwand plakatierte hohe Rate an Gymnasialanmeldungen nach Krippenbetreuung ist daher eher auf höhere Ansprüche der Eltern zurückzuführen und nicht auf einen tatsächlichen Gewinn kognitiver Fähigkeiten.

Anstatt dass die Erziehungsleistung der Eltern von politischer oder gesellschaftlicher Seite schleichend entwertet wird, muss Müttern und Vätern die Bedeutung bewusst gemacht werden, die ihre liebevolle und kontinuierliche Präsenz für die gesunde seelische Entwicklung ihrer Kinder gerade in deren ersten Lebensjahren hat. Die herkömmliche Aufteilung von familiären Aufgaben kann durchaus überdacht werden. Während Mütter durch Geburt und Stillzeit die Hauptbeziehungsperson der ersten Lebensphase sind, sollten Väter darin bestärkt und gefördert werden, diese Rolle häufiger im fortgeschrittenen Kleinkindalter ihrer Kinder zu übernehmen.

Aufgrund der dargelegten Risiken ist es unumgänglich, dass alle Eltern die Entscheidung über eine mögliche frühe außerfamiliäre Betreuung frei von ökonomischen Zwängen treffen können. Hierfür muss der Grundsatz „the money goes with the child" (das Geld geht mit dem Kind) wegweisend werden. Die Wahlfreiheit für Eltern könnte über ein Kinder-Grundeinkommen oder ein Betreuungsgeld sichergestellt werden, wie es mittlerweile in allen skandinavischen Ländern gezahlt wird und deutlich höher ist, als die eher symbolische Summe, die in Deutschland zur Debatte steht. Es wäre dann in das Ermessen der Eltern gestellt, ob sie sich ganz der Erziehung der Kinder widmen oder Kind und Geld einer außerfamiliären Betreuungsinstanz anvertrauen möchten, um selbst einer Erwerbstätigkeit nachzugehen.

Wissenschaftlich fundierte und evidenzbasierte Vorbehalte gegenüber früher Krippenbetreuung dürfen freilich nicht dazu führen, dass auf die frühe Förderung jener Gruppe von Kindern verzichtet wird, die besonderen sozialen oder biologischen Entwicklungsrisiken ausgesetzt sind. Allerdings zeigen alle Studien, dass auch diese Kinder in ihren ersten Lebensjahren im Rahmen ihrer Familie und in Anwesenheit ihrer primären Bindungspersonen gefördert werden sollten, etwa durch Familienhebammen, Elterntrainings, heilpädagogische Frühförderung, sozialpädagogische Familienhilfe oder auch in gemeinde- oder stadtteilzentrierten Kleinkind-Spielgruppen. Für alle diese Maßnahmen liegen Wirksamkeitsnachweise vor.

Die deutsche „Krippenoffensive" geht wesentlich auf die massive politische und publizistische Lobbyarbeit von Wirtschaftsverbänden zurück, die angesichts der demographischen Entwicklung versuchen, Arbeitskraftreserven auch unter jungen Eltern zu mobilisieren. So wird etwa in Publikationen wirtschaftsnaher Institute versucht, den Begriff „Familienfreundlichkeit" wesentlich über das Angebot an Krippenbetreuungsplätzen zu definieren. Die Bertelsmann-Stiftung, der operative Arm des größten europäischen Medienkonzerns, bereitet seit Jahren systematisch den Boden für eine langfristig geplante Expansion der Konzernaktivitäten ins lukrative und konjunkturunabhängige Bildungsgeschäft. Dabei wird auch die Meinungsführerschaft im Sektor frühkindliche Bildung angestrebt. Kritische Stimmen werden marginalisiert, andere dagegen in eigene „Studien" eingebunden, die die Konzernziele unterstützen. Auch die Betreuungsbranche macht sich für die Ausweitung des Krippenangebots stark, da sie sich von diesem Schritt Wachstumschancen erwartet, die durch staatliche Subventionierung abgesichert sind. Marktchancen winken auch Fachverlagen, die sich einen neuen Publikationssektor erschließen können. Universitäten und Fachschulen schließlich hoffen auf Steuergelder für neue Ausbildungsgänge.

Der Eigendynamik all dieser Entwicklungen muss mit besonderer Wachsamkeit begegnet werden. Auf der Basis der NICHD-Studie und der neuen Ergebnisse der Stressforschung wurde daher während des Kinderärztekongresses in Bielefeld ein Vorschlag zu einer entwicklungsmedizinisch evidenzbasierten Empfehlung unterbreitet. Erstens: Keine Gruppentagesbetreuung von Kindern unter zwei Jahren. Zweitens: Zwischen dem zweiten und dritten Geburtstag maximal halbtägige Betreuung von bis zu zwanzig Stunden in der Woche. Drittens: Ab dem dritten Geburtstag je nach individueller Bereitschaft ganztägige Betreuung möglich. Viertens: Konsequente Orientierung an hohen Qualitätsstandards in jeglicher außerfamiliärer Betreuung. Notwendig sind außerdem wissenschaftliche Begleitstudien sowie eine laufende Anpassung von Empfehlungen an den aktuellen Stand der Forschung. Dabei muss auch die bisher völlig vernachlässigte Stressbelastung von berufstätigen Eltern kleiner Kinder und von Krippenerzieherinnen in den Blick genommen werden.

Chronische Stressbelastung ist im Kindesalter die biologische Signatur der Misshandlung. Kleinkinder dauerhaftem Stress auszusetzen, ist unethisch, verstößt gegen Menschenrecht, macht akut und chronisch krank. Ein freiheitlicher Staat, der frühkindliche Betreuung in großem Umfang fördert, ist verpflichtet nachzuweisen, dass die betroffenen Kleinkinder keine chronische Stressbelastung erleiden. Der Gesetzgeber sollte daher von seinen derzeitigen Planungen Abstand nehmen, ein Recht auf außerfamiliäre Betreuung ab dem ersten Geburtstag einzuführen.

Heinrich Bosse

Die Bildung des Bürgers

Veränderte im achtzehnten Jahrhundert das Bürgertum
die Gesellschaft oder die Gesellschaft das Bürgertum?
Ein Beitrag zur Sozialgeschichte aufgeklärter Geselligkeit.

Bildung und Kultur gehören irgendwie zusammen, und dazu werden Geschichten erzählt, sicher keine von den ganz „großen Erzählungen", aber doch solche, die immer noch Schulen, Universitäten und auch die Öffentlichkeit erfüllen. Eine der wirkmächtigsten hat Jürgen Habermas vor fünfzig Jahren in seiner Habilitationsschrift von 1962 über den Strukturwandel der Öffentlichkeit entworfen. Erst als das Bürgertum entstand, begann danach endlich die Kultur allen zu gehören. Es gab eine Zeit, da verzichteten einige Leute darauf, Standesunterschiede wichtig zu nehmen, sie schlossen sich gesellig zusammen, bildeten sich und schufen eine öffentliche Kultur, von allen, für alle.

Im Netz dieser grobmaschigen Formulierung lassen sich immerhin die entscheidenden Fragen einfangen. Wann war das? Wer war das? Die Frage nach der Datierung ist nicht ganz unverfänglich. Wenn wir den Take-off der Moderne an den Anfang des 18. Jahrhunderts setzen, können wir das entstehende Bürgertum als Erklärungsgrund für viele, nicht nur kulturelle Veränderungen des 18. Jahrhunderts gebrauchen. Sollte aber der Take-off erst am Ende des 18. Jahrhunderts stattgefunden haben, so wäre die Entstehung des Bürgertums das Resultat der angesprochenen Veränderungen, ihr Effekt, und als Erklärungsgrund hinfällig.

Es ist also schon wichtig, sich zu entscheiden. Wie viele Sozialhistoriker optiert Jürgen Habermas für die erste Möglichkeit: Das bürgerliche Publikum, das nicht mehr die adlige Hofgesellschaft darstellt, sondern sich in Theatern, Museen und Konzerten bildet, gewinnt um 1750 die

Oberhand. Ich möchte die zweite Möglichkeit zu bedenken geben. Da der Begriff „Bürgertum" erst im 19. Jahrhundert üblich wird, kann die dazugehörige Sache kaum älter sein.

Die Schulordnung der Lateinschule in Bückeburg bietet 1794 den bürgerlichen Schülern an, sie könnten „zu brauchbaren Menschen entweder fürs bürgerliche Leben oder für die höhern Stände, denen sie sich in der Folge widmen wollen, erzogen werden." Man kann also auch als Bürgerlicher zu den höheren Ständen gehören, wenn man, anstatt eine Lehre zu machen, die lateinischen Bildungseinrichtungen durchläuft und studiert.

Ein Jungakademiker, der einige Monate durch Nordwestdeutschland reiste, beobachtete um diese Zeit den Zustand der Bildung in Westfalen. Die Bildung nimmt unter der „osnabrückschen Bürgerschaft" täglich zu, ebenso aber auch unter den „höheren Ständen" in Osnabrück. Die Bürgerschaft, das sind die Gewerbetreibenden mit eigenem Feuer, Herd, Bürgerrecht. Zu den höheren Ständen rechnet der Reisende das Domkapitel, den Adel des Landes, die Beamten der Justizkanzlei sowie der fürstlichen und geistlichen Gerichte, die freien Advokaten, die katholischen und protestantischen Geistlichen. Das heißt, die studierten Theologen und Juristen gehören auf die Seite des Adels.

Mit seiner Reisebeschreibung unter dem sentimentalen Titel „Meine Wallfahrt zur Ruhe und Hoffnung" (1802/03) fand der Verfasser, Justus Karl (von) Gruner, tatsächlich die ersehnte Anstellung und wurde schließlich als Berliner Polizeipräsident adlig. Dass Juristen und Leibärzte so häufig nobilitiert wurden, ist ein sicheres Indiz für die Allianz von Adligen und Akademikern.

Man könnte einwenden, Osnabrück mit seinen achttausend Einwohnern, das noch dazu abwechselnd von einem katholischen und einem protestantischen Bischof regiert wurde, sei atypisch und rückständig. Aber selbst in der großen Reichsstadt Hamburg, die gegen Ende des Jahrhunderts weit über hunderttausend Einwohner zählte, unterschieden sich studierte und unstudierte Ratsherren schon durch ihren Habit, ganz wie in Osnabrück. Johann Georg Büsch (1728 bis 1800), Mathematikprofessor am Hamburger Gymnasium und Begründer der ersten beruflichen Ausbildungseinrichtung für Kaufleute, der Handlungsakademie, klagte noch 1777 über das Unnatürliche in dem Umgange der Gelehrten und Ungelehrten. Die lateinisch-philosophische Ausbildung der Studenten sei so anders als die berufspraktische der Kaufmannsdiener, ihre berufsbedingten Interessen später so sehr verschieden, dass sie sich zwar zum Familienschmaus oder zum Kartenspiel treffen könnten, aber nicht in einem vernünftigen Gespräch. Solange noch nicht Theater, Museen, Konzerte und Bücher den Gesprächsstoff liefern, haben sich die beiden Stände nach Büsch nichts zu sagen.

Phantom der herrschenden Klasse

Da der gelehrte Stand anhand der lateinischen Sprache Textkompetenz erworben hat, ist er auch für das Bücherschreiben zuständig. Die Öffentlichkeit ist seit dem Humanismus in den Händen der Gelehrten (*literati*), und umgekehrt, wer publiziert, ist ein Gelehrter. „Gelehrtes Teutschland" heißt das Autorenverzeichnis des 18. Jahrhunderts. Das ist über dem geschichtsphilosophischen Gegensatz von Adel und Bürgerlichen vergessen worden, die soziologische Analyse nach Schichten macht zudem blind für die sozialrechtliche Unterscheidung von Ständen. Hans-Ulrich Wehler hat daher viele in die Irre geführt, als er den ersten Band seiner Deutschen Gesellschaftsgeschichte dem „Feudalismus" gewidmet hat anstatt der ständischen Gesellschaft. Das bayerische Landrecht von 1756 kennt insgesamt zehn ständische Unterscheidungen, das preußische Landrecht von 1794 nur noch drei: Geburt, Ausbildung, Beruf. In jedem Fall begründet die lateinische Ausbildung in gelehrten Schulen und Universitäten einen eigenen Status, erst die Burschenschaften im 19. Jahrhundert wollen diesen Sonderstatus abschaffen.

Es fällt auf, dass der Bildungsreisende Gruner die Bildungsverhältnisse in Residenzen wie Bückeburg und Oldenburg lobt, in Reichsstädten wie Dortmund und Essen dagegen beklagt, selbst Bremen kommt nicht ohne Einwände davon. Der Gegensatz „Residenzstadt – Reichsstadt" ist geeignet, das Phantom der herrschenden Klasse zu lokalisieren. In der Residenzstadt herrscht der Fürst mit seinem bürgerlich-adligen Regierungsapparat, der grundbesitzende Adel wäre die herrschende Klasse. In der Reichsstadt dagegen herrschen die handel- und gewerbetreibenden Bürger, die sich durch ihren bürgerlich-akademischen und bürgerlich-kaufmännischen Magistrat selbst regieren.

Bislang hat man zur Entstehung des Bürgertums stets den Adel herangezogen, sei es in der Habermas'schen Ablösung des Bürgertums vom Adel, also dem Modell der Emanzipation, sei es in der Metapher vom Aufstieg des Bürgertums. Könnte es sein, dass nicht etwa die Reichsstädte, sondern die Residenzstädte wesentlich waren für die Entstehung des Neuen? Und wie hätte man sich die Auseinandersetzung mit dem Adel zu denken? Rivalität? Mimesis?

Im Alten Reich gab es einundfünfzig Reichsstädte, aber wohl doppelt so viele kleine und mittlere Residenzen – Arolsen, Braunschweig, Darmstadt, Dessau, Erfurt, Gotha, Kassel, Schwedt, Weimar, Zweibrücken, dazu die weltlichen und geistlichen Perlen den Rhein hinunter, Karlsruhe, Mainz, Koblenz, Bonn, zu schweigen von Provinzhauptstädten wie Münster und Düsseldorf, Königsberg und Breslau. In deren adlig-bürgerlichen Mischgesellschaften lernt man zu Ende des 18. Jahrhunderts einen neuen Umgang mit Künsten und Wissenschaften, gewissermaßen Kultur zum Selbermachen.

Man besucht nicht nur Konzert und Oper, um zu hören und zu reden, sondern man spielt auch Instrumente, singt, komponiert bei Hofe. Man geht nicht nur ins Theater, um zu sehen und zu reden, sondern man gefällt sich, und gefällt sich gut, in Liebhaberaufführungen. Man sammelt nicht nur Bilder, sondern zeichnet, malt, zeigt herum und redet darüber. Man hört belehrende Vorträge und veranstaltet naturwissenschaftliche Experimente. Dafür holt sich die Adelsgesellschaft Experten, Schauspielerinnen, Kapellmeister, Wissenschaftler, besuchsweise oder für länger.

Kartenspielen mit Frauen?

Ist das nicht alles Weimar? Genau, Weimar als Paradigma. Der Grund dafür ist ein offenbares Geheimnis: Gerade die Adelsgesellschaften verfügen über das, was es zur Kultur braucht, freie Zeit und freies Geld. Bisher hat man in diesem Zusammenhang eher an assoziative Konstellationen wie das Kaffeehaus (seit etwa 1700) oder die Freimaurer (seit etwa 1740) gedacht. Für die Dauer einer Logensitzung, sei es wöchentlich oder monatlich, gelingt es den Freimaurern, einige Standesunterschiede zwischen Männern zu suspendieren: konfessionelle Unterschiede, den Unterschied zwischen Gelehrten und Ungelehrten, zwischen Adligen und Nichtadligen, zwischen Zivil und Militär, zwischen mobilen Schauspielern und besitzlichen Honoratioren, bisweilen sogar den Unterschied zwischen Regenten und Untertanen.

In der Abgeschlossenheit einer Korporation wird, wie Jürgen Habermas sagt, die Parität des „bloß Menschlichen" kultiviert. Wenn aber in den Residenzstädten die Hälfte der Logenmitglieder und sogar darüber von Adel ist (Winfried Dotzauer), so wird auch das „bloß Menschliche" exklusiv. Daraus entspringt der double-talk der späteren bürgerlichen Gesellschaft: Ich spreche vom Menschen, ich rede aber zu meinesgleichen, und ich meine auch nur meinesgleichen. Lessing hat das Problem gesehen: „Prinzen, Grafen, Herrn von, Offiziere, Räte von allerlei Beschlag, Kaufleute, Künstler – alle die schwärmen ohne Unterschied des Standes in der Loge unter einander durch", heißt es 1780 in seinen Freimaurergesprächen. Doch die „gute Gesellschaft" mit ihren feinen Abstufungen will unter sich bleiben und würde einen aufgeklärten Juden, einen ehrlichen Schuster, einen treuen Dienstboten, so der kritische Lessing, niemals aufnehmen. Die traditionelle Grenze zwischen Hand- und Kopfarbeit, verstärkt um diejenigen, die rechtlos sind, weil sie anders sind, macht den sozialen Einschnitt.

Jene gute Gesellschaft, die sich in den Freimaurern ihre Geheimorganisation gegeben hatte, bezeichnet man in den Schul- und Erziehungsschriften der Aufklärung eher moralisch, den Kaufleuten und Künstlern zuliebe, als „gesittete Stände". Und wie wurde die Exklusivität der Geheimorganisation eigentlich durchbrochen? Die Antwort liegt bei den Frauen. Erst als der Standesunterschied zwischen Männern und Frauen gelockert wurde, konnte sich eine gebildete Geselligkeit entwickeln.

Dabei gab es standesspezifische Hemmnisse, entsprechend der unterschiedlichen Stellung der Frau im bürgerlichen und im adligen Haushalt. Die bürgerliche Arbeitsteilung zwischen Mann und Frau erschwerte es, Gesellschaft zu haben, zumal wenn sie nach dem zeitaufwendigen und zeremoniellen Muster des Familienschmauses ablief. Die bürgerliche Hausfrau musste also entlastet werden – und die bürgerlichen Männergespräche mussten transformiert werden. Henriette Herz schildert in ihren Erinnerungen, wie erst die Schöne Literatur lesenden jüdischen Frauen eine geschlechts- und standesübergreifende Geselligkeit in Berlin begründeten, während die bürgerlichen Kaufleute und Akademiker keinen Wert darauf legten, Hausfrauen in ihre Gespräche zu ziehen. Um sich gebildet zu unterhalten, musste dann freilich auch die Basisunterhaltung in allen Ständen, das Kartenspiel um Geld, verdrängt oder eingeschränkt werden.

Von Garve zu Goethe

Einer der großen soziologischen Essays des 18. Jahrhunderts erklärt, warum der Adel vorbildlich wirken konnte für die Geselligkeit der gesitteten Stände, nämlich „Ueber die Maxime Rochefaucaults: das bürgerliche Air verliehrt sich zuweilen bey der Armee, niemahls am Hofe" von 1792. Sein Verfasser, der Philosoph Christian Garve (1742 bis 1798), lebte, von einer Krebskrankheit gezeichnet, in Breslau, einer reichen Stadt, die in regem Austausch mit dem landsässigen Adel stand.

Beim Adel werden nach Garve die Geschlechter frühzeitig zum Umgang miteinander angehalten, überhaupt verbringen sie einen großen Teil ihrer Zeit in Gesellschaft, wo sie vor allem die Gabe zu gefallen kultivieren, weil sie sich dadurch zu Positionen im Umkreis des Hofes eher empfehlen. „Der Kaufmannsbursche, der junge Studirende wird während der Zeit, da seine Erziehung geschieht, angewiesen, die Arbeitsamkeit als seine einzige Pflicht, und die Gesellschaft als seine Ergötzung anzusehen, die er sich nur sparsam erlauben dürfe. Bey dem Sohne einer angesehenen Familie wird die Besuchung der Gesellschaft für einen Theil der Erziehung selbst gehalten." So hat der Adel nicht nur ein tiefes Interesse an Geselligkeit, er hat auch freie Zeit und freies Geld dafür.

Adlige Geselligkeit steht allerdings bei den bürgerlichen Autoren von damals in einem ganz schlechten Ruf – mit einer Ausnahme. Als Hofmann, der es wissen musste, publizierte Johann Wolfgang (von) Goethe in „Wilhelm Meisters Lehrjahre" (1795/96) ein Bildungsmanifest, das auf Garves Analyse beruht und sich den Adel zum Vorbild nimmt. Wilhelm Meister schreibt sinngemäß: Der Bürger muss sich ausweisen durch Arbeit und Leistung, der Adlige muss sich als Person ausbilden und darstellen.

Daher könne er, Wilhelm, seinen Wunsch, sich selbst, ganz wie er da ist, auszubilden, nur ersatzweise auf dem Theater verwirklichen. Das freilich wird durch die Romanhandlung als Irrtum widerlegt. Der Kaufmannssohn gerät realiter in die Familienverhältnisse des souveränen Adels und in dessen Reformbestrebungen, will einheiraten und dann eigenen Grundbesitz aus seinem väterlichen Erbe bewirtschaften. Fügt man hinzu, dass auch die Turmgesellschaft in Goethes Roman aus der traditionellen Allianz von Adligen und Akademikern besteht, so darf man wohl sagen, dass der berühmte Roman eine Assimilation an die höheren Stände beschreibt, für die sich der Held Zeit und Geld aus dem Geschäft seines Vaters nahm.

Goethes Roman untersucht die Genese jenes Einzelwesens, das, öffentlich mit anderen zusammen, „das Bürgertum" bilden wird. Man hat diese Einzelwesen verschiedentlich zu lokalisieren versucht, sogar in Gestalt der „sozial freischwebenden Intelligenz", am nachhaltigsten haben sich die „Privatleute" von Jürgen Habermas ausgewirkt. Deren sozialer Status verknüpft die Merkmale von Besitz und Bildung (Habermas).

Alle anderen sozialen Kennzeichnungen, namentlich Ausbildung und Beruf, sind darin verschwunden. Würde man sie hinzufügen, erhielten wir, wie in der ständischen Gesellschaft zu erwarten, eben Stände (lat. *status*). Gewiss gibt es in der zeitgenössischen Rechtssprache den Privatmann (*privatus*); das ist derjenige, der aller Herrschaftsfunktionen beraubt ist, also der bloße Untertan, im Gegensatz zum Mann mit Herrschaftsfunktionen (*politicus*). Kultur, denke ich im Gegensatz zu Habermas, wurde im Bereich der Herrschaftsfunktionen zum öffentlichen Gut. Privatleute erhalten wir erst, wenn sie dasselbe vorhaben wie Wilhelm Meister, nämlich sich ganz, wie sie da sind, auszubilden zu der Person, die sie noch nicht sind.

Die Schulreformen sind der Schlüssel

So deutlich, wie man es sich nur wünschen kann, zeigt Wilhelm Meister, dass Bildung ein gesellschaftliches Substrat braucht. Die höheren Stände, Adel und Akademiker, ergänzt um Kaufleute und Künstler, machen „die Gebildeten" aus – unter der Bedingung, dass sie an der Verbesserung ihrer selbst ebenso wie der Verbesserung der Verhältnisse arbeiten. Was Goethes Roman allerdings nicht zeigt, ist, dass Bildung ein institutionelles Substrat braucht, also kulturelle Einrichtungen, Schulen, Universitäten, Bibliotheken. Erst wenn man das Schulwesen hinzufügt, bekommt der Wunsch, sich selbst auszubilden, institutionellen Halt. Erst wenn man die Schulreformen im letzten Drittel des 18. Jahrhunderts betrachtet, wird das Bildungsprogramm vernünftig.

Die Schule implementiert den Wunsch, sich selbst auszubilden, schon bei einer Schreiberziehung, deren Ziel die eigene Handschrift ist, sowie durch eine Fülle didaktischer Maßnahmen bis hin zum Ziel, das Selbstbildung heißt. „Der Schüler ist reif, wenn er so viel bei andern gelernt hat, dass er nun für sich selber zu lernen im Stande ist" (Wilhelm von Humboldt, 1809). Die Bildung in der Schule, die Ausbildung zur Selbstbildung, hat ein Ende – die Bildung außerhalb der Schule soll lebenslänglich fortschreiten.

Die Schulreformen nach 1770 sind daher der Schlüssel zum deutschen Bildungsbegriff, der Bildungsbegriff ist der Schlüssel zur Entstehung des Bürgertums, weil er das Selberlernen sozialisiert, so dass sich alle lernenden Subjekte von ihrer Standeszugehörigkeit lösen können. Der Ideologie nach; soziologisch sind „die Gebildeten" eine Erweiterung der höheren Stände, aber eine vorübergehende.

Nach 1815 koalieren die Akademiker nicht mehr mit dem Adel, sondern schließen sich den Kaufleuten und Unternehmern an. Neben vielen anderen Gründen möchte dabei wohl auch die Genealogie mitsprechen. Im Ancien Régime durften nur der Kaiser, der König von Preußen und der sächsische Herzog als König von Polen nobilitieren – nach Napoleons Niederlage gab es in Deutschland fünf Könige und sieben Großherzöge, die alle den persönlichen oder erblichen Adel erteilen konnten. Dagegen machte das Bürgertum Front, so sehr, dass seine Kinder von dem aristokratischen Erbteil nichts zu wissen bekamen.

Volker Gerhardt

Der Wert der Wahrheit wächst

Die Unparteilichkeit der Wissenschaft als Parteilichkeit
für die Erkenntnis der gemeinsamen Welt

Keine Wissenschaft ohne Wahrheit

Vor etwa zwölf Jahren wurde ich vom damaligen Vizepräsidenten der Freien Universität zu einem Vier-Augen-Gespräch eingeladen mit der Bitte, ihn über die Schwerpunkte zu orientieren, die ich als Vorsitzender der „Leitbild"-Kommission der Humboldt-Universität zu setzen gedächte. Der Kollege, ein Geisteswissenschaftler mit hoher fachlicher Reputation, überlegte, ob die FU, wie es damals Mode war, sich ebenfalls öffentlich ihrer corporate identity versichern solle, hatte aber das Problem, dass seine Universität bereits auf ein zwar knappes, letztlich aber unüberbietbares Leitbild verpflichtet war. Es lautete kurz und bündig: libertas, veritas, iustitia.

Libertas, so meinte der mir schon aus Studienzeiten vertraute Kollege, könne nicht ersetzt werden, denn seine Universität trage die *Freiheit* in ihrem Namen; *iustitia* sei ebenfalls ein unverzichtbares Ziel, vor allem wenn man es mit „sozialer Gerechtigkeit" übersetze. Aber *veritas* – also „Wahrheit" – sei ein spätestens durch die Postmoderne überwundener Begriff, den man heute nicht mehr verwenden könne. Mit ihm sei vielfach politischer Missbrauch getrieben worden; überdies sei er metaphysisch vorbelastet. Das wisse ich als Nietzsche-Kenner ja am besten.

Doch ich sah mich genötigt, ihm zu widersprechen. Nietzsches Versuch, die Wahrheit zu verabschieden, ist die Folge eines schweren Missverständnisses, bei dem die Metaphysik mit der Logik verwechselt und die Logik ihrerseits mit der Realität gleichgesetzt wurde. Und *Missbrauch* könne man nur mit etwas treiben, das *zu etwas gut* ist.

Ich weiß nicht, ob ich den Kollegen im Gespräch überzeugen konnte. Aber es ist weder zu einem neuen Leitbild der *FU* noch zu einer Korrektur von *veritas* im Dreiklang der großen Ideale gekommen, und so bilde ich mir ein, mit meinem Einspruch einen kleinen Anteil daran zu haben, dass es bei dem unverzichtbaren Anspruch auf *Wahrheit* geblieben ist.

Man stelle sich vor, die *Freie Universität* hätte auch nur eines ihrer hohen Ziele geändert, in deren Zeichen sie 1948 als wissenschaftliche Gegeninstanz zur alten Berliner Universität gegründet worden war! Im Jahr darauf wurde die *Friedrich-Wilhelms-Universität* Unter den Linden in *Humboldt-Universität* umbenannt. Das geschah nicht primär, um die monarchische Vergangenheit vergessen zu machen; dazu hätte es schlecht gepasst, sich gleich auf zwei Vertreter des preußischen Adels, auf Alexander und Wilhelm von Humboldt zu berufen. Mit dem für die Gründung ideell verantwortlichen *Kant*, mit dem Verfasser einer flammenden Gründungsschrift und ersten Rektor *Fichte* oder mit *Hegel* als dem größten Denker des 19. Jahrhunderts, von dem Marx seine wichtigsten methodologischen Anregungen bezogen hat, hätten auch klingende bürgerliche Namen zur Verfügung gestanden.

Dem sowjetischen Stadtkommandanten und der gerade unter Zwang gegründeten SED kam es vielmehr darauf an, von der *Parteilichkeit der Wissenschaft* abzulenken, die künftig hier betrieben werden sollte. Deshalb musste der Name her, der zum Synonym für die Freiheit von Forschung und Lehre geworden war.

Doch erst nach der Wende von 1989 war es möglich, den Namen der Humboldts ernst zu nehmen. Wenn aber ausgerechnet jetzt die *Freie Universität* die Ziele wieder aufgab, in der nunmehr endlich auch wieder im Ostteil der Stadt wissenschaftlich gearbeitet werden konnte, wäre das ein abwegiges Signal gewesen. Denn man muss wissen, dass die *Wahrheit*, ohne die weder *Recht* noch *Gerechtigkeit* zu haben sind, das innere Regulativ der *Freiheit* ist. Das möchte ich im Folgenden kenntlich machen. Soviel begriffliche Arbeit muss auch in einer Festrede sein.

Irritation durch Komplexität

Die Zeiten der Postmoderne sind längst vorbei, und doch hat sich der Vorbehalt gegenüber der Wahrheit gehalten. Machte man eine repräsentative Umfrage in den Geistes- und Sozialwissenschaften der westlichen Welt, würde sich zeigen, dass viele Vertreter aus Soziologie, Politologie, Sprach-, Literatur- und Kunstwissenschaften bis heute der Ansicht sind, dass es *keine Wahrheit gibt*. Allenthalben kann man Schriftstellern, Journalisten oder Politikern begegnen, die nur milde lächeln, wenn tatsächlich jemand noch so naiv ist, die Wahrheit im Munde zu führen.

Will ich nach einem philosophischen Vortrag dem Publikum den Einstieg in die Diskussion erleichtern, brauche ich nur irgendwo den ausdrücklichen Anspruch auf Wahrheit zu erheben und kann sicher sein, dass mir jemand aus dem Auditorium unter Berufung auf Nietzsche, Derrida, Foucault oder Richard Rorty widerspricht. Ich reagiere dann mit der Gegenfrage, ob der Fragesteller denn zu einem Vortrag kommt, um etwas zu hören, was gar nicht stimmt? Das betretene Schweigen bestätigt mir jedes Mal, dass viele tatsächlich der Ansicht sind, es gebe die Wahrheit nicht; aber sie wissen nicht, auf was sie eigentlich verzichten. Wir haben hier einen auch theologisch nicht uninteressanten Fall von Unglauben, der sich durch den tatsächlich fortbestehenden Glauben nicht irritieren lässt.

Ehe man die Inkonsequenz beklagt, muss man auf die Gründe achten, die der verbreiteten Auffassung offenbar Plausibilität verleihen. Die Gründe haben wesentlich mit der Befindlichkeit unter den Konditionen der modernen Lebenswelt zu tun: Wenn es keine alle Menschen gleichermaßen tragenden Überzeugungen über den Zustand und die Verfassung der Welt mehr gibt, scheint der Kosmos des Wissens in viele Einzelteile auseinanderzufallen. Da kann auch dem Einzelnen nichts anderes übrig bleiben, als sich in seine Perspektive und auf seine Ansicht zurückzuziehen. Wenn heute mit guten Gründen in Zweifel gezogen wird, ob es noch „Universalgelehrte" geben kann, entfällt auch die Berufung auf das, was ein solcher Gelehrter zur Geltung bringt, nämlich die „wahre" Auffassung von der Vielfalt der Dinge.

Die nachhaltigsten Zweifel an der Geltung der Wahrheit stammen aus dem *Historismus* des 19. Jahrhunderts. Denn mit dem angeblichen Zerfall einer universalhistorischen Perspektive ging auch der Anspruch auf eine *geschichtliche Wahrheit* verloren. Jede Epoche scheint in ihrem begrenzten Horizont befangen. Dass allein diese Diagnose einen Erkenntnisanspruch mit sich führt, der ohne Wahrheitserwartung nicht einmal zu denken ist, wurde in den meisten den Historismus fortführenden Theoriekonstruktionen nur zu gern übersehen.

Die *Ideologiekritik*, um nur ein Beispiel zu nennen, führte alle auf Verbindlichkeit angelegten Aussagen auf die (meist uneingestandene) Beziehung zwischen *Interessen* und *Propositionen* zurück; dass sie selbst, um mit ihren Einsichten überzeugen zu können, nicht auf bloßer Parteilichkeit beruhen könne, wurde geflissentlich übersehen. Dasselbe gilt für den *Ethnozentrismus* und den *Kulturalismus* des 20. Jahrhunderts sowie für die *Totalisierung* der mit Blick auf einzelne Spezies natürlich höchst produktiven *Umwelthypothese*. Wann immer aber ein Biologe die These äußert, alles Leben benötige eine ihm entsprechende Umwelt, muss er sich im Klaren sein, dass er diese Aussage als ein Lebewesen tut, dem es irgendwie gelingt, seine spezifische *Umwelt* als *Welt* zu verstehen, von der nur unter der Voraussetzung die Rede sein kann, dass es in ihr wahre und falsche Aussagen gibt.

Dass es die Wissenschaftler aushalten, im Selbstwiderspruch zwischen ihren auf Wahrheit angelegten Prämissen und ihren relativistischen, angeblich die Wahrheit außer Kraft setzenden Theorien zu leben, zeigt an, wie groß die Irritation in ihrer Lebenswelt ist. Offenbar haben sie das Gefühl, dass *alles unsicher* geworden ist; und anstatt wenigstens daraus, dass an dieser Einsicht etwas Wahres dran sein muss, eine Ermutigung zu ziehen, verzichten sie ohne Not auf das Minimum an Sicherheit, das sie in ihrer Erkenntnis haben.

Darin werden die hochzivilisierten Weltbürger der Moderne durch einen prominenten politikwissenschaftlichen Kurzschluss bestärkt: Wenn es in der Nachfolge der immer noch für das Nonplusultra gehaltenen modernen Vertragslehren heißt, dass es in der Politik keine *Wahrheit*, sondern nur *Meinungen* gibt, scheint die Wahrheit selbst im Zusammenleben der Menschen verzichtbar.

Doch das Gegenteil ist der Fall: Wir könnten uns hier nicht am vorbestimmten Ort zur angegebenen *Zeit* zu einem uns allen gegenwärtigen Anlass versammeln, in den von höchst verschiedenen Individuen viel gemeinsame Arbeit investiert worden ist, wenn die Wahrheitsfähigkeit unseres Denkens, Sprechens und Handelns dies nicht möglich gemacht hätte. Die Welt mag noch so vielfältig, gegensätzlich, im Ganzen unberechenbar und sowohl an ihren Rändern wie auch in ihren inneren Vorgängen unerkannt sein:

Aus der Tatsache, dass zahllosen hoch differenten Individuen und Organisationen zuweilen *ein und dasselbe* gelingt, es mag sich um eine Tagung, eine Resolution, den Aufbau einer Interessenvertretung, einer Universität oder einer Rechtsordnung, ja, selbst um einen erbittert geführten Streik oder eine Kriegsvorbereitung handeln: In jedem Fall wird Wahrheit benötigt. Ohne sie käme niemand bei eben *der Sache* an, die er *meint* und von der er, trotz aller Unsicherheit, ein *Wissen* haben muss, um sich mit seinesgleichen *verständigen* zu können.

Korrespondenz, Konsens, Kohärenz

Wenn dieser so einfache wie offenkundige Sachverhalt in der modernen Lebenswelt aus den Augen verloren wird, dann hat das auch mit der Schwierigkeit zu tun, ihn begrifflich zu fassen. Schon Platon hat gezeigt, wie abgründig es ist, die Wahrheit zu definieren, und Kant hält lakonisch fest, die seit Aristoteles immer wieder zu hörende Formel von der Wahrheit als einer *Übereinstimmung zwischen Begriff und Gegenstand* sei „geschenkt". Denn man brauche in jedem Fall ein Kriterium für diese Übereinstimmung; das aber müsse selbst schon auf eine Übereinstimmung zwischen Begriff und Gegenstand gegründet sein. Und so verliere man sich bei der Definition der Wahrheit in endlosen Wiederholungen.

Die moderne Logik hat 150 Jahre nach Kant den Eindruck zu erwecken versucht, sie habe das von ihm vermisste Kriterium gefunden. Doch ob die von vielen für genial gehaltene Formel Alfred Tarskis wirklich überzeugen kann, ist umstritten: Sie lautet, in die Alltagssprache übersetzt, dass eine Behauptung dann und nur dann wahr ist, wenn es wahr ist, was sie behauptet. Kant, so fürchte ich, würde sagen, dass man sich auch diese Definition „schenken" kann, obgleich nicht zu bestreiten ist, dass sie *logisch formalisierbar* ist, hohe Ansprüche an die *Prüfung des Einzelfalls* stellt und schon dadurch große Erwartungen in die *Ernsthaftigkeit einer Aussage* investiert. Das ist ein Gewinn. Es muss schon um etwas gehen, wenn man genötigt ist zu prüfen, dass $f(x)$ dann und nur dann wahr ist, wenn x tatsächlich der Fall ist.

Doch der philosophische Umgang mit der Wahrheit wird dadurch nicht leichter. Das zeigt sich schon darin, dass neben das von Tarski bekräftigte Kriterium der *Korrespondenz* zwischen Gegenstand und Begriff noch zwei weitere Definitionskriterien zu Ansehen gekommen sind.

Das eine setzt auf den erkennbaren *Konsens* zwischen verschiedenen Sprechern und hat damit eine gewisse, wenn auch nicht für alle Fälle gültige Tauglichkeit. Selbst wenn Sie alle hier im Saal der Überzeugung sind, dass es draußen nicht regnet, muss das nicht der Wahrheit entsprechen, denn die ersten Tropfen könnten schon gefallen sein. Prekärer ist es, wenn alle Menschen die Ansicht vertreten, dass die Erde eine Scheibe sei, oder wenn alle Physiker der Meinung sein sollten, die Mechanik sei die einzige Wirkungsweise der Natur. In solchen Fällen kann der Konsens lückenlos sein und dennoch wissen wir, dass er der Wahrheit nicht entspricht.

Deshalb ist es gut, noch über ein weiteres Kriterium zu verfügen, das in der *Kohärenz* sowohl der verwendeten Begriffe wie auch der zum Kontext gehörenden anderen Aussagen besteht. Eine Behauptung kann nur dann „wahr" genannt werden, wenn sie sich den Gesetzen der Logik fügt, den Regeln der Grammatik folgt, der Beschreibung umgebender Sachverhalte nicht widerspricht und der Situation angemessen ist. Einen Hilfeschrei auf der Opernbühne beurteilen wir anders als einen im Publikum – es sei denn, wir durchschauen sofort, dass sich ein Schauspieler in die Menge eingeschlichen hat. Wenn einer aber mit schweren Verletzungen am Straßenrand liegt, haben wir Grund, seiner Behauptung, es gehe ihm gut, zu misstrauen; dann will er vielleicht von einem Verbrechen ablenken, in das er selbst verwickelt ist. Und wenn uns das Kind nach der

Schule mit der Erkenntnis verblüfft, die Fläche eines Kreises lasse sich berechnen, indem man mit dem Daumen multipliziert, werden wir das nicht für eine mathematische Wahrheit halten, so richtig die Wortfolge einer Aussage des Lehrers auch wiedergegeben sein mag.

Die Trivialität der Beispiele darf die Bedeutung der Probleme nicht verdecken: Es gibt bei Übersetzungen von einer in eine andere Sprache, im Bemühen um Verständigung bei massiven Interessengegensätzen oder in der Bewertung erster oder letzter Fragen, von denen die Lebensführung ganzer Gesellschaften abhängen kann, tatsächlich große Schwierigkeiten, auf das f(x) zu stoßen, von dem alle Beteiligten sagen, dass es wirklich der Fall ist.

Man braucht sich nur zu vergegenwärtigen, wie schwer es im Einzelfall (unter zunehmend komplexen Lebensbedingungen, mit unübersichtlichen technischen und ökonomischen Bedingungen, umgeben von einer Vielzahl kulturell und religiös verschiedener Menschen) sein kann, die Wahrheit mit *korrespondierendem Sachbezug* zugleich *konsensuell* und *kohärent* zum Ausdruck zu bringen – und schon kann man den Impuls verstehen, den Wahrheitsanspruch hinter sich zu lassen.

Und wenn einer gar meint, *Begriffe* seien nicht mehr als abgenutzte Metaphern, *Konsens* sei nur eine Erfindung der Schwachen, die sich die Übermacht der Stärkeren durch List und Tücke vom Leibe halten, und *Kohärenz* sei die Erfindung von sinnlich kraftlos gewordenen Menschen, die aus der von lebendigen Impulsen erfüllten, leibhaftig gegenwärtigen „Vorderwelt" in die aus bloßen Begriffen gezimmerte „Hinterwelt" flüchten, haben wir auch das mächtige Motiv benannt, durch das sich Nietzsche berechtigt glaubt, die Wahrheit als *metaphysisches Konstrukt* zu verwerfen. Nach dem „Tod Gottes", so lautete die gängige Formel, habe auch die Wahrheit ausgedient.

Der wachsende Wert der Wahrheit

Gleichwohl gilt: Alle begrifflichen Schwierigkeiten, in die uns die Wahrheit bringt – ihre Situations- und Kontextabhängigkeit, ihre Resistenz gegenüber eindeutigen Definitionen und die mitlaufende Suggestion, sie müsse uns auch letzte Wahrheiten verbürgen – rechtfertigen nicht den Verzicht auf sie. Im Gegenteil: Die massiven Zweifel an ihrer Geltung, an ihrer alle Zeiten überspannenden Verlässlichkeit wie auch an ihrer Reichweite haben vielmehr überhaupt erst deutlich werden lassen, wie unverzichtbar sie trotz allem ist. Deshalb kommt alles darauf an zu sagen, was sie denn tatsächlich leistet und was wir ihr verdanken.

Und mit dieser nicht länger über angebliche Verluste klagenden, sondern auf die gegenwärtigen Fragen konzentrierten Stellung des Wahrheitsproblems sind wir *mitten in der von erfahrenen und erlittenen Gegensätzen zerrissenen Welt*.

Ich kann auch weniger dramatisch von der *pluralen Weltgesellschaft* sprechen. In ihr ist die Wahrheit so wichtig wie das tägliche Brot. Wenn es in der globalisierten Welt eine menschenwürdige Zukunft geben soll, dann brauchen wir die Wahrheit als die wichtigste Ressource, ohne die es noch nicht einmal möglich ist, das Schwinden aller anderen Ressourcen zu erkennen – von deren Schonung, Sicherung, alternativer Entlastung und gerechter Verteilung ganz zu schweigen.

Wissenschaftlern müsste diese dem *Zeitgeist* zuwiderlaufende Behauptung eigentlich ganz selbstverständlich sein. Denn das, was hier von der Wahrheit behauptet wird, dürfte ihnen aus der alltäglichen Arbeit schon deshalb bekannt sein, weil sie es im Geschäft des Erkennens *aktiv vollziehen*: Sie verstehen nämlich die Welt, ganz gleich, ob sie ihnen als *Natur* oder *Kultur*, in ihrem *geschichtlichen Aufbau* oder in ihrer *technischen Bewältigung* in Medizin, Ökologie oder Politik wichtig ist, als eine *Tatsache*, die sie in *Sachverhalten* zu begreifen suchen. Und wenn sich die Sachverhalte als zutreffend erfasst bestätigen lassen, haben sie den *Status der Verbindlichkeit*.

Diesen verbindlichen Sachbezug nennen wir *Erkenntnis*, die ihren Zusammenhang im *Wissen* hat. Sie ist die bislang nur beim Menschen auffällig gewordene Fähigkeit, einen *Sachverhalt als solchen* auszuzeichnen und ihm, wenn er sich nicht ändern lässt, *Vorrang* vor gegenläufigen Ansichten zu geben.

Darin liegt die Leistung der völlig zu Unrecht in Misskredit geratenen *Objektivität*, die wir nur schätzen können, weil jeder für sich selbst über *Subjektivität* verfügt. Die hat ihrerseits aber nur Sinn, wenn sie sich von der im Wissen eines jeden Einzelnen mit seiner Welt verbindenden *Objektivität* absetzen kann. Deren Wert aber liegt darin, dass sie höchst verschiedenen Individuen (in unterschiedlichen Lagen und selbst zu unterschiedlichen Zeiten) die Verständigung über *exakt dasselbe* ermöglicht.

Im strikten Sinn „dasselbe" gibt es nur im *Wissen* und somit nur unter der Voraussetzung der *Wahrheit*. Und nur in der Anerkennung von uns unabhängiger Sachverhalte, also nur unter den *Konditionen der Objektivität*, haben wir das, was wir als die uns *gemeinsame* Welt, als *Sein* oder *Wirklichkeit* begreifen. Schließlich ist es erst die im Akt des Erkennens auf gleiche Distanz gebrachte Realität, die es uns erlaubt, gemeinsame Probleme zu haben.

Das ist, wie jeder zugeben wird, die erste Voraussetzung für die Arbeit an Lösungen, die auch anderen, möglicherweise sogar allen zugutekommen. Wenn dabei konkurrierende Auffassungen auftreten, Meinungsgegensätze ausgetragen und immer wieder neu entstehende Zweifel ernst genommen werden müssen, dann versteht sich das – allein angesichts des Generationenwechsels – nicht nur von selbst, sondern wir begreifen es heute (übrigens nach einer Einsicht, die wir wesentlich Wilhelm von Humboldt verdanken) als Bedingung einer produktiven Lösung.

Und das, was dabei immer wieder neu gesucht und dessen sich vergewissert werden muss, das nennen wir „Wahrheit" als die von Menschen benötigte *Übereinstimmung mit der Welt*, mit *ihresgleichen* und *mit sich selbst*. Hier liegen die drei Kriterien von *Korrespondenz*, *Konsens* und *Kohärenz* nahe bei einander. Und *Wahrheit* ist das Medium, in dem wir als selbstbewusste Individuen gemeinsam wahrnehmungs-, erlebnis- und handlungsfähig sind.

Es ist somit nicht zu viel gesagt, wenn ich behaupte, *dass der Wert der Wahrheit wächst*. Die Ausbreitung der Weltzivilisation erzeugt einen ständig zunehmenden Bedarf an Wahrheit. Je größer die wahrgenommenen *Differenzen*, je stärker die opponierenden *Interessen*, je wichtiger der Erhalt der *Vielfalt der Kulturen* und je mehr die Gesellschaften auf die produktiv gemachte *Subjektivität* der Individuen angewiesen sind, umso größer wird das Gewicht der wissenschaftlich ermittelten Erkenntnis für die Regelung der Fragen, die nunmehr die Menschheit unter den Bedingungen eines gemeinsamen Wissens angehen muss.

Wahrheit wird zum Bestandteil der Methode

In diesem hier nur in wenigen Punkten angedeuteten Prozess fallen der *Wissenschaft* eminente, ständig an Bedeutung zunehmende Aufgaben zu. Das ist offenkundig, aber leider nicht überall bekannt. Nur deshalb füge ich den Hinweis an, dass es zu kurz gegriffen ist, erst die moderne Zivilisation als *Wissensgesellschaft* zu bezeichnen. Denn Wissensgesellschaften sind die menschlichen Gemeinschaften von Anfang an. Vom *homo sapiens* kann man nämlich erst sprechen, wenn eine Verständigung im Medium des sachbezogenen Wissens gelingt, sodass es möglich wird, arbeitsteilig gefertigte Werkzeuge arbeitsteilig zu gebrauchen und die Fähigkeit dazu über Generationen hinweg arbeitsteilig zu vermitteln.

Spätestens mit der Erfindung der Schrift, vermutlich aber schon mit der ästhetischen Gestaltung der Gebrauchsgegenstände, mit dem Schmuck der Körper und mit der Höhlenmalerei erlangt das Wissen auch einen eigenen medialen Status, durch den der Umgang mit der Wahrheit – der *Gegeninstanz zum Irrtum* und zur *Lüge* – eine unverzichtbare, wenn auch im Einzelnen stets umstrittene Rolle spielt. Obgleich der Mensch gut daran tut, die Wahrheit als „göttlich" zu bezeichnen, so hat sie ihren Ursprung doch in nichts anderem als in seiner Fehlbarkeit, die er selbst – mit zunehmendem kulturtechnischem Aufwand – zu korrigieren hat.

In der globalen Weltzivilisation wird aus der Wissensgesellschaft eine Wissen*schafts*gesellschaft. In ihr wird die Wahrheit zum *Bestandteil der Methode* und somit zum *disziplinären Regulativ*, das keineswegs bloß über die Reputation Einzelner entscheidet. Denn mit dem Aufstieg der Wissenschaften ist die Wahrheit zu einer mundanen *Lebensnotwendigkeit* geworden, an der das *Schicksal der Menschheit* hängt.

Wem die Rede vom Schicksal verdächtig erscheint, der mag auf seine Weise sagen, wie er die Bedrohung durch *Epidemien*, durch die Probleme der *Reaktorsicherheit* und der *Endlagerung* oder auch nur durch Politiker einschätzt, denen der Unterschied zwischen Wahrheit und Täuschung gleichgültig ist – solange er nur die Politik betrifft.

Deshalb begrüße ich, dass der *Deutsche Hochschulverband* auf dieser Versammlung eine Resolution zum gemeinschaftlichen Schutz der Wahrheitssuche beraten und verabschieden will. Zwar kommt es in den Fragen der Wahrheit vor allem auf die *persönliche Verantwortung* an; für Kant war die *Wahrhaftigkeit* die oberste aller Tugenden, und tatsächlich kann sie immer nur ein *individueller Vorzug* sein.

Beachten wir jedoch den *gesellschaftlichen Rang der Wissenschaft*, haben auch die sie tragenden *Institutionen eine korporative Verantwortung*. Zu ihr gehört, dass sie diejenigen einbindet, die mit den erworbenen wissenschaftlichen Abschlüssen auch oberhalb der Position eines wissenschaftlichen Mitarbeiters, etwa als Minister, tätig sind.

Der vorliegende Entwurf zu einer Resolution fordert die *Unparteilichkeit der Wissenschaft*. Die Formulierung zieht eine Lehre aus der durch politische und ökonomische Macht sowie durch religiöse Intoleranz und weltanschauliche Verblendung erzeugte Abhängigkeit der Wissenschaft, von der bis in die jüngsten Erfahrungen hinein niemand annehmen kann, dass sie sich von selbst verflüchtige. Es genügt offenkundig auch nicht, die Freiheit der Wissenschaft grundrechtlich zu sichern; vielmehr haben sich die wissenschaftlich arbeitenden Personen und Institutionen selbst vor Missbrauch zu schützen – auch vor dem, der aus ihren eigenen Reihen kommt.

Deshalb ist es gut, das Selbstverständnis der Wissenschaft zu kodifizieren und dafür zu sorgen, dass es dort vergewissert und verteidigt werden kann, wo es in der Sache gefährdet ist.

Partei für die Welt

Mit dem Begriff der „Unparteilichkeit" gibt es allerdings ein Problem: Man muss es als symptomatisch ansehen, dass es der Politischen Philosophie der Gegenwart nicht gelingt, die *Unpartei-*

lichkeit der Entscheidung für eine politische Grundordnung zu begründen, ohne über die Bürger einen „Schleier des Nichtwissens" (in direkter Übersetzung: einen „Schleier der Ignoranz"!) zu verhängen. Damit ist die Auffassung verbunden, der Einzelne könne nur in Unkenntnis seiner eigenen Lage das tun, was für alle das Richtige sein soll.

Das halte ich für einen Skandal: Wenn man dem selbstbewussten Menschen nicht zutraut, sich kritisch zu sich selbst zu verhalten und zu sich selbst auf Distanz zu gehen, kann man ihn auch nicht für mündig erklären.

Das Problem, mit dem sich John Rawls und seine Anhänger abmühen, hat damit zu tun, dass die „Unparteilichkeit" lediglich eine *Negation* verlangt, wo wir eine *Position*, ein aktives Eintreten für ein Ziel benötigen, das alle gleichermaßen verbindet. Das kann als schwierig angesehen werden, obgleich uns die Funktion des Richters, insbesondere die des im Sport benötigten Schiedsrichters, vor Augen führt, dass die Rolle eines auf Gesetz und Regel verpflichteten Neutralen sehr wohl mit eigenständigen Motiven verbunden sein kann.

Doch gesetzt, wir brauchen das *positive Ziel*, dann haben wir es – auf die Wissenschaft übertragen – in nichts Geringerem als in der *Wahrheit*. Die Wahrheit stammt nämlich nicht aus der Unparteilichkeit, sondern aus der *Parteilichkeit für den Sachverhalt*. Denn in ihr macht sich der Mensch zum Anwalt der erkannten Sache. Hier überwindet er das eingeschränkte persönliche Interesse und nimmt aktiv Stellung in einem Zusammenhang, zu dem er freilich selbst gehört.

Gewiss, die Parteinahme für etwas, das man erkannt hat, kann sich als borniertes Behaupten äußern. Aber in der Konsequenz der Fähigkeit, sich auf etwas einzulassen, das man für tatsächlich gegeben, für „wahr" oder „richtig" hält, liegt nicht nur die Übereinstimmung mit dem Wissen, das man sonst noch hat, sondern auch die Bereitschaft, sich der *Prüfung durch andere* zu stellen. Und sobald man dies zugesteht, stellt man sich auf die Seite des revidierbaren *Wissens*, in dem man nicht nur mit *seinesgleichen*, sondern auch mit der *Welt* verbunden ist.

Also ist es die *Wahrheit*, mit der man Partei für eine Welt ergreift, von der man keineswegs nur abhängig ist, sondern der man in skeptisch-kritischer und nicht selten auch abwehrender Anteilnahme zugehört. Es ist dies eine Welt, auf die man selbst- und zielbewusst Einfluss nehmen kann, sobald man sie im Medium des Wissens erkennt – und damit auch anerkennt.

Der Mensch ist das Tier, das Wahrheit braucht

Hätte ich die Zeit, aus meinem Wort zur Eröffnung eine philosophische Vorlesung zu machen, würde ich zu zeigen versuchen, dass in der Parteilichkeit für Wissen und Wahrheit eine singuläre Eigenart des Menschen liegt, die sich bei keiner anderen Spezies lebendiger Wesen findet. Mit ihr löst sich der Mensch von seiner rein biologischen Existenzform ab und vertraut sich einer selbstgeschaffenen kulturellen Lebensweise an, in der er sich überall dort, wo etwas problematisch ist, *öffentlich* auf die gemeinsam erschlossene Realität zu beziehen hat. Darin verliert sich der Speziezismus eines Umweltbezugs, der die anderen Lebewesen einschränkt, von dem sich der Mensch jedoch durch Technik, Wissen und selbstbestimmtes Handeln befreit. Der Mensch hat sie nun selbst als Teil seiner Welt zu begreifen, für die er zwar nicht im Ganzen, aber in zunehmend größeren und wichtiger werdenden Teilen zuständig ist.

So lässt sich die Verantwortung des Menschen für sich und seine Welt bereits aus seiner Fähigkeit zum Wissen begründen. Und da man Wissen nicht erzwingen kann, gehört auch die Freiheit dazu, und da man sie anderen, auf die man im Wissen allemal angewiesen ist, nicht verweigern darf, schließt sie auch die Verpflichtung zur Gerechtigkeit ein.

In einer philosophischen Vorlesung gäbe es dazu viel zu sagen. Hier aber muss ich mich auf die summarische Feststellung beschränken, dass die Parteilichkeit für Wahrheit und Wissenschaft die Parteilichkeit für eine Welt ist, als deren Teil sich der Mensch begreifen muss, wenn er sich in ihr die Lebenschance erhalten will, die er sich in ihr eröffnet hat. Das war nicht ohne das auf Wahrheit verpflichtete Wissen möglich, und es wird auch nicht ohne die sich selbst auf Wahrheit verpflichtende Wissenschaft möglich sein. Im Vergleich zu den zahllosen Interessengruppen in der Gesellschaft hat sie überparteilich zu sein. Das wird ihr dadurch erleichtert, dass sie als Anwalt der Wahrheit zu wirken hat. Damit sucht sie die Vertretung der erkennbaren Wirklichkeit zu sein, der alle gleichermaßen zugehören. Dieser emphatische Realismus einer konsequenten Erkenntnis fällt mit dem Humanismus einer fortgesetzten Aufklärung zusammen.

Michael Hartmann

Der „Hamsterrad"-Effekt

Unparteilichkeit der Wissenschaft – Anspruch oder Wirklichkeit?

Im Sommer des letzten Jahres nutzte der Vorsitzende des Wissenschaftsrats, Wolfgang Marquardt, den Bericht zu „aktuellen Tendenzen im Wissenschaftssystem" dazu, auf die Gefahren aufmerksam zu machen, die der Wissenschaft durch die veränderte Hochschulfinanzierung drohen. Die Forschung an den deutschen Hochschulen, d.h. in erster Linie an den Universitäten, gerate in eine immer größer werdende Abhängigkeit von externen Geldgebern. Nun war es auch früher nicht so, dass es in der Wissenschaft nur um die reine Wahrheit ging und um nichts anderes. Es gab auch in den vergangenen Jahrzehnten die direkt in den Unternehmen stattfindende sowie die von Unternehmen finanzierte anwendungsorientierte Forschung an den Hochschulen, die selbstverständlich von wirtschaftlichen Interessen bestimmt war. Außerdem machten gesamtgesellschaftliche Interessenkonflikte (wie etwa die um die Kernenergie oder die Deregulierung der Finanzmärkte) vor den Toren der Universitäten ebenfalls nicht halt. Insofern war die Unparteilichkeit der Wissenschaft immer eher ein Ideal als die Wirklichkeit.

Das magische Wort „Drittmittel"

Dennoch hat sich in den vergangenen zwei Jahrzehnten unter dem Primat der Deregulierung und Ökonomisierung öffentlicher Aufgaben und Einrichtungen ein Wandel ereignet, der für die Zukunft vor allem der universitären Forschung gravierende Konsequenzen haben dürfte. Die entscheidenden Charakteristika dieses Wandels sind zum einen die Verschiebung der Hochschulfinanzierung weg von den staatlich erbrachten Grundmitteln zu den Drittmitteln, zum anderen die zunehmende Orientierung der Grundmittelvergabe an sogenannten Leistungsindikatoren, unter denen die Drittmittel stets einen der wichtigsten darstellen. Was den ersten Punkt betrifft, so weist Marquardt zu Recht darauf hin, dass zwischen 1995 und 2008 die Grundmittel nur um sechs Prozent gestiegen sind, die Drittmittel sich demgegenüber mehr als verdoppelt haben. Dadurch sind die Drittmittel von elf auf fast 20 Prozent des Budgets angewachsen. In den Jahren nach 2008 hat sich dieser Trend weiter verstärkt. Allein in 2009 wurden die Drittmitteleinnahmen nochmals um fast zehn Prozent gesteigert, die Grundmittel gerade mal um gut zwei Prozent. Mittlerweile dürfte der Anteil der Drittmittel die 20 Prozent Marke deutlich überschritten haben. Bei den universitären Forschungsausgaben dürfte sich das Verhältnis sogar umgekehrt haben, der Anteil der Drittmittel seit 1995 von einem auf zwei Drittel gestiegen sein. Gleichzeitig hat sich die sogenannte leistungsorientierte Mittelverteilung durchgesetzt. Je nach Bundesland wird ein (mehr oder minder großer) Teil der Hochschulgelder anhand von ein paar zentralen Kriterien vergeben. Zu ihnen gehört immer der Umfang der Drittmittel, der allein bis zu 40 Prozent der Bewertung ausmacht.

Der Wettlauf um die Gelder

Diese durchgreifende Veränderung hat Konsequenzen für die wissenschaftliche Arbeit an den Hochschulen, und das gleich auf mehreren Ebenen. Am gravierendsten dürften dabei der „Hamsterrad"-Effekt und die Auswirkungen auf die Einstellung des wissenschaftlichen Nachwuchses zur Forschung sein. Das Hamsterrad funktioniert so: die Grundmittel steigen real kaum noch, obwohl die Anforderungen durch die massiv wachsenden Studierendenzahlen erheblich zunehmen. Der Wettlauf um die Gelder des jeweiligen Bundeslandes wird allein dadurch schon intensiver. Dann greifen die Leistungskriterien. Deshalb muss jede Hochschule, will sie nicht Kürzungen riskieren, die Drittmitteleinwerbung steigern. Da alle das wissen und dementsprechend handeln, führt es zu dem (bei den Kassenärzten von früher her bekannten) Effekt, dass alle die entsprechenden Kennziffern immer umfangreicher und schneller erfüllen. Das bedeutet in der Konsequenz, dass selbst eine Steigerung bei den Drittmitteln (und den anderen Leistungsindikatoren) mit einer Senkung der Grundmittel Hand in Hand gehen kann. Das haben manche Hochschulen (selbst ausgesprochen erfolgreiche wie die TU Berlin) in den letzten Jahren schmerzlich erfahren müssen. Letztlich bedeutet das: die Einwerbung von Drittmitteln wird immer mehr zur zwingenden Notwendigkeit, will man überhaupt noch Forschung betreiben. Drittmittel sorgen nicht dafür, dass man zusätzliches Geld für die Forschung ausgeben kann, wie das früher einmal der Fall war, sie werden mehr und mehr zur Grundbedingung für Forschung überhaupt. Unter diesen Bedingungen muss sich jeder Wissenschaftler sehr überlegen, was er wo beantragt. Riskante Forschungsvorhaben, deren Förderung fraglich ist, werden noch stärker als zuvor schon gemieden, solche, die sich im Mainstream bewegen, noch stärker bevorzugt. Außerdem wächst die Neigung, den Vorgaben oder Wünschen der potenziellen Geldgeber entgegen zu kommen.

Konsequenzen für die Berufungspraxis

Der Einfluss, den diese Entwicklung auf das Denken und Handeln des wissenschaftlichen Nachwuchses ausübt, ist dauerhaft vielleicht noch bedenklicher. Junge Wissenschaftler lernen heute eines sehr schnell: die Bedeutung von Drittmitteln. Sie bekommen mit, dass die Verteilung der Gelder auf Hochschul-, Fachbereichs- oder sogar Institutsebene immer häufiger von denselben Indikatoren bestimmt wird, die für die leistungsorientierte Mittelvergabe auf Landesebene ausschlaggebend sind. Je mehr Drittmittel eine Einheit einwirbt, mit umso mehr Grundmitteln darf sie rechnen. Das hat auch Konsequenzen für die Berufungspraxis. Mitarbeiter, die in Berufungskommissionen sitzen, merken das mittlerweile fast regelmäßig. Bewerber und Bewerberinnen versuchen zu punkten, indem sie angeben, wie viele Drittmittel sie im Falle ihrer Berufung mitbringen würden. Sie machen das, weil sich herumgesprochen hat, dass die mitgebrachten Drittmittel immer häufiger ein zentrales Element der Berufungsentscheidung darstellen. Für Nachwuchswissenschaftler ergibt sich daraus eine klare Schlussfolgerung. Wollen sie eine Chance im Rennen um die begehrten Professuren haben, müssen sie möglichst viele Drittmittel akquirieren. Das beinhaltet die Gefahr, dass nicht mehr die eigenen Forschungsinteressen maßgeblich sind für die wissenschaftliche Arbeit, sondern die Aussicht auf Drittmittel. Risikofreude und Unabhängigkeit werden dadurch sicherlich nicht gefördert. Die geschilderten Effekte sind in ihrer Wirkung auf die wissenschaftliche Forschung an den Hochschulen, besonders an den Universitäten, eindeutig. Innovative Forschungsprojekte werden immer schwerer durchzusetzen sein. Das dürfte die Qualität der Wissenschaft hierzulande auf Dauer spürbar negativ beeinflussen.

Jochen Hörisch

Das Geld der Wissenschaft

Potenz und Faszination des Geldes für die Wissenschaft

„Herr Doktor, dass Sie so spät am Abend noch zu mir gekommen sind, rechne ich Ihnen hoch an. – Ich Ihnen auch ..." – sagt in dem bekannten Witz der Arzt zum Kranken und macht damit auf ein Problem aufmerksam, das alle, die mit Wissenschaften zu tun haben, kennen und doch nicht recht zu lösen vermögen. Wissenschaft kostet wie u.a. auch das Gesundheitssystem, die Rechtsprechung, die Erziehung, der Sport oder die Religionsausübung Geld, mitunter sehr viel Geld, und doch lässt sich die Wahrheit, die Gesundheit oder die göttliche Offenbarung nicht kaufen. Wir rechnen es hohen Werten hoch an, dass sie ihren hohen Wert nicht direkt in Rechnung stellen. Und zugleich irritiert uns die schwer abzuweisende Intuition, dass Geld doch eine entscheidende Rolle spielt, wenn es um Heilung und Seelenheil, um Wahrheit und Gerechtigkeit, um Liebe und gutes Leben geht. Der Klinikbetrieb, der Internationale Gerichtshof in Den Haag oder die Universität Mainz sind kostenintensiv. Ob eine Operation umso bessere Heilungserfolge bringt, je mehr sie kostet, ob ein Urteil umso gerechter ist, je teurer der Staranwalt des Angeklagten ist, ob die Forschungsergebnisse in dem Maße relevant sind, in dem sie Kosten verursachen, steht, um zurückhaltend zu formulieren, dahin. Dass es verlässliche Korrelationen nach dem Schema „je teurer, desto gesünder, gerechter, wahrer" gibt, wird wohl niemand ernsthaft behaupten. Dennoch kann man mit guten Gründen über die Unterfinanzierung etwa von Kliniken, Gerichten oder Universitäten klagen. Kurzum: das Verhältnis von Geld und hohen Werten wie Wahrheit, Gerechtigkeit, Frieden, Heil und Gesundheit ist unrein, von zumindest latenter Peinlichkeit und eben deshalb extrem klärungsbedürftig.

Das gilt gerade auch im Hinblick auf das soziale Teilsystem Wissenschaft. Schon auf der Oberflächenebene zeigt sich immer erneut, dass die Begegnung von Geld und Wissenschaft heikel und riskant ist. Ein Doktortitel darf nicht kaufbar sein – aber man kann einem Universitätsmäzen den Titel Dr. h.c. verleihen; ein Ruf auf einen Lehrstuhl muss frei von jedem Bestechungsverdacht erfolgen – aber die Berufungskommission und das Rektorat können sich von der Aussicht beeindrucken lassen, dass der Kandidat ein paar Millionen eingeworbene Drittmittel mit sich führt. Ein wissenschaftliches Gutachten darf zwar Geld kosten, sein Inhalt sollte aber nicht kaufbar sein. Ein guter Gutachter darf sich vom deutlichen Willen seines Auftraggebers, er möge doch bitte zu diesem und nicht etwa zum gegenteiligen Schluss kommen, nicht beeindrucken lassen. Aber jeder weiß, dass jeder weiß, dass dies häufig ein frommer Wunsch ist und dass sich Expertise kaufen lässt. Der renommierte Kunstwissenschaftler, nennen wir ihn *Werner Spies*, der zahlreichen gefälschten Gemälden ihre Echtheit zertifizierte und daran sehr gut verdiente, ist nicht mehr so renommiert und hat sich bestenfalls als schlechter Kunstwissenschaftler, wenn nicht als bestechlich erwiesen, wenn die Fälschungen auffliegen. Ein Banker, sein Name ist *Dirk Notheis* und er war der Deutschland-Chef der Bank Morgan Stanley, schrieb an den damaligen Ministerpräsidenten von Baden-Württemberg (CDU), sein Name ist *Stefan Mappus*, die klassischen Worte: „Du solltest idealerweise einen renommierten Volkswirt haben, der das Ganze (=den Verkauf einer Energiefirma zu völlig überhöhten Preisen an das Land Baden-Württemberg, J.H.) gut findet." (zit. nach ZEIT vom 12. Juli 2012, S. 19) Das Rendezvous von Geld und Geist, von Kapital und Wahrheit ist per se skandalträchtig. Und Skandale erfüllen mit einiger Verlässlichkeit ihre Funktion, nämlich skandalträchtiges Verhalten nun eben zu skandalisieren und also künftig möglichst zu verhindern. Alles spricht dafür, dass in der deutschen Universitätssphäre heikle Begegnungen zwischen Geld und Wissenschaft wie die soeben schematisch evozierten zwar vorkommen, aber nicht Methode sind.

Gerade deshalb lohnt eine kurze Blickwendung weg von tabuisierten, aber ab und an episodisch sichtbar werdenden heiklen Affairen zwischen Geld und Wissenschaft hin zum tiefenstrukturalen Nexus von Geld und Wissenschaft. Sind Geld und Geist doch engstens verwandt. Denn die Geburt der Wissenschaft erfolgte aus dem Geist des Geldes. Es ist eben keine akausale Synchronie, sondern die Zweiseitigkeit einer Münze, dass der vielbeschworene Übergang vom Mythos zum Logos, vom vorsokratischen Tiefsinn zum sokratischen Argumentieren, vom Raunen zum Analysieren, vom Staunen zur Abstraktion in eben die Epoche und die Kultursphäre fiel, die durch die Erfindung des Münzgeldes gekennzeichnet ist. Kein anderer als der genealogisch philosophierende klassische Philologe *Nietzsche* hat dafür eine schlagende Formel geprägt: „Preise machen, Werte abmessen, Äquivalente ausdenken, tauschen – das hat in einem solchen Maße das allererste Denken des Menschen präokkupiert, daß es in einem gewissen Sinne das Denken ist: hier ist die älteste Art Scharfsinn herangezüchtet worden, hier möchte ebenfalls der erste Ansatz des menschlichen Stolzes, seines Vorrangs-Gefühls in Hinsicht auf anderes Getier zu vermuten sein. Vielleicht drückt noch unser Wort ‚Mensch' (manas) gerade etwas von diesem Selbstgefühl aus: der Mensch bezeichnete sich als das Wesen, welches Werte mißt, wertet und mißt als das ‚abschätzende Tier an sich'. Kauf und Verkauf, samt ihrem psychologischen Zubehör, sind älter als selbst die Anfänge irgendwelcher gesellschaftlichen Organisationsformen und Verbände: aus der rudimentärsten Form des Personen-Rechts hat sich vielmehr das keimende Gefühl von Tausch, Vertrag, Schuld, Recht, Verpflichtung, Ausgleich erst auf die gröbsten und anfänglichsten Gemeinschafts-Komplexe (in deren Verhältnis zu ähnlichen Komplexen) übertragen, zugleich mit der Gewohnheit, Macht an Macht zu vergleichen, zu messen, zu berechnen."

Nietzsches Intuition, die in unterschiedlichen Ausprägungen von universitären Außenseiterköpfen wie *Georg Simmel, Alfred Sohn-Rethel, Adorno, Blumenberg* u.a. geteilt wird, ist zutreffend: Der über Geld vermittelte Tausch von Äquivalenten ist die Grundfigur der Abstraktion, die Wissenschaft ausmacht. Wer tauscht, abstrahiert. Er sieht über die manifeste Ungleichheit der getauschten Güter hinweg; sie zu tauschen, ist ja nur sinnvoll, weil sie ungleich sind. Der über das Medium Geld vermittelte Tausch setzt Ungleiches gleich: diese schön bemalte Tonschale hat phänomenal nichts mit zehn Litern Wein oder einer kleinen Einheit Landbesitz gemeinsam – diese drei Größen sind ersichtlich nicht identisch, wohl aber wertäquivalent. Die getauschten Dinge, Güter und Dienstleistungen sind nicht gleich, aber der Tausch setzt sie gleich, indem er ihre Äquivalenz erkennt. Eben dies aber tut auch der Wissenschaftler. Er erkennt, dass das, was auf der linken Seite einer mathematischen Gleichung steht, dem Wert auf der rechten Seite des Gleichheitszeichens entspricht: $a = b$, $x = 3y$, $Pi = 3{,}14...$, $e = mc^2$ etc. Das gilt auch für Wissenschaften, die nicht numerisch, sondern sprachlich prozedieren. Sie erkennen Äquivalenzen zwischen einem Definiendum und einem Definiens: ein Junggeselle ist ein unverheirateter erwachsener Mann; die Wahrheit, die Tugend und der Eros sind – dies oder jenes, wie Platons Dialoge ausführen; die Renaissance ist – und es folgen Bücher mit jeweils mehreren hundert Seiten Inhalt.

Die Geburt von Abstraktion und Wissenschaft erfolgt aus dem Geist des Geldes. Beide sind genealogisch eng miteinander liiert. Dem Geist aber ist diese Verwandtschaft zumindest latent peinlich. Man spricht nicht gern darüber. Geld gilt dem Geist zumeist als ein unreines Medium: pecunia olet. Vernunft ist hingegen rein, wie der wirkungsmächtige Titel von Kants erster Kritik verspricht. Es war wiederum *Nietzsche*, der sich über die hypostasierte apriorisch-reine Qualität der kantischen Anschauungsformen wie der Vernunft- und Verstandesleistungen bzw. -kategorien lustig machte, als er formulierte: „Wie sind synthetische Urteile a priori möglich? fragte sich Kant, – und was antwortete er eigentlich? Vermöge eines Vermögens: leider aber nicht mit drei Worten, sondern so umständlich, ehrwürdig und mit einem solchen Aufwande von deutschem Tief- und Schnörkelsinne, daß man die lustige niaiserie allemande überhörte, welche in einer solchen Antwort steckt. Man war sogar außer sich über dieses neue Vermögen, und der Jubel kam auf seine Höhe, als *Kant* auch noch ein moralisches Vermögen im Menschen hinzuentdeckte – denn damals waren die Deutschen noch moralisch, und ganz und gar noch nicht ‚real-politisch'. – Es kam der Honigmond der deutschen Philosophie; alle jungen Theologen des Tübinger Stifts gingen alsbald in die Büsche – alle suchten nach ‚Vermögen'." Nietzsche entdeckt in Kants transzendentaler Deduktion eine petitio principii. Vermöge eines Vermögens sind synthetische Urteile a priori möglich – synthetische Urteile aposteriori und analytische Urteile sowieso. Nietzsches Kritik der unreinen Vernunft ist bis heute für viele Wissenschaftstheoretiker verletzend. Wie schon zuvor der Kant-Kritiker Kleist, der in seinem Lustspiel Der zerbrochene Krug einen Richter nach dem Modell der Kritik der reinen Vernunft über sich selbst zu Gericht sitzen lässt, legt Nietzsche bündig die Unreinheit der reinen Vernunftkritik bloß.

Die eigentliche Pointe von Nietzsches Kantkritik besteht aber darin, dass sie an den Doppelsinn des Wortes ‚Vermögen' erinnert. Wissenschaftler und wissenschaftliche Institutionen, die Erkenntnisvermögen entfalten, sind auf Vermögen angewiesen. Ohne Vermögen sind ihre kapitalen Leistungen nicht möglich.

Dennoch sollten wissenschaftliche Erkenntnisse nicht direkt von Vermögen, Kapital und Geld abhängig sein – und sie sind es auch nicht. Unabhängig vom Gehalt, das ein Mathematiker bezieht, sollte er die Zahl Pi richtig berechnen. Es gehört zu den kapitalen Eigenschaften des Geldes, sich verwandeln zu können. „Dies Metall lässt sich in alles wandeln", heißt es vielsagend in Goethes *Faust* über das Münzgeld. Was in unseren Kontexten nichts anderes heißt als dies: genealogisch gibt es engste Zusammenhänge zwischen Geld, Abstraktionsvermögen und Wissenschaft. Aber die Geltung spezifischer wissenschaftlicher Erkenntnisse und Einsichten ist nicht eins zu eins auf Geld zurückzuführen. So wenig der Preis für ein Kunstwerk seinen ästhetischen Wert indizieren muss – war das heute 70 Millionen Euro teure Gemälde von van Gogh schlechter, als der Künstler es für einen Spottpreis herausrückte? – so wenig ist, wenn der pathetische Ausdruck noch erlaubt ist, Geist eins zu eins auf Geld zurückführbar. Ein reicher Banker kann wie Aby Warburg zum Gelehrten werden, der unabhängig von bürgerlichen Karriereabsichten und Universitätshierarchien seine kunstwissenschaftlichen Forschungen vorantreiben kann. Man mag das alte Schema Besitz- und Bildungsbürgertum, wie Fontane es etwa in seinem Roman Frau Jenny Treibel ausgestaltet hat, belächeln; es verweist doch darauf, dass es bei allem latent peinlichen Bewusstsein von der genealogischen und strukturalen Zusammengehörigkeit beider Sphären so etwas wie ein stolzes Eigenrecht des Geistes gab. Welches man selbstredend auch bestreiten kann, so wie es die goldenen Worte von Professor Wilibald Schmidt in *Fontanes* Roman es tun: „Geld ist Unsinn, Wissenschaft ist Unsinn, alles ist Unsinn. Professor auch. Wer es bestreitet, ist ein pecus. Nicht wahr, Kuh...? Kommen Sie, meine Herren, komm, Krola... Wir wollen nach Hause gehen."

Gerade weil das Bewusstsein der Affinität von Geld und Geist mitlief, aber nicht (es sei denn von freien Geistern wie Nietzsche) ausdrücklich thematisiert wurde, konnte sich die Wissenschaft als eine transökonomische Sphäre begreifen und stilisieren. Man hatte im neunzehnten Jahrhundert und bis vor ca. zehn Jahren, also bis zur Einführung der sog. W-Besoldung als Professor ein ordentliches, wenn auch kein exorbitantes Einkommen, damit man über Geld nicht reden musste. NB: die komparative Besoldung von Professoren hat schon vor der Einführung der W-Besoldung kontinuierlich abgenommen. Ein preußischer Professor im Berlin der 20-er Jahre des 19. Jahrhunderts, ein Heidelberger Ordinarius um 1900 und noch ein Münchner Lehrstuhlinhaber der 1960-er Jahre verdiente etwa im Vergleich zu einem Studienrat deutlich mehr als ein vor wenigen Jahren neuberufener W-3-Professor in welchem Bundesland auch immer. Auch dieser sehr profane Besoldungsaspekt sorgt dafür, dass deutsche Professoren heute sehr geldsensibel sind.

Über Geld spricht man nicht, man hat es. Das geflügelte Wort galt gerade auch für die Wissenschaftssphäre. Umso auffallender sollte es sein, dass dies heute gänzlich anders ist: alle Uni-Angehörigen reden nur noch von Geld – aber kaum einer redet davon, dass die Universität nur noch von Geld redet. Nämlich von eingeworbenen Drittmitteln, von Prämien für die Einwerbung von Drittmitteln, von Vorfinanzierung der Antragsprosa, von Studiengebühren, von Gehaltszulagen bei Berufungsverhandlungen, von Exzellenzinitiativen und den Milliardenbeträgen, die in sie fließen, von Anlageproblemen bei Stiftungsvermögen, von tariflicher und außertariflicher Bezahlung, von Sondermitteln, von neuen Finanzierungsquellen, von mehr Wettbewerb um Drittmittel, von den Prämien bei der Erreichung von Zielvereinbarungen und dergleichen mehr. Selbst dort, wo die Reden über und an Universitäten nicht direkt Geld zum Thema haben, werden diese Diskurse immer geldförmiger. Man spricht über das Auf und Ab einzelner Universitäten und Institute auf dieser oder jener Ranking-list wie über das Auf und Ab von Börsenwerten. Die Ranking-list ist nach dem Modell des Ratings für Banken und Staaten entworfen – und wohl so verlässlich, so performativ, so irrationalitätsanfällig wie diese. Die Bank Lehman Brothers bekam bekanntlich noch wenige Tage vor ihrem historischen Crash von der Ratingagentur Standard & Poor die Note A+ zugesprochen.

Die Zeitschrift *Forschung & Lehre*, die aus ihrer kritischen Grundeinstellung gegenüber vielen neueren Uni-Reformen keinen Hehl macht, brachte in ihrem Heft vom Juli 2012 einen Bericht über die Ergebnisse der jüngsten Exzellenzinitiative für die deutschen Universitäten. Er beginnt mit der Feststellung: „Die Förderentscheidungen in der zweiten Programmphase der Exzellenzinitiative sind gefallen. (…) Es werden insgesamt 39 Universitäten mit 2,4 Milliarden Euro gefördert." (S. 553) Und er schließt mit den Sätzen: „Zum 31. Oktober 2012 endet die erste Programmphase der Exzellenzinitiative. In ihr waren 39 Graduiertenschulen, 37 Exzellenzcluster und neun Zukunftskonzepte mit einem Fördervolumen von insgesamt 1,9 Milliarden Euro bewilligt worden." (S. 554) Fünf Seiten weiter werden nach dieser Zahlen- und Summenaufstellung in einem Artikel unter dem seltsamen Titel „Rankingbetrachtung der Hochschulen: DFG-Bewilligungen für 2008 bis 2010 insgesamt und in den verschiedenen Wissenschaftsbereichen" (S. 559) die deutschen Universitäten in der Reihenfolge gerankt, in der sie DFG-Drittmittel eingeworben haben. Das sieht dann so aus: DFG-Bewilligungen insgesamt: 1. Aachen 278,1 Mio, 2. München LMU 263,7 Mio, 3. Berlin FU 250,8 Mio etc. Für die Geistes- und Sozialwissenschaften: 1. Berlin FU 94,6 Mio, 2. Berlin HU 55,7 Mio, 3. Münster U 50,2 Mio etc. Und so geht's weiter auch für die Lebens-, Natur- und Ingenieurwissenschaften, jeweils bis zur Position 40.

Wer unter all denen, die an Universitäten forschen, lehren und studieren, wird Einwände gegen soviel Zuwendungen haben, zumal dann, wenn diesen monetären Zuwendungen auch aufmerksamkeitsökonomische Zuwendung entspricht? Dass die chronisch unterfinanzierten deutschen Universitäten neben Geld auch öffentlich-mediale Aufmerksamkeit erhalten, ist schmeichelhaft, tut gut und bereitet Freude. Doch bekanntlich hat alles und haben auch Geld und geldgesteuerte Aufmerksamkeit ihren Preis. Und der ist hoch, so hoch, dass er in einem buchstäblichen Sinn sprachlos macht. Denn alle reden über Geld, nicht aber über die Themen und Probleme, die mit dem neuen Geldsegen analysiert werden sollen. Um Missverständnisse zu vermeiden: alles spricht dafür, dass etwa die Erforschung des Higgs-Boson am Cern in Genf nur als teure und aufwendige Verbundforschung möglich und sinnvoll ist. Allerdings lohnt auch hier der Hinweis, wie preiswert die bahnbrechende Postulierung der Existenz dieses Teilchens durch den namengebenden Physiker *Peter Higgs* im Jahr 1964 war. Kein im weiten Reich der Natur- und Ingenieurwissenschaften Inkompetenter (wie der Verfasser dieser Zeilen) und erst recht kein Kompetenter bestreitet ernsthaft, dass die einschlägige Forschung nur im kostenintensiven Großverbund möglich ist. Bemerkenswert ist, dass hier tatsächlich – gemäß dem geflügelten Wort von Exbundeskanzler Kohl ‚Wichtig ist, was hinten raus kommt' – eine Korrelation von Investment, Resultat und öffentlicher Aufmerksamkeit gegeben ist. Die Entdeckung des Higgs-Teilchens ist ein frisches Beispiel dafür.

Hochgradig fraglich aber ist, was sich bei einem nur ein wenig längeren Blick auf die Sozial- und Geisteswissenschaften darbietet. Sie richten sich, halb willig, halb durch Vorgaben genötigt, zunehmend an der Forschungskultur der Naturwissenschaften aus (wie Publikation in A-Journals, Abschied von Monographien, Abwendung von der Einzelforschung, Tendenz zur Verbundforschung etc.). Mit durchschlagendem bzw. hochgradig zweifelhaftem Erfolg. Als das Kriterium schlechthin für erfolgreiche sozial- und geisteswissenschaftliche Forschung gilt nämlich auch hier – fast schon scheint's selbstverständlich zu sein – die Einwerbung von Drittmitteln. Die eingigen Zuteilungen und Zahlen werden in der scientific community erstrangig kommuniziert (s. oben die Zitate aus *Forschung & Lehre*): an der Universität x gibt es nun einen SFB mit einer Ausstattung von soundsoviel Millionen, an der Universität y werden gleich drei Graduiertenkollegs mit einem Volumen von soundsoviel Millionen eingerichtet, die Universität z ist bei der Exzellenzinitiative nicht zum Zug gekommen etc. Eine ähnliche geldgeleitete Aufmerksamkeit wie für diese Makroebene gibt es auch für die Meso- und Mikroebene. Dieser oder jener Fachbereich ist in diesem oder jenem Universitätsranking von Platz siebzehn auf Platz dreizehn aufgestiegen bzw. abgestiegen, weil er mehr bzw. weniger Drittmittel eingeworben hat; dieser oder jener Forscher ist ein guter bzw. mäßiger Forscher, weil er erfolgreich bzw. erfolglos Antragsprosa verfasst und Sammelbände herausgibt bzw. nicht herausgibt. Und genau dies ist die crux: was er außer Antragsprosa und Sammelband-Vorworten, in denen dann bis zum Abwinken die mantraförmige Standardwendung vorkommt ‚Unser Projekt, Verbund, Kolleg, SFB ist gut aufgestellt', noch verfasst und publiziert, spielt schlicht keine Rolle mehr. Die inflationär anzutreffende Formulierung ‚gut aufgestellt' erinnert fatal an Potemkinsche Dörfer – auch sie waren gut aufgestellt.

Man muss sich diese dramatische Verschiebung illusionsfrei vor Augen führen: die Ökonomie des Geldes stimmt in offiziellen, öffentlichen universitären Gefilden weitgehend, zumeist sogar völlig mit der Ökonomie der Aufmerksamkeit überein. Umgekehrt formuliert: die universitäre Ökonomie der Aufmerksamkeit ist fast gänzlich auf die Ökonomie des Geldes fokussiert – und dort, wo sie es nicht explizit ist, verfährt sie nach der Logik des Geldes. Man muss sich vergegenwärtigen, wie dramatisch diese Verschiebung ist. Vor zwei Jahrzehnten erschien im Suhrkamp Verlag ein von *Peter J. Brenner* herausgegebener, auch heute noch mit großem Gewinn zu lesender Sammelband unter dem Titel Geist, Geld und Wissenschaft. An ihm fällt auf, dass – dem Titel zum Trotz – die Überzahl der dreizehn Beiträge nicht vom Geld handelt, sondern – dem Untertitel verpflichtet – von Arbeits- und Darstellungsformen von Literaturwissenschaft, z.B. von Problemen wissenschaftlicher Editionen, vom Rezensionswesen, von Monographien in Geistes- und Naturwissenschaften oder von der Rolle der Gutachten im Wissenschaftsprozess. Nur das Vorwort und der Beitrag des Herausgebers Peter J. Brenner selbst beschäftigen sich ausdrücklich mit der Funktion von Geld im (zumal geisteswissenschaftlichen) Universitätsbetrieb. Der Herausgeber, der das Wort ‚Geld' übrigens systematisch in Anführungszeichen setzt, lag sicher nicht falsch, als er vor zwanzig Jahren formulierte: „Von zentraler Bedeutung für die neuere Entwicklung ist der konstituierende Einfluß des ‚Geldes' als eines Mediums der Wissenschaftssteuerung. (...) Die Akquisition von ‚Geld' wird zu einer entscheidenden Voraussetzung für die Durchführung von Forschung; die Verteilung und Verwaltung der Gelder wird zugleich zu einem Problem, das immer stärker ins Zentrum wissenschaftlicher Tätigkeit rückt und diese wiederum umformt." Der von Brenner herausgegebene Band macht in der Tat die Probe auf die Hypothese, wonach Geld und Geist auch damals noch, also zu Beginn der neunziger Jahre des zwanzigsten Jahrhunderts, ihre Rendezvous als peinlich empfanden. Denn die Beiträge weigern sich hartnäckig, ‚Geld' nicht in Anführungszeichen zu stecken und offen über Geld zu reden – also das zu tun, was heute die akademische Üblichkeit schlechthin ist. „Die Beziehung von ‚Geld' und ‚Geist' wird offensichtlich immer noch (also im Jahr 1993, J.H.), wie in den Romanen des 19. Jahrhunderts, als ein illegitimes Verhältnis betrachtet und entsprechend tabuisiert, obwohl es zu den strukturprägenden Komponenten einer jeden wissenschaftlichen Disziplin gehört."

Um zu ermessen, was sich zwischen 1993 (um vom neunzehnten Jahrhundert zu schweigen) und 2012 verändert hat, genügen drei Hinweise. Der erste verweist auf die bekannte authentische

Anekdote, derzufolge der ebenso berühmte wie umstrittene Systemtheoretiker und Soziologe *Niklas Luhmann* nach seiner Berufung an die Universität Bielefeld einen Fragebogen vorgelegt bekam, auf dem er seine Forschungsprojekte auflisten sollte. Luhmanns Antwort ist mittlerweile legendär. Forschungsgegenstand: Theorie der Gesellschaft; Laufzeit: 30 Jahre; notwendige Zusatzmittel: keine. Luhmann hat sein Forschungsprogramm mit frappierender Verlässlichkeit umgesetzt. Selbst seine Gegner und kritische Kollegen können nicht umhin, seine Werke, nein: sein Werk zur Kenntnis zu nehmen. Diskussionen über Luhmanns dies- und jenseits aller Drittmittel entstandene Systemtheorie sind mit allen auch nur einigermaßen anspruchsvollen humanwissenschaftlichen Kollegen möglich, ja kaum zu vermeiden.

Womit schon der zweite Hinweis gestreift ist: die real überhaupt noch stattfindenden Fachdebatten, und die disziplinübergreifenden sowieso, sind nach wie vor und aus gutem Grund eben nicht auf hochrangige bzw. hoch gerankte Drittmittelprojekte, sondern auf Einzelforschung fokussiert. Sie laufen völlig konträr zur Ranking- und Drittmittel-Aufmerksamkeit. Man rezipiert und diskutiert in den Humanwissenschaften, wenn man denn noch rezipiert und diskutiert und nicht ausschließlich Rankinglists studiert, Antragsprosa verfasst oder in Gremien sitzt, die Drittmittel einwerben sollen, die Bücher von *Jan und Aleida Assmann*, von *Hans Blumenberg*, von *Karl-Heinz Bohrer, Norbert Bolz, Jacques Derrida, Michel Foucault, Hans-Ulrich Gumbrecht, Reinhard Koselleck, Martha Nussbaum, John Rawl, Saskia Sassen, Richard Sennett, Peter Sloterdijk* oder *Hans-Ulrich Wehler*, um nur sie zu nennen. Mit diesen Namen verbinden sich anders als mit Drittmittelsammel- bzw. -stammelbänden distinkte Thesen und trennscharfe Theorien. Bei auch nur einigermaßen ehrgeizigen Zeitgenossen kann man noch voraussetzen, dass diese Namen geläufig sind und ihre drittmittelfrei entstandenen Werke zur Kenntnis genommen werden. Der harmlose und ja nicht bösartige umgekehrte Test aber geht mit irritierender Regelmäßigkeit übel aus. Wer Fachkollegen (um von Vertretern benachbarter Fächer und der interessierten Öffentlichkeit gnädig zu schweigen) nach den Resultaten, Thesen und Diskussionen um kostenintensive, hochgerankte und investitionsstarke Drittmittelprojekte fragt, erhält ein peinliches Schweigen als Antwort. Was denn dieser Sonderforschungsbereich, dieses Exzellenzcluster und dieses Graduiertenkolleg inhaltlich in die Waagschale zu werfen habe, welche grundstürzenden neuen Hypothesen sich bewährt haben oder falsifiziert wurden, welcher erregende neue Theorieansatz sich durchzusetzen beginne – Fragen wie diese verhallen unerhört, wenn sie denn überhaupt erwartungsfroh gestellt werden, was bezeichnender Weise selten genug der Fall ist. Wenn es denn Antworten gibt, so lauten diese, man habe x Promotionen betreut, viele S(t)ammelbände publiziert und sei dabei, einen Antrag auf weitere Förderung auszuarbeiten. Bestenfalls kommt die Antwort, man arbeite am siebenunddreißigsten turn – am pictorial, spatial, postcolonial, emotional oder transscriptural turn. Sobald man langsam gereizt nachfragt und darauf insistiert, es müsse doch sachlich-fachlich etwas trennscharf Benennbares bei diesen kostenintensiven, also offenbar hochrangigen Projekten herausgekommen sein, erntet man seinerseits Gereiztheit.

Dem entspricht ein dritter Hinweis: bei Berufungsverhandlungen geht es naturgemäß auch und häufig in erster Linie um Geld. In der Regel werden heute Zielvereinbarungen zwischen der Universität und dem bzw. der Neuberufenen getroffen, für deren Erreichung es Zulagen zum verfassungswidrig mäßigen W-Grundgehalt gibt. An erster Stelle der Zielvereinbarung steht regelmäßig die Einwerbung von Drittmitteln, an zweiter zumeist die Übernahme von Funktionsstellen wie Dekan oder Prodekan für Lehre, an dritter Stelle häufig der output an Doktorandinnen oder ähnliches. Ein Kopf wie Luhmann fiele hier durch alle Raster. Denn das, was zum eigentlichen Stolz human-, sozial- und geisteswissenschaftlicher Aktivitäten zählte, kommt in diesen besoldungsrelevanten Zielvereinbarungen schlicht nicht mehr vor: ein wahrnehmbares Werk, ein über Fachgrenzen hinaus diskutiertes Werk, ein in einem renommierten Publikumsverlag veröffentlichtes Werk. An vierter Stelle kommt dann der weitere Ruf, der aber zumeist nur erfolgt, wenn man die vorher gelisteten Kriterien erfüllt, also Geld eingeworben hat. Das neue Leitbild des Wissenschaftlers ist nicht der produktive Forscher und auch nicht der wenn nicht charismatische, so doch anregende akademische Lehrer, sondern der kaufmännisch kalkulierende Wissenschaftsmanager.

Um es in aller Klarheit zu sagen: diese Reihung von Kriterien, die zur Besoldungsverbesserung führen, hat wie der Ranking-Wahn und der ihm eng liierte Drittmittelwahn Methode. Jeder, aber auch jeder universitäre Forscher kann aus den letzten Jahren von der Versuchung berichten, sich diesem oder jenem Thema zuzuwenden, nicht weil es sein leidenschaftliches Forschungsinteresse weckt, sondern weil dafür erhebliche Fördermittel zur Verfügung gestellt werden. Nicht mal den Antragsteller selbst fasziniert die forschungsadministrativ vorgegebene, in jeder Hinsicht korrekte Fragestellung und der vorgeschriebene Forschungsrahmen (das Projekt muss in Kooperation zwischen den Fächern xyz und Universitäten aus dem abc-Raum erfolgen), aber er braucht zur Steigerung seiner Einkünfte und seines Renommés nun eben – mehr Geld und nicht ein Werk. Wie sich unter solchen Umständen kritikimmune, homogene und unkonturierte Cluster (auf gut deutsch: Klumpen) bilden, lässt sich vielfach illustrieren. Forschungsmanager, die diesen klumpenbildenden Unsinn vorantreiben, machen sich willentlich und wissentlich schuldig an einer fatalen Abwärtsspirale bei der wissenschaftlichen Produktivität und Innovation, die sie als erfolgreichen Wettbewerb verkaufen.

Früher war alles besser? Wer so fragt, muss mit ‚nein' antworten, sonst macht er sich unmöglich. Und in der Tat: von der Universität vor 1968 und vor der Bologna-Reform galt fast so stark wie von der katholischen Kirche der Spruch, sie sei „semper reformanda". Dennoch stimmt es, dass die alte Alma mater-Universität in einem entscheidenden Punkt besser war als die heutige. Sie hatte nämlich im humanwissenschaftlichen und wohl nicht nur im humanwissenschaftlichen Bereich selbstbewusste Kriterien, an denen sich die Qualität von Wissenschaft bemessen ließ: Eigensinn, persönlich zurechenbare Verantwortungslogiken und eine häufig konkurrenz- und neidvolle Aufmerksamkeit für die thematisch-inhaltliche Resonanz, die ein Werk auslöste. Garantiert wurde diese Qualität durch die vielbemühte und tatsächlich gegebene Einsamkeit und Freiheit des Forschers. Wer diese Pfunde missbrauchte, wer etwa großordinarial auftrat, aber sachlich-fachlich nichts in die Waagschale zu werfen hatte außer das Prestige seines Titels, der musste mit Kritik, Spott oder mangelnder Aufmerksamkeit rechnen. „Unter den Talaren Muff von tausend Jahren." Noch diese freche Formulierung zieht ihren Elan aus dem Blick unter die textile bzw. textuelle Oberfläche. Sie will die nackte Wahrheit erkennen. Heute ist sie unter den roten, blauen, gelben und grünen Kreisen des CHE-Hochschulrankings, unter den Glanzbroschüren von Universitäten und Drittmittelgebern und unter einem Zahlenwerk begraben. Es wird Zeit, die alte kluge Kinderfrage nach des Kaisers neuen Kleidern bzw. nach den neuen Kleidern der Bologna-reformierten Universität in aller pubertären Schärfe neu zu stellen. Die so irrsinnig gut aufgestellten Bologna- bzw. Potemkin-Cluster-Fassaden-Dörfer schwanken, bald werden sie fallen wie die Lehman-Brothers Bank.

Thomas Junker

Grundphänomen des Lebens

Sammeln und Horten – eine menschliche Eigenart?

Eichhörnchen und Bienen sind für ihren Sammelfleiß bekannt, aber auch Vogelarten wie Elstern und Saatkrähen sorgen vor, um nicht auf das karge Angebot der Wintermonate angewiesen zu sein. Nicht anders verhalten sich Menschen, wenn sie Vorräte anlegen und großen Einfallsreichtum beim Konservieren und Einlagern von Nahrungsmitteln beweisen. Und sie haben die Tendenz, Energiereserven direkt im Körper in Form von Fettpolstern anzulegen.

Menschen sammeln nicht nur Nahrungsmittel und Dinge des täglichen Bedarfs, sondern auch eine Vielzahl an Kulturgütern und Naturgegenständen – Bücher, Kunstobjekte, Tiere, Pflanzen, technische Instrumente, Haushaltsgegenstände und vieles mehr. Anders als Nahrungsmittel werden diese Objekte nicht verbraucht und konsumiert, sondern in Museen, Bibliotheken und Sammlungen aufbewahrt und als Wissensspeicher genutzt. Als Teil des kulturellen Universums geben sie diesem Substanz und Dauerhaftigkeit. Und so ist es nicht übertrieben zu sagen, dass Menschen das tiefe und instinktive Bedürfnis haben, Wissen zu sammeln und zu horten. Sind sie in dieser Hinsicht einzigartig?

Auf den ersten Blick wird man die Frage vielleicht bejahen, da es im Tier- und Pflanzenreich nichts gibt, was mit Museen, Bibliotheken oder anderen Sammlungen vergleichbar wäre. Oder doch? Lässt man sich nicht von der Oberfläche der Erscheinungen blenden und betrachtet den grundlegenden Vorgang, dann muss die Frage anders beantwortet werden. Aus biologischer Sicht ist das Sammeln und Aufbewahren von Erfahrungswissen keine späte Erfindung der Evolution, die erst mit den Menschen in die Welt kam, sondern das Grundphänomen des Lebens schlechthin. Die Evolution und die Vielfalt der Organismen beruhen auf dem Anhäufen von überprüften Erfahrungen, von genetischer Information, wie es in der Biologie heißt.

Auch die im Erbmaterial jedes Lebewesens in Form großer chemischer Moleküle (DNA) gespeicherten Erfahrungen sind eine Form des Wissens. Sie stellen die Bauanleitung für den Körper und seine Bestandteile bereit, so dass eine Pflanze ‚weiß', dass sie zu einer bestimmten Jahreszeit Knospen bilden, zu einer anderen die Blätter abwerfen sollte. Ihre Reaktionen unterscheiden sich nicht grundlegend von genetisch determiniertem Verhalten bei Menschen und anderen Tieren. Auch diese wissen instinktiv, dass sie bei Hunger essen müssen und was die geeignete Nahrung ist.

Die genetische Information entsteht im Laufe der Evolution, indem diejenigen Bauanleitungen (Gene) erhalten bleiben, die für geeignete Überlebensmaschinen (Zellen, Körper) sorgen; andere Gene sind weniger erfolgreich und verschwinden. Seit Charles Darwin nennt man diesen Mechanismus ‚natürliche Auslese' oder Selektion. Da jedes Lebewesen von einer ununterbrochenen Reihe erfolgreicher Vorfahren abstammt, haben die Gene kein Gedächtnis für Misserfolge und keinen Sinn für die Zukunft. Sie produzieren relativ schematische Reaktionen, und sie können sich nur langsam durch Mutation, Rekombination und Selektion von einer Generation zur nächsten verändern.

Erlerntes Wissen

Im Gegensatz dazu sind erlernte Verhaltensweisen flexibler. Dies kann von Vorteil sein, wenn sich ein Tier in einer wechselhaften Umwelt bewegt. Und so entstand in der Evolution eine zweite, schneller veränderbare Form des Wissens – die in den Nervenzellen des Gehirns gespeicherten Erfahrungen der einzelnen Individuen. Im Gegensatz zur genetischen Information ist dieses Wissen für ein Lebewesen nicht unbedingt notwendig. Einzeller, Pflanzen und niedere Tiere kommen auch sehr gut ohne es aus. Ein schwerwiegender Nachteil des erlernten Verhaltens ist, dass die Erfahrungen von jedem Individuum immer wieder aufs Neue gemacht werden müssen. Das aber kann mit großen Risiken verbunden sein.

Und so ist in der Evolution eine dritte Form des Wissens entstanden, die flexibler ist als genetisches, aber beständiger als individuelles – kollektives Wissen, das systematisch von einer Generation zur nächsten weitergegeben wird. Bei Arten mit Brutpflege wie bei verschiedenen Vögeln und Säugetieren haben Jungtiere die Möglichkeit, ihre genetische Information und die individuellen Erfahrungen dadurch zu ergänzen, dass sie von ihren Eltern, Verwandten oder anderen Mitgliedern ihrer sozialen Gruppe lernen.

Kulturelles Wissen

Die Fähigkeit des sozialen Lernens ist eine biologische Anpassung, die Vorteile der genetischen Information mit solchen der individuellen Erfahrung verbindet und zugleich einige ihrer Nachteile vermeidet. Wie beim individuellen Lernen erfolgt die Speicherung in den Nervenzellen des Gehirns, sie ist also vergleichsweise flexibel; auf der anderen Seite gehen die Erfahrungen beim Tod des Individuums nicht notwendigerweise verloren, sondern sie können – ähnlich wie Gene, aber unabhängig von ihnen – von einer Generation zur nächsten weitergegeben werden. Es handelt sich also um eine Form der Vererbung. Da Erfahrungen und Wissen (die Kultur) weitergegeben werden, spricht man von ‚kultureller Vererbung'. Biologisch gesehen ist Kultur also die Antwort auf ein Problem, vor dem alle Organismen stehen: Wie lassen sich Erfahrungen langfristig, präzise und gleichzeitig flexibel speichern?

Solange das kulturelle Wissen, die Erfahrungen der Vorfahren, nur mündlich weitergegeben wurde und memoriert werden musste, war es schwierig und mühevoll, die Zuverlässigkeit der Übermittlung zu gewährleisten. Erst mit der Koppelung an materielle, konservierbare Gegenstände, an Objekte der Kunst und Wissenschaft, an Bücher und Bilder wurde die Wissensspeicherung stabiler und verlässlicher. Insofern lassen sich die Sammlungen als eine Verbesserung der biologisch angelegten Weitergabe von Erfahrungen zwischen den Generationen verstehen. Im Gegensatz zur genetischen Information können nicht nur erfolgreiche Versuche, sondern auch Irrtümer und Fehlversuche gespeichert werden. Es gibt aber auch viele Gemeinsamkeiten zwischen beiden Arten der Vererbung von Wissen. Allgemein kann man sagen, dass die Menschen mit ihren wissenschaftlichen, historischen und künstlerischen Sammlungen ein Prinzip weitergeführt und perfektioniert haben, das die Evolution schon seit ihren Anfängen mit höchst eindrucksvollen Ergebnissen vorangetrieben hat.

Georg Kamphausen

Wie Studenten denken – Eine Stichprobe

157 Versuche, eine Karikatur zu verstehen

Die eigentliche Revolution des Bildungssystems, so die dafür zuständige Ministerin Schavan, sei die Revolution der Lernkultur. Was sie damit meinen könnte, wird angesichts der dramatischen Veränderungen im gesamten Bildungswesen zunehmend deutlich. Mit der Bachelor- und Modularisierung ihrer Studiengänge schließt die Universität nahtlos an die schulische Praxis der Wissensvermittlung an, möglichst viel in möglichst kurzer Zeit zu vermitteln, ohne die lästige Frage zu stellen, was sich denn eigentlich zu wissen lohnt, und die Kunst zu lehren, Wichtiges von Unwichtigem zu unterscheiden.

Das relevante Wissensformat einer solchen allein an der Normativität des Faktischen orientierten Informations- und Mediengesellschaft ist das jeweils für aktuell erklärte „Lehrbuch" sowie die in Skripten und Powerpoint-Präsentationen niedergelegten Auffassungen des Dozenten, also das „prüfungsrelevante Kompaktwissen". Das „Design der Module und der Aufbau des Studiums", so die Hochschulrektorenkonferenz, „fokussiere auf die zu erwerbenden Kompetenzen und damit auf die ‚Learning Outcomes' der Studierenden".

Der Student lernt dementsprechend Antworten auf Fragen auswendig, die er selbst nie gestellt hätte. Ein Problem als Problem zu behandeln, eine Frage als Frage zu erörtern ist daher nicht das Ziel modularisierter Vorlesungen. Es werden nur Fragen gestellt, auf die es auch eine Antwort gibt, Beobachtungen gemacht, aus denen sich Regeln ableiten lassen. Die Erkenntnisse der Forschung werden auf Merksatzformate eingedampft, Lehrstreitigkeiten gelten als entschieden.

Im Getriebe der mit der Erhöhung der Studierendenzahlen verbundenen Exzellenz- und Prominenzrhetoriken ist eine ganz wesentliche Frage nahezu vollständig in den Hintergrund getreten: Was, aber vor allem wie denken unsere Studenten?

Eine Abschlussklausur als Stichprobe

Die von mir im vergangenen Wintersemester gehaltene Vorlesung „Einführung in die Soziologie" ist für Studierende aus den unterschiedlichsten Studiengängen (Medienwissenschaft, Internationale Wirtschaft und Entwicklung, Ethnologie, Europäische Geschichte, Humangeographie, Geographische Entwicklungsforschung, Kultur und Gesellschaft Afrikas etc.) ein verpflichtendes „Modul". Soziologie als „Fachdisziplin" kann in Bayreuth seit der Bologna-Reform nicht mehr studiert werden. Eine Einführung in die Soziologie kann daher nur sehr grundsätzliche Fragestellungen behandeln, denn für viele Studierende führt sie eben zu keiner weiteren Berührung mit dem Fach. Den sogenannten „interdisziplinär ausgerichteten Studiengängen" mit „Alleinstellungsmerkmal" mangelt es daher vor allem an einem gemeinsam geteilten Begriffsraum, also an einem fachspezifischen „Korsett" (Kanon), das die für wichtig gehaltenen Fragen und Themen zusammenhält.

An der Abschlussklausur zu dieser Vorlesung haben 157 Studenten teilgenommen. Jeweils 80-90 von ihnen waren bei den Vorlesungen anwesend. Ob Anwesenheitslisten die intrinsische Motivation von Studenten befördern, möchte ich bezweifeln. Einige wenige Studenten werden also kaum, andere wiederum eher selten in der Vorlesung gewesen sein. Alle Folien der Vorlesung sowie viele Texte (auch solche eher literarischer Provenienz) sind im e-learning-server der Universität zugänglich – vielleicht auch dies ein Anreiz, der Veranstaltung selbst fernzubleiben. Ein „Lehrbuch" liegt der Vorlesung, die ich frei halte, nicht zu Grunde. Es geht mir eher darum, Fragen zu stellen als Antworten zu geben. Dieses „Hinterfragen" bezieht sich vor allem auf die im Alltag verwendeten Begriffe. Das bloße „Meinen" soll durch Neugier und eine andere Sicht auf bekannte Dinge in ein Bedürfnis nach „Urteilskompetenz" verwandelt werden. Es geht nicht darum, „auf die Prüfung zu lernen", indem man Definitionen auswendig lernt, sondern in der Vorlesung mitzudenken und sich eigene Notizen zu machen. Das fällt den meisten Studenten sehr schwer. Für sie ist die Universität nichts anderes als die nächst Höhere Schule nach der Schule, und die Reproduktion eines nicht selbstständig durchdachten Informationstrümmerhaufens von hoher Beliebigkeit erscheint ihnen unproblematisch, weil sie in der Schule das dafür notwenige Training erhalten haben.

In der Abschlussklausur zur Vorlesung „Einführung in die Soziologie" habe ich neben drei anderen, ebenfalls offen gestellten Fragen die Studierenden gebeten, die folgende Karikatur von Greser & Lenz zu kommentieren. Dabei ging es mir darum festzustellen, ob junge Leute mit Abitur in der Lage sind, ein eigenständiges Urteil zu begründen. Es geht mir nicht darum, die Studierenden zu blamieren, indem man auf die verbreiteten Grammatik- und Satzbaufehler oder die mangelnde Textkohärenz hinweist. Die Auswahl der nachfolgenden Zitate (die immer einer anderen Klausur entnommen wurden) kann den Gesamteindruck aller Kommentare nicht annähernd wiedergeben. Um ihre Lesbarkeit zu erleichtern, wurden die Textauszüge von gröbsten Schnitzern befreit. Eine Mehrheit der 157 Klausurteilnehmer erkennt in den dem Lehrer gegenübersitzenden Menschen „Eltern" (Elternsprechtag!), immerhin zwölf Studierende schreiben „Karrikatur" mit drei „r".

Einige Kommentare

„Die Mutter wirkt auf uns traditionell und altmodisch. Durch Kleidung, Frisur und Brille machen wir uns ein Bild von ihr und urteilen womöglich sogar über ihren Erziehungsstil. Dies alles zeigt uns, dass wir Kultur brauchen, um die Karikatur zu verstehen."

„In der Karikatur sieht man zum einen ein Elternpaar. Der Vater ist ein Skinhead, und die Mutter ist wegen ihres Kopftuchs als Muslimin zu erkennen. Dies allein ist schon ein krasser Gegensatz, der nicht passt."

„Da wir unser Handeln immer auf andere beziehen, kann es sein, dass der Sohn von seinen Eltern verprügelt wurde und dieses Handeln nun auf seinen Lehrer überträgt. Eine unbeabsichtigte Nebenwirkung ist aus dem Handeln der Eltern entstanden."

„Allgemein wird angenommen, dass man immer so handelt, als würde man von jemand Drittem beobachtet und es demnach kein sinnloses Handeln gibt."

„Der Lehrer mit dem blauen Auge attestiert den Eltern des aggressiven Sohnes, dass dieser eben kein Choleriker sei, sondern emotional intelligent. Die Karikatur verdeutlicht die differenten Ansichten über die Tatsache dass der Sohn den Lehrer verhauen hat."

„Der Karikaturist könnte damit aussagen wollen, dass man Autoritätspersonen nicht blind folgen und gehorchen soll. Das blaue Auge steht hier für den Widerstand, und der Lehrer selbst sagt aus, dass der Sohn emotional intelligent ist."

„Der Lehrer scheint also ein Verfechter der antiautoritären Erziehung zu sein, der seine Schüler also nicht einschränken, sondern ihre Fähigkeiten fördern möchte. Dabei ist ihm nicht nur die geistige Intelligenz, sondern auch die emotionale Intelligenz ein Anliegen."

„Der Sohn, so scheint es, hatte eine solche Wut auf den Lehrer, dass er ihn geschlagen hat. Er hat der Wut also nachgegeben und konnte sich (so vermute ich) so von ihr befreien. Die Befreiung kann als durchaus intelligent bezeichnet werden und emotional war sie sicherlich auch."

„Die Karikatur soll zeigen, dass ein Mensch nicht als rein rational denkendes Wesen betrachtet werden kann. Der Mensch handelt nicht immer vernünftig, er ist bis zu einem gewissen Grad wie das Tier Instinkten und Emotionen unterlegen, die er nicht beeinflussen kann. Diese Situation, bei der die Rationalität ‚ausgeschaltet' ist, nennt man affektuelles Handeln."

„Der Lehrer vertritt einen recht soziologischen Standpunkt, indem er den Jungen nicht für sein von der Gesellschaftsnorm abweichendes Verhalten verurteilt und ihm seine Intelligenz abspricht, sondern unbefangen an die Situation herangeht. Wer hat schließlich Intelligenz definiert? Der Lehrer hat somit ein anderes Bewusstsein für Intelligenz als die Gesellschaft."

„Im Differenzierungsprozess wird Wert darauf gelegt, dass jeder Mensch ein Individuum ist und auf besondere Weise einzigartig ist. Deswegen ist der kleine Junge kein Schläger, sondern ‚emotional intelligent'."

„Es geht hier um Macht des Sohnes. Machtmittel ist die Gewalt. Der Lehrer unterstützt den Sohn, da der Sohn die Herrschaft hat, er hat bzw. ergreift die Chance für einen Befehl bestimmten Inhalt bei dem Lehrer Gehorsam zu finden und der Befehl, der Wille des Sohnes bzw. des Herrschenden beeinflusst das Handeln des Lehrers, bzw. des Beherrschten. Dieser Befehl macht den Lehrer gehörig. Der Sohn ist in einer höheren Hierarchiestufe."

„Eine Anspielung in dieser Karikatur könnte auch sein, dass die Gesellschaft auch immer in verschiedene Schichten untergliedert ist und sich die weniger privilegierten ihr Recht auf eine andere Art und Weise erwerben! Denn nicht die Autorität, sondern die Wahrheit schafft das Recht. Und die Wahrheit hier ist, dass der Schüler mehr physische Kraft hat."

„Doch was bedeutet emotional intelligent? Vermutlich heißt es, dass der Sohn seine Emotionen offen zeigt, wo andere Schüler diese vielleicht verdrängen oder zurückhalten würden. Somit würde dem Lehrer ersichtlich, dass dieser Schüler besonders emotional intelligent ist, da dieser mehr Emotionen hat als andere Schüler. Er fällt kein Urteil über die Tat, sondern klärt die Eltern zufriedenstellend nur über das Geschehene auf."

„Die Grundeinstellungen des Lehrers und des Sohnes sind verschieden geworden. Der Sohn hat zwar nie soziologisch gehandelt und ihm präsentierte und vorgelebte Zustände hinterfragt. So gesehen ist er intelligent, da er sich seiner Umgebung anpasst."

„Der Junge kann sich vielleicht nicht durch Fachwissen auszeichnen, ist aber ein durch Emotionen geleiteter Mensch und könnte so im Leben erfolgreich sein, wenn er diese kontrollieren könnte."

„Der Sohn ist emotional intelligent und bezieht sein Wissen nicht aus Literatur oder naturwissenschaftlichen Gesetzen. Er ordnet sein Wissen emotional, und für diesen Anlass scheint ein Faustschlag in das Auge des Lehrers emotional richtig!"

„Der Lehrer schätzt wert, dass der Schüler sein emotionales Bewusstsein dazu genutzt hat zu erkennen, dass er sich wehren kann. Der Schüler ... erfüllt damit diejenige Erwartung, die in ihn gestellt wird. Schon Rousseau sagte: ‚Der Mensch ist frei geboren, aber überall liegt er in Ketten.' Diese Ketten hat der Schüler versucht zu sprengen."

„*Damit meint er, dass der Sohn sich enttraditionalisieren will von dieser Herrschaftsform und eine neue Dynamik in die Gesellschaft bringen will. Durch diese Selbstautorisierung möchte er sich sozial differenzieren und individualisieren. Es kann aber auch sein, dass der Sohn das Verhalten, was er von zu Hause kennt, auf die Schule reflektiert. Vielleicht streiten sich die Eltern zu Hause so heftig, dass er dieses Verhalten schon übernommen hat.*"

„*Emotional intelligente Menschen wissen, was sie wollen. Sie lassen sich von ihren Gefühlen, ihren Emotionen leiten und nutzen diese als Handlungsrahmen. Da der Mensch sich selbst fremd ist, hat er kaum eine Wahl, als auf sein Inneres zu hören und aus dem Affekt zu handeln.*"

„*Emotionales Wissen wird von einem selbst gesteuert. Es ist subjektiv und passiert von mir aus. Der Schüler reagiert mit Gewalt auf d. Lehrer. Er handelt somit nur rational, ohne über sich nachzudenken*".

„*Durch die Modernisierung des gesamten Lebens, insbesondere der Gesellschaft, sind die Normen und Traditionen aufgrund der viel komplexeren gesellschaftlichen Zusammenhänge nicht mehr so stark bzw. haben durch die Enttraditionalisierung an Wert und Gewicht verloren. Durch die Enttraditionalisierung entstand eine viel größere Autonomie in allen Lebensbereichen, es gab eine Abkehr von herkömmlichen Autoritäten, eine Verbürgerung der Gesellschaft.*"

„*Der Sohn dieser Eltern lässt seine Wut zweckrational heraus. Dies soll dem Sohn helfen, sich abzureagieren. Er könnte aber auch wegen seines affektuellen Gemüts zur Cholerik neigen.*" „*Kann man dem Schüler einen Vorwurf machen? Es heißt, das Individuum wird von der Gesellschaft hervorgebracht, die ihm bestimmte Leistungen abverlangt. Seit die derzeitige Gesellschaft auf persönliche Entfaltung und Individualisierung besteht, hat der Schüler nur nach ihren Vorgaben gehandelt.*"

Die Verwirrungen, die angesichts des unvermittelten Nebeneinanders miteinander unvereinbarer Interpretationen deutlich werden, sind mit dem bekannten Begriffsapparat des Kulturpessimismus nicht zu beschreiben. Es scheint, als habe sich die Ignoranz im Gewand der Toleranz gegenüber allem und jedem im Chaos der Beliebigkeiten zur Kulturtechnik entwickelt. Wer keine Idee habe, meinte Chesterton, dem steige die erstbeste direkt ins Hirn.

Wenn alles Mögliche gedacht und alles Denkbare auch gemacht werden kann, warum sollte man es dann nicht auch einmal mit dem Gegenteil versuchen? Die Welt ist das, was der Fall ist, von ihr berichten das Fernsehen und das Internet, die Hinterwelt heißt Kultur, die man hat, aber über die man nicht verfügt. Hinzu kommt: Begriffe sind längst nicht mehr Werkzeuge des Denkens, sondern Signalflaggen zur zeitweisen Konstruktion von Erfahrungs- und Kommunikationsgemeinschaften. Dies führt zu einer Erweiterung und Beliebigkeit der Begriffsräume, die nicht auf Urteilsfähigkeit oder Sprachkompetenz beruhen, sondern auf Zustimmungsbereitschaft im Medium der Öffentlichkeit.

Der ideenpolitische Opportunismus, so schrieb bereits Arnold Gehlen, habe zu einer Haltung geführt, „die im Alltag fünf gerade sein lässt, die das Abwarten, wer gewinnt, und in welcher Richtung man den eigenen Mantel in den Wind hängen sollte, für Lebensklugheit hält. Man entscheidet selbst, was gut und böse ist. Die Realität passt sich der Wortwirklichkeit an", die Tatsachen und Menschen entwickeln sich sozusagen in das Gerede von ihnen hinein. Ich glaube, dass es an der Zeit ist, sich über die Folgen dieser „Revolution" im Bildungswesen Klarheit zu verschaffen. Dazu gehört nicht zuletzt auch eine Diskussion darüber, wer von der Verabschiedung der Bildung an den Gymnasien und der Entakademisierung der Universitäten profitiert hat.

Peter Graf Kielmansegg

Die institutionalisierte Geringschätzung der Lehre

Und was die Exzellenzinitiative dazu beigetragen hat

Es ist einfach geworden, die Exzellenz eines deutschen Professors zu bestimmen. Je weniger er lehrt, desto exzellenter ist er. Und umgekehrt: Je exzellenter er ist, desto weniger lehrt er. Wer gar nicht mehr lehrt, der ist ganz oben angekommen. Man kann es auch so sagen: Die Geringschätzung der Lehre ist im deutschen Universitätssystem inzwischen fest institutionalisiert.

Die Lehre hatte in der deutschen Universität des 19. und 20. Jahrhunderts nie einen hohen Stellenwert. Der deutsche Universitätsprofessor verstand sich als Forscher, Lehre lief sozusagen mit. Man sah sie als Lehrlingszeit für die Forschung. Mit der wachsenden Zahl der Studierenden im letzten halben Jahrhundert wurde die Lehre immer mehr zur lästigen Bürde. Die Klage der Professoren über die Last der Lehre wurde so selbstverständlich wie die Klage der Landwirte über das Wetter. Wer bekannte, dass er bei aller Mühsal gern lehre, machte sich zum Außenseiter in der deutschen universitären Welt. Er geriet leicht in den Verdacht, dass es zur Forschung wohl nicht reiche.

Die Gründe für den Vorrang der Forschung liegen auf der Hand. Die akademische Welt ist eine Welt des Kampfes um Reputation. In zwei Varianten gibt es Reputation: als Anerkennung durch die Zunftgenossen und als Wahrnehmung durch die Öffentlichkeit. Am besten ist natürlich, wenn, wie etwa bei Nobelpreisträgern, beides zusammenkommt. Aber das ist nur wenigen beschieden. So oder so, die Lehre spielt im Wettbewerb um Reputation keine Rolle, gleichgültig um welche Variante es geht. Weder die Zunftgenossen noch die Öffentlichkeit interessieren sich für die Lehre. Für die Lehre interessieren sich nur die Studierenden. Und wenn den Professoren ihr Ansehen bei den Studierenden auch nicht gleichgültig ist, der Kampf um die Reputation, die zählt, zwingt, so sehen es die meisten, zu klaren Prioritäten. Ihre Investitionsentscheidungen stellen sich der großen Mehrheit der Professoren als eine Art von Nullsummenspiel dar. Zeit und Energie, die in die Lehre investiert werden, stehen für den Reputationswettbewerb nicht mehr zur Verfügung.

Dieses strukturelle Ungleichgewicht hat sich durch die Exzellenzinitiative dramatisch verschärft. Lehre war im Wettbewerb der Universitäten um die ausgelobten Milliarden kein Thema. Alle Kräfte, alle Anstrengungen der Universitäten waren von der Eröffnung der ersten Runde bis zur Entscheidungsphase der zweiten Phase des Wettbewerbs fast monoman auf das eine Ziel gerichtet, im Rahmen der strikten Formatvorgaben der Ausschreibung Forschungsprojekte, Forschungsprogramme zu konzipieren, die eine Chance hatten, den Beifall der Gutachter zu gewinnen.

Dass das der universitären Lehre gutgetan habe, hat noch niemand behauptet. Aber dass für ein gutes halbes Jahrzehnt alle wissenschaftlichen wie administrativen Energien der deutschen Universität von einem Wettbewerb absorbiert wurden, in dem die Lehre nicht vorkam, ist nicht alles. Als gravierender wird sich vermutlich erweisen, dass die Exzellenzinitiative die Zweitrangigkeit der Lehre strukturell und habituell weiter festgeschrieben hat.

Der akademische Reputationswettbewerb, der für den einzelnen Professor immer schon ein Wettbewerb um die Anerkennung als Forscher war, ist nun auch für die Universität als Institution mit der entschiedensten Einseitigkeit ein Wettbewerb um Anerkennung als Forschungsstätte im Sinn der Vorgaben der Ausschreibung geworden. Was das konkret bedeutet, hat beobachten können, wer in den letzten Jahren Gelegenheit hatte, Rektoraten bei der Arbeit zuzusehen: Auch für das Selbstverständnis der Institution Universität, für die Strategien ihrer Fortentwicklung ist die Lehre Nebensache geworden.

Dazu passt, dass im Zuge des Wettbewerbs vielerorts Einrichtungen geschaffen worden sind, die zum Rückzug aus der Lehre einladen – Kollegs, Begegnungsstätten, interdisziplinäre Zentren. Auf der Suche nach Zukunftskonzepten, wie sie die Exzellenzinitiative forderte, ist den meisten Wettbewerbern etwas dieser Art eingefallen. Der Rückzug aus der Lehre als die Prämie für Forschungsleistungen, tatsächliche oder versprochene – dieses Prinzip ist inzwischen fest etabliert. Wenn man es geschickt anstellt und anzubieten hat, was der wissenschaftliche Zeitgeist hochschätzt, kann man es durchaus zum Dauergast in solchen Einrichtungen bringen. Welche Potentiale der Lehre ständig faktisch entzogen werden, kann man natürlich nur vage abschätzen. Sicher aber ist, dass mit der wachsenden Zahl von Institutionen, die einer – wie immer definierten – Professorenelite die Möglichkeit des Rückzuges aus der Lehre offerieren, die Institutionalisierung der Geringschätzung der Lehre ein gutes Stück weiter vorwärtsgetrieben wurde.

Aber ist das alles nicht vielleicht doch der Preis, der für einen starken Impuls zugunsten der Forschung gezahlt werden muss? Die Gegenfrage könnte lauten, ob es denn so gewiss sei, dass bessere, ertragreichere universitäre Forschung die Frucht der Exzellenzinitiative sein werde; der Impuls habe die Universitäten ja zunächst einmal nur in hektische Schmieden von Großprojekten verwandelt – was daraus werde, stehe durchaus dahin. Aber diese Gegenfrage will ich gar nicht stellen. Wichtiger ist es, daran zu erinnern, dass es keineswegs zwingend ist, die Relation von Forschung und Lehre als ein Nullsummenspiel aufzufassen.

Die exzellente Universität könnte sich gerade umgekehrt dadurch definieren, dass sie beide Aufgaben gleich wichtig nimmt. Die Universitäten der angelsächsischen Welt, die ihrem Ursprung nach Erziehungseinrichtungen sind und noch immer prägende Lebensräume für junge

Menschen sein wollen, machen vor, wie das gelingen kann. Aber auch die deutsche Tradition ließe Raum für ein solches Verständnis von Universität. Dass in der Universität niemand lehren soll, der nicht forscht, ist die eine Seite der Sache. Dass gerade dieser Leitsatz die Lehre viel ernster nimmt, als es die Alltagspraxis der deutschen Universität tut, die andere.

Natürlich steht nicht nur die institutionalisierte Geringschätzung der Lehre einer vernünftig ausbalancierten Praxis entgegen. Es fehlt in Deutschland an vielen Bedingungen – auch das lehrt der Blick auf die besten angelsächsischen Universitäten –, von denen die Relation Lehrende/Lernende wahrscheinlich die wichtigste ist. Aber die Festschreibung des Prinzips, dass die Lehre etwas Zweitrangiges sei und dass die besten Professoren mit der Befreiung von der Last des Zweitrangigen belohnt werden sollten, ist doch ein Kern des Übels.

Dass die Exzellenzinitiative ihren Beitrag zu dieser Festschreibung geleistet hat, kann man nicht ernstlich bestreiten. Dass der Effekt ein vorübergehender sein werde, darf man kaum hoffen. Der Wettbewerb mit seiner Ausgangsentscheidung, die Lehre zu ignorieren, hat die Universitäten umgeprägt. Die Sache wird nicht besser dadurch, dass die Universitäten ihrerseits sich darauf festgelegt haben, die Leistungen der Professoren fast ausschließlich nach ihrer Fähigkeit zu bemessen, Geld ins Haus zu bringen. Man darf gespannt sein, wann eine ernsthafte Diskussion über die Weichenstellungen des letzten Jahrfünfts in Gang kommt.

Paul Kirchhof

Verfassungsnot!

Die EU steckt in der Krise, weil Recht missachtet wurde. Und wir spielen weiter mit dem Feuer: Eine Instabilität des Rechts wiegt schwerer als eine Instabilität der Finanzen. Wer das nicht begreift, dem hilft auch keine Zentralgewalt mehr.

Die Europäische Union ist eine Gemeinschaft des Rechts. Sie stützt sich auf den verfassungsrechtlichen Auftrag ihrer Mitgliedstaaten zur europäischen Integration, ist durch einen rechtsverbindlichen Vertrag gegründet worden, empfängt aus diesem Vertrag ihre Handlungsaufträge und Hoheitsbefugnisse und wird von den Mitgliedstaaten in parlamentarischen Gesetzgebungsverfahren fortentwickelt. Ohne Recht gäbe es keine Europäische Union, keinen modernen Verfassungsstaat.

Das Recht gewinnt bei der Gründung der europäischen Wirtschafts- und Währungsunion eine zusätzliche Bedeutung. Damals war die Frage zu entscheiden, ob eine Währungsunion ohne gleichzeitige Gründung einer „Politischen Union" möglich sei. Die beteiligten Staaten waren nicht bereit, auf eine eigene Haushalts-, Steuer- und Sozialpolitik zu verzichten. Diese Grundeinstellung ist auch heute zu beobachten, wenn hilfsbedürftige Schuldnerstaaten sich weigern, bei der Entgegennahme von Hilfszahlungen Auflagen zu erfüllen, die sie in ihrer Haushalts-, Steuer- und Sozialpolitik wesentlich beengen.

Die Staaten haben dennoch die Währungsunion geschaffen, weil sie durch verbindliche Rechtsregeln die Stabilität der Währung und der Finanzen in den Mitgliedstaaten gesichert haben. Der Unionsvertrag begrenzt die Staatsschulden jedes Staates auf drei Prozent des Bruttoinlandsprodukts für die Neuverschuldung und auf sechzig Prozent für die Gesamtverschuldung. Er garantiert, nach dem Vorbild der Deutschen Bundesbank, die Unabhängigkeit der Europäischen Zentralbank und verpflichtet sie vorrangig, die Preisstabilität zu sichern. Der EZB ist es ausdrücklich untersagt, die Staatshaushalte zu finanzieren und dafür Staatsanleihen zu kaufen. Die Staaten werden verpflichtet, ihre Kredite unmittelbar am Finanzmarkt nachzufragen, um selbst zu erfahren, dass sie bei guter Bonität niedrige Zinsen, bei schlechter Bonität hohe Zinsen zu zahlen haben.

Der Unionsvertrag betont besonders die finanzielle Eigenverantwortlichkeit jedes Mitgliedstaates. Dadurch werden Anreize zu weiterer Verschuldung unterbunden und die Hoffnung aus der Welt geschafft, Staaten könnten neue Kredite aufnehmen, deren Zahllasten aber auf andere Länder überwälzen. Die Euro-Gemeinschaft verspricht und hat Erfolg, weil sie eine rechtlich gebundene Währungsunion ist. Die Bundesrepublik Deutschland hätte dem Vertrag über die Währungsunion nicht zugestimmt, wenn diese rechtlichen Sicherungen nicht vorher verbindlich vereinbart worden wären. Die Unabhängigkeit der EZB ist ein besonderes Anliegen, weil die Stabilitätsbereitschaft, auch Verflechtungen und Abhängigkeiten zwischen Staaten und Finanzinstitutionen sehr unterschiedlich sind. Die Finanzautonomie jedes Staates ist Voraussetzung für eine Demokratie, in der die Steuerzahler die staatlichen Rahmenbedingungen ihres Lebens und ihres Wirtschaftens finanzieren und in der sie selbst, repräsentiert durch ihre Abgeordneten, über die Staatsaufgaben, die Staatsausgaben, die Steuern und die Schulden entscheiden. Die Staatsschulden müssen beschränkt werden, weil ihre Lasten die heute noch wehrlose nachfolgende Generation betreffen und der Staat in Abhängigkeit von seinem Kreditgeber gerät. Staatsschulden sind unsozial, weil ihre Lasten letztlich eher die Armen und weniger die Reichen treffen.

Dieses Recht wurde grob missachtet. Die Mehrzahl der Mitgliedsländer hat die Obergrenze der Gesamtverschuldung von sechzig Prozent des Bruttoinlandsprodukts überschritten. Die Gesamtverschuldung Deutschlands liegt höher als achtzig Prozent. Hätten die Staaten das Recht zur Begrenzung der Staatsschulden beachtet, gäbe es diese Schuldenkrise nicht. Der Ursprung der Finanzprobleme liegt also im rechtswidrigen Handeln der Staaten, auch in der Verantwortung der Kreditgeber, die den Staaten Kredite bis an die Grenze ihrer Handlungsfähigkeit gewähren.

Das Recht setzt dem Staat klare Verschuldensgrenzen gegen den Bürger, der von seinem Staat höhere Leistungen und weniger Steuern fordert und den Staat deswegen in den bequemen Weg der Verschuldung drängt. Das Recht fordert den ausgeglichenen Haushalt ohne Schulden; es sagt dem Staat also, dass er den Bürgern nicht mehr geben kann, als er ihnen vorher steuerlich genommen hat. Dem Bürger mehr Wohltaten zu gewähren, als ihm steuerlich zustehen, ist verfassungswidrig.

Deshalb ist die Rückkehr zum Recht das Gebot der Stunde. Doch der Staat könnte nicht mit einem kühnen Sprung die Legalität zurückgewinnen, weil die überhöhte, rechtswidrige Verschuldung oft größer ist als das gesamte Steueraufkommen eines Jahres. Es bleibt dann nur der Weg der schrittweisen Annäherung. Doch auch dieser scheint derzeit zunächst mit einer weiteren Entfernung vom Recht verbunden. Die überhöhte Verschuldung steigt weiter. Die EZB hilft bei der Staatenfinanzierung. Die Euro-Union nähert sich einer Einstands- und Haftungsgemeinschaft.

Mancher Interpret des Unionsvertrages begleitet diese Entwicklung mit einer überdehnenden Interpretation der Vertragsinhalte. Das, was um der Stabilität des Euro willen ausgeschlossen werden sollte, sei durchaus erlaubt. Andere bemühen das Stichwort von der Not, die kein Gebot kenne, empfehlen für eine Übergangszeit, sich um Rechtlichkeit und Vertrauenswürdigkeit nicht sonderlich zu bemühen.

Das ist ein riskantes Unterfangen. Ohne Recht gibt es keinen Frieden. Wir würden zum Faustrecht, zum Kampf aller gegen alle zurückkehren. Ohne Recht als Voraussetzung für jede Hoheitsausübung gibt es keinen modernen Verfassungsstaat, keine Europäische Union. Ohne Recht fehlt dem politischen Mandat seine Grundlage. Rat, Kommission und ihr Präsident, Parlament und Europäischer Gerichtshof wären ohne Legitimation und rechtlich definierte Aufträge. Regierungschefs, Minister, Abgeordnete dürften öffentlich debattieren, aber nicht für die Bürger entscheiden.

Ohne Recht wären wir in der Finanzkrise aller unserer Schulden ledig. Der Darlehensvertrag gälte nicht mehr, seine Verbindlichkeit wäre erloschen. Doch der Preis für diese Schuldenvernichtung wäre zu groß. Der Staat verlöre sein Gewaltmonopol, der Bürger könnte beliebig Waffen tragen und einsetzen. Die Staatsgewalt wäre nicht rechtlich geformt und gemäßigt, die Freiheit nicht garantiert. Der Markt hätte keinen rechtlichen Rahmen, Staat und Institutionen keine verbindliche Grundlage. Das soziale und kulturelle Existenzminimum für jedermann wäre nicht gesichert. Diese zentralen Errungenschaften der Moderne gingen verloren.

Nun wird niemand diesen elementaren Rechtsverlust wollen. Wohl aber sind viele bereit, im Heute ein Stück des Weges in die weitere Illegalität voranzuschreiten, weil dieser Weg beachtliche Gewinne verheißt oder auch nur die Chance bietet, drohende Verluste auf andere zu verschieben. Wir spielen mit dem Feuer, wollen selbstverständlich niemals den großen Brand. Doch dieser droht ernstlich. Manche Euro-Mitgliedstaaten stehen kurz vor der Zahlungsunfähigkeit, weil das Recht missachtet worden ist. Im Wirtschaftsleben scheidet ein insolventes Unternehmen aus dem Markt aus, die Konkurrenten übernehmen seine Aufgaben und Kunden. Dieses Prinzip der „schöpferischen Zerstörung" gilt für Staaten nicht. Jedem Staat ist durch die Vereinten Nationen seine Existenz garantiert. Er bleibt gleichwertiges Mitglied der Völkerrechtsgemeinschaft. Das Staatsvolk hat einen Anspruch darauf, sich selbst Organe zu geben, die für dieses Volk Recht setzen und durchsetzen, sich in einem eigenen Staat die Rahmenbedingungen seines selbstbestimmten Gemeinschaftslebens zu schaffen. Doch die weiterhin zahlungsfähigen, aber hochverschuldeten Staaten geraten in Abhängigkeit vom Finanzmarkt, verlieren Souveränität, büßen in der Abhängigkeit vom Kapitalgeber einen Teil ihrer demokratischen Legitimation, ihrer Kraft zum ausschließlichen Handeln nach Gesetz und Recht, damit ihrer Vertrauenswürdigkeit ein.

Verfassungsnot fordert Deutlichkeit: Eine Instabilität des Rechts wiegt schwerer als eine Instabilität der Finanzen. Niemand wird leichtfertig über Wirtschaft, Markt und Finanzen sprechen, schon gar nicht leichtsinnig wirtschaftspolitische Entscheidungen treffen. Aber wenn die Autorität des Rechts nur durch einen vorübergehenden Verzicht auf Wachstum, durch eine zeitweilige Prosperitätseinbuße zurückgewonnen werden könnte, müssten wir diesen Weg gehen. Der umgekehrte Weg, Finanzstabilität durch immer weniger Rechtsstabilität zu erreichen, ist nicht gangbar. Ohne das Recht wäre das Stabilisierungsziel nicht verbindlich, müsste der Staatshaushalt nicht ohne Schulden ausgeglichen werden, wären Steuer- und Darlehensverpflichtungen nicht zu erfüllen, verirrte sich die Sozialpolitik in das Ungefähr von Begehrlichkeiten, Umverteilungsansprüchen, Dreistigkeiten.

Die Bereitschaft der Staaten, in die Sicherheit und Vertrauenswürdigkeit des Rechts zurückzukehren, ist in dreifacher Weise erschwert. Die Staaten haben sich die Aufgabe aufbürden lassen, mit ihrer Finanzkraft das gesamtwirtschaftliche Gleichgewicht zu sichern. In Deutschland ist 1967/69 ausdrücklich das Grundgesetz geändert worden, um Bund und Länder bei ihrer Haushaltswirtschaft auf dieses Ziel zu verpflichten. Dieses allerdings überfordert den Staat. Die Verpflichtung auf das „magische Viereck" ist zu vage, als dass sie eine rationale Handlungsanweisung für Politik wäre. Der Staat ist auch nicht in der Lage, die Zukunft vorauszusehen. Viele Bedingungen, von denen Geldwertstabilität, Beschäftigungsstand, Außenhandelsbilanz und Wachstum abhängen, lassen sich nicht zählen. Fleiß und Erwerbsstreben, Konsumverhalten und Sparwillen, Ausbildung und Einsatzbereitschaft, Geldmentalität und Rechtstreue bestimmen das Marktgeschehen, ohne in verlässlichen Daten erfasst werden zu können. Vor allem aber hat der Staat nicht die Kraft, bei guter Konjunktur, wie es Keynes vorausgesetzt hatte, die Schulden zurückzuführen, also sicherzustellen, dass durch eine Budgetsteuerung der Konjunktur keine Staatsschulden aufgebaut werden. In der politischen Wirklichkeit diente der Auftrag zur Konjunktursteuerung vielfach als Vorwand, um neue Schulden entgegen dem Recht einzugehen. Das Verschuldensproblem wird im Euroraum weiter gesteigert und strukturell verändert, wenn die als finanzstark geltenden Schuldenstaaten zu Finanzhilfen an die finanzschwachen Staaten gedrängt werden, ohne die Verwendung dieses Geldes verlässlich rechtlich durch Bedingungen und Auflagen begleiten zu können. Die Verwendung von Steueraufkommen oder eine Zusatzverschuldung wird nicht mehr im eigenen Parlament vor den Steuerzahlern verantwortet, sondern den Entscheidungen anderer Staaten anheimgegeben. Eine solche Entscheidung dürfte das Parlament nicht treffen, wäre für die Regierung unzumutbar und würde den Steuerzahler empören. Solidarität, die Hilfe für einen anderen in Not, setzt stets voraus, dass der Helfende seine Hilfsmaßnahmen im Erfolg beobachten und verantworten kann. Würde Hilfe ohne Erfolgsverantwortlichkeit verlangt, wäre dieses unsolidarisch. Auch hier zeigt sich, dass Gemeinschaftsdenken im politischen Leben nicht ohne Recht auskommen kann.

Die dritte Erschwerung, Recht und Finanzen zu stabilisieren, liegt in der dynamischen Konzeption der Europäischen Union, die immer weiter auf Kompetenzzuwachs und Vergemeinschaftung dringt, damit nie zum Ruhen im geltenden Recht findet. Der Zug zu mehr Integration ist stetig unterwegs, ohne dass sein Ziel schon bestimmt und die Haltepunkte, in denen der Mensch ein- und aussteigen kann, schon definiert wären. Europarecht ist ein Recht auf Rädern, das Kontinuität und Nachhaltigkeit im Elementaren kennt, im Kampf um Macht und Kompetenzen aber verweigert, insoweit dem Bürger das Vertrauen in dieses ihm nicht vertraute Recht versagt.

Es scheint nicht sicher, dass der Abgeordnete bei der Entscheidung über die neuen Verträge verschrobene Begriffe wie „Finanzstabilitätsfazilität", „Stabilitätsmechanismus" oder einen Fachbegriff wie „société anonyme" versteht, die Bedeutung der Verträge überschaut, ihre Folgewirkungen einschätzen kann. Für die Demokratie stellt sich damit die Frage, ob ein Volksvertreter, der das Volk im Wissen nicht zu vertreten mag, für das Volk entscheiden darf. Die Entscheidungsmacht verschiebt sich vom Parlament zur Exekutive. Aus der rationalen Gestaltung wird ein pragmatisches Funktionieren. Statt geregelt wird verhandelt, statt zum Wort gestanden laviert, statt schonend ausgeglichen pragmatisch balanciert. Die Parlamente wechseln von der Rolle des Entscheiders zum Beobachter. Das gesamtwirtschaftliche Gleichgewicht verselbständigt sich zu einem Handlungsziel, das nicht nach der Werthaltigkeit von Arbeit und Werk fragt, das Wirtschaftswachstum nicht nach seinem Preis beurteilt, die Geldwertstabilität im Streit der Interessenten preiszugeben droht. Gesucht wird die „pragmatische Lösung". Die Rechtsmaßstäbe weichen dem alltäglichen Kompromiss, der zum Kerngedanken der Demokratie erklärt wird. Die Relativität des Entscheidens droht über die Verfasstheit der Demokratie zu triumphieren.

All dieses ist nicht Unglück, nicht Krise, sondern Ausdruck eines Übergangs, in dem die EU nach der Sicherheit des Rechts und der Vertrauenswirklichkeit eines gefestigten institutionellen Rahmens sucht. Die Europäische Union steht und fällt mit ihrer Rechtlichkeit. Sie braucht ein festes Verfassungs- und Vertragsrecht, das die Institutionen – der Erstinterpret Parlament und Regierung, der Zweitinterpret Bundesverfassungsgericht – unbeirrt ins Werk setzen.

Nun sind manche politischen Akteure in ihrem bewundernswerten Kampf um Stabilität des Verhandelns und Annäherns, des Überwindens von Vetopositionen und Eigensinnigkeiten, der Dreistigkeiten des Finanzmarktes und vielleicht auch mancher parlamentarischer Gepflogenheiten müde. Sie hoffen auf eine europäische Zentralgewalt, die mit den Instrumentarien des Rechts freiheitliche Ordnung und wirtschaftliche Stabilität im gesamten Euroraum sicherstellt, dabei durch keine finanzwirtschaftliche Eigenständigkeit der Mitgliedstaaten behindert wird.

Dieses Unterfangen muss sich aber vergewissern, von wem die Bedrohung des Finanzwesens ausgeht. Ein Problem liegt bei den Staaten und ihrer Haushalts-, Steuer- und Sozialpolitik. Doch ein größeres Problem liegt bei dem Finanzmarkt, den Banken, Versicherungen, Anlegern, Spekulanten, die Geld eingesetzt haben, um Gewinne zu machen, nun aber dieses Geld nicht verlieren wollen. Das Freiheitsprinzip setzt voraus, dass jeder bei Gewinn und Verlust auf eigene Rechnung handelt, ihm also der Erfolg seiner Anlage gutgeschrieben wird, er aber auch den Misserfolg persönlich trägt. Nun beginnt der Gedanke zu dominieren, dass privatwirtschaftliche Verluste aus dem Staatshaushalt finanziert werden könnten.

Diese Vorstellung bedroht Privateigentum und Wirtschaftsfreiheit in ihren Grundsätzen: Freiheit heißt, sein Leben eigenverantwortlich gestalten zu dürfen, vom Staat in der Suche nach dem Glück nicht beeinträchtigt zu werden. Freiheit bedeutet nicht, ein risikofreudiger Anleger dürfe den Schaden seiner Fehleinschätzung auf die Allgemeinheit abwälzen. Wer sein Geld angelegt hat und nun Verluste erwartet, trägt selbst diese Einbuße, weil er sie vertraglich in Kauf genommen hat, weil er auch über das Geld verfügt, das er risikoreich eingesetzt hat. Der Steuerzahler hat das Risiko gemieden, besitzt kein haftungsgeeignetes Vermögen, wird im Übrigen nach dem Versprechen des Verfassungsstaates nach individueller Leistungsfähigkeit besteuert, um die ihn begünstigenden Gemeinschaftsaufgaben zu finanzieren. Der Steuerzahler ist nicht der Finanzier privatwirtschaftlicher Fehlentscheidungen, steht allenfalls in äußersten Notfällen für vorläufige Zwischenfinanzierungen zur Verfügung.

Bei dieser Ausgangslage muss sorgfältig erwogen werden, ob eine Zentralisierung des Haushalts- und Verschuldenswesens in Europa wünschenswert ist. Gegenwärtig hat die Finanzautonomie aller Mitgliedstaaten der Euro-Gemeinschaft zur Folge, dass ein einheitlicher Zugriff auf die öffentlichen Finanzen nicht möglich ist, vielmehr jeder Mitgliedstaat mit seiner Finanzkraft und seinen politischen Eigenheiten für den Zugriff des Finanzmarktes gewonnen werden muss. Was sich für den Politiker als Not darstellt, erweist sich für das Rechtsverhältnis zwischen Staaten und Finanzmarkt als Tugend. Und für eine Rechtsgemeinschaft beginnt jede weitere Vergemeinschaftung mit einem gemeinsamen Verständnis des Rechts, gegenwärtig insbesondere des Haushalts-, Steuer- und Leistungsrechts. Integration heißt Werben für das Recht.

Joachim Knape

Keine Zweifel, kein Abwägen, keine Kompromisse

Populismus aus rhetorischer Sicht

Rhetorik ist kommunikative Beeinflussung mit Hilfe sozial akzeptierter Verständigungsmittel. Insofern begegnet Rhetorik in allen Lebensbereichen, in denen Menschen ein als berechtigt empfundenes Anliegen voranbringen oder durchsetzen möchten. Die rhetorischen Mittel sind als solche neutral und in allen Arten zielgerichteter Kommunikation einsetzbar. Vor diesem Hintergrund ist Populismus ein Abgrenzungsbegriff, der ein bestimmtes politisches Kommunikationsverhalten unter den Bedingungen moderner Struktur von Öffentlichkeit bezeichnet. Zu diesen Strukturen gehören u.a. Massenmedien, die auf große und diffuse Adressatengruppen gerichtet sind, sowie eine politische Kultur der mediengestützten demokratischen Debatte. Diese Voraussetzungen lassen den Populismus für uns historisch konkret hervortreten. Für den Rhetoriker stellt er einen speziellen Fall der Ausdifferenzierung von Beeinflussungsmodellen dar. Historisch konnte dieses Handlungsmodell als Variante der Demagogie im Zuge der Etablierung von Faschismus und Stalinismus klare Konturen gewinnen.

Der Populist als Akteur

Die wichtigsten Komponenten populistischer Beeinflussungsstrategie sind der *Populist als Akteur* und die *populistische Argumentation*. Sprechen wir zunächst über den Populisten als kommunikatives Wirkzentrum. Es ist kein Zufall, dass der Populismusvorwurf regelmäßig mit konkreten Politikernamen und ihren monothematisch-reduktionistischen Programmideen verknüpft wird, ob immer zu Recht, sei dahingestellt; z.B. Schill (Verbrecher weg), Le Pen oder Haider (Ausländer weg),

Sarrazin (schwache Gene weg), Lafontaine (Kapitalismus weg) und Berlusconi (Führungslosigkeit weg und Spaß ins Fernsehen rein). Populisten geben solchen eindimensionalen Personalisierungen selbst immer wieder Nahrung. Sie brauchen eben auch ideologische Duftnoten. Schreckliche Simplifikateure gibt es auf allen politischen Rängen, für den Populisten aber ist entscheidend, dass er zusätzliche, besondere Merkmale beim Imageaufbau ins Spiel bringt. Insbesondere muss er den Anschein erwecken, kein ganz normaler Politiker zu sein (Charisma-Prätention). Er muss alles daransetzen, als einzigartig, ja als wahrer Solitär zu erscheinen. Vorbild ist der Imagetypus des Heilsbringers, des Erlösers in Not und charismatischen Führers. Dazu dient dann etwa Grundsatzkritik an allen anderen ‚Kollegen', wie sie Oskar Lafontaine äußert, wenn er bei einer Wahlkampfveranstaltung in Rheinland-Pfalz 2006 sagt, die Bürger hätten zu Recht den Eindruck, dass „die ganze Bande im Bundestag, die da sitzt, alle in einen Sack gesteckt und geprügelt" gehörte, und immer werde „der richtige schon dabei" sein. Egomanie wird angesichts demagogisch unterstellter fragwürdiger Normalverhältnisse der Demokratie zur Tugend.

Der Populist hat nämlich, so die imagebegründende implizite oder explizite Behauptung, die Interpretationshoheit über die ‚Volks'-Meinung. In diesem Sinn behauptet Lafontaine im Spiegel-Interview: „Die Linke spricht die Sprache des Volkes", und das heißt gleichzeitig, dass die politischen Normalos das nicht können: „Es gibt genug dröge Leute, die das Volk langweilen". Der Populist ist Volksversteher, trifft sich mit dem Volk (gr. Demos) auf der Ebene des ‚gesunden Menschenverstandes', hat in dieser Hinsicht eine besondere Einsichtsstärke und prätendiert Schlagkraft und Originalität seiner Lösungen. Besonders geschickt ist es, wenn der Populist seine Einsichten auch noch auf eine exklusive Begabung zur Interpretation von Zahlen, Daten und Statistiken oder Traditionen stützt. Diese Selbstermächtigung zur privilegierten Interpretation der Welt und des Volkswillens markiert den Kern des Populisten-Selbstimages. Es setzt darauf, dass viele Menschen von ihm fasziniert sein könnten vor dem Hintergrund eines als unverbindliches Rauschen empfundenen Pluralismus und eines als mühsam oder farblos gesehenen Demokratie-Alltags. Konstitutiv ist bei all dem das Spiel mit dem *Volksbegriff* als diffuser Vorstellung von Masse, die bisweilen auf die ebenso diffusen Größen ‚Einfaches Volk' oder ‚Kleiner Mann' als maßgebliche Quellen jeglicher Begründung und als die wahren Partner des Populisten heruntergebrochen wird. Die Emphatisierung dieser ‚heiligen Allianz' mit dem sogenannten Volk, der *silent majority*, dient dazu, demokratische Legalitätsverhältnisse zugunsten nebulöser Vorstellungen von einer höheren, in Wahrheit legitimierten Einheit von Volksversteher und Volk zu überschreiten.

Die populistische Argumentation

Die undifferenzierte Kategorie Volk dient auch als entscheidender Anker für die *populistische Argumentation*, die zweite maßgebliche Komponente populistischer Beeinflussungsstrategie. Vom ‚Volk' als Quelle von Argumenten resp. Begründungen und deren Legitimierung sowie dem Populisten als selbstermächtigtem Alleininterpreten von Informationen und Fakten war schon die Rede. Hieran werden auch die populistischen Argumentationen rückgebunden. Sie geben dem populistischen Kommunikator den Mut und das angebliche Recht zur systematischen argumentativen bzw. pseudo-argumentativen, emotionalen und sozialethischen Grenzüberschreitung. Provokation und sogenannter Tabubruch gehören dazu. Die Grenzüberschreitung wird durchaus erkennbar gehalten, um als Wagemut und zugleich Radikalisierung (‚Aufräumen') oder

Empörung, die auf andere Menschen überspringt, verstanden werden zu können. Politisch frivole Devianz soll faszinieren. So wird Demagogie zum Kennzeichen des Populismus, speziell in Gestalt der Einbeziehung des bewussten Redens hart an der sozialethischen Grenze (sprich: an der Grenze einer von Komment und Recht definierten Akzeptabilität).

Der Populismus hat keine spezifischen Ausdrucksweisen oder sprachlichen Stilformationen ausgeprägt. Auch er bedient sich nur des allen Politikern zur Verfügung stehenden und auch allseits genutzten rhetorischen Möglichkeitsarsenals, seien es Metaphern, Zuspitzungen, Ausrufe, Schlagwörter oder allgemeine Slogans („Recht und Ordnung"), um nur einige rhetorische Figuren zu nennen. Spezifisch hingegen sind in der Rede erkennbare Kombinationen von bestimmten Denk- oder Argumentationsweisen. Die Topik der Demagogie verfügt über Schlüsselargumentationsfiguren. Sie setzt auf subtile oder grobe Denunziationen, scheut im Einzelfall keine Herabwürdigung (die man natürlich nicht so verstanden haben will) oder üble Nachrede und Verunglimpfung bis hin zu Beleidigungen, die an der Grenze zum Justiziablen liegen. Demagogie lebt von Ausgrenzungen, der Pflege von Ressentiments und herabstufenden Vergleichen (wir Guten und jene Bösen); sie scheut keine Verbrecheranalogien (... wie Hitler ...) oder Tiervergleiche (die immer schief sind). Zur populistischen Argumentation gehört, wie gesagt, auch der undifferenzierte „Rekurs aufs Volk" (Dahrendorf) in Abgrenzung zum unterstellten Autismus und Egoismus der Machteliten. Des Weiteren werden die etablierten Politikverfahren als defizitär gescholten (Hitler etwa beschimpfte den Reichstag als Schwatzbude), und die Funktionseliten werden mit Verschwörungstheorien in Zusammenhang gebracht. Politikanalyse gerät zur Misere-Analyse. Dabei werden Ängste geschürt, oder es wird an neurotische Zwänge appelliert mit dem Versprechen, durch radikal einfache Erlösungstaten Abhilfe zu schaffen. Die Kritik an Einzelmissständen wird gern (verdeckt oder offen) in Richtung Systemkritik hochtransformiert. Als Schlimmstes hat im Rahmen solch populistischer Argumentationsansätze die Leugnung der Komplexität und der Schwierigkeiten von Politik zu gelten. Im Gegenzug werden nämlich Patentrezepte angeboten und einfache Lösungen vorgegaukelt, die in Wirklichkeit mit Rechtsbrüchen, mit der Aufgabe von bindenden Verpflichtungen gegenüber anderen Menschen und Staaten oder mit Finanzierungskatastrophen erkauft werden müssten. Der Populist setzt auf Allgemeinplätze, greift impressionistisch die Träume, Gefühle, Affekte und Glückserwartungen von Menschen auf, deklariert sie als erfüllbar und verschweigt die Kostenrechnung. Er kennt keine Zweifel, kein Abwägen, keine Kompromisse. Wenn vom Grenzwertigen der populistischen Argumentation die Rede war, dann sind wir hier nahe am inhaltlichen Kern: Der Populist sagt nicht alles, sagt bewusst vieles nur einseitig, verspricht oft verantwortungslos das risikoreich Einfache angesichts komplexer Gemengelagen, gibt vor, den Volkswillen exklusiv zu interpretieren, und versagt dem Gegner (oft nur auf subtile Weise) den Respekt. Er ist grenzwertig parteilich, weil Wahrhaftigkeit und Gerechtigkeit gegen jedermann nicht zu seinem Argumentationsprogramm gehören. Er verstößt bewusst immer wieder gegen das vom englischen Kommunikationsphilosophen Herbert Grice zu Recht prominent gemachte Kooperationsprinzip der Kommunikation, das uns Menschen ein gedeihliches Zusammenleben sichert.

Nicht verharmlosen

In der Demokratie muss immer wieder diskutiert werden, was als Populismus zu gelten hat. Unsere Politiker schlagen in ihrer Rede bisweilen über die Stränge, nutzen populistische Versatzstücke und aktivieren situativ oder momentweise einzelne Komponenten des oben ausschnitthaft skizzierten populistischen Beeinflussungsmodells, sei es in der eigenen Imagebildung oder in ihren Argumentationen. Die populistische Attitüde verspricht kurzfristige Erfolge (Nutzung der Wallung des Augenblicks der Empörung, z.B. bei der Frage der Todesstrafe). Doch dies muss im Interesse unserer politischen Kultur immer wieder kritisiert werden, denn Populismus verdirbt die politischen Sitten und untergräbt das Vertrauen in förmliche Verfahren der Ermittlung des Bürgerwillens. Der Populismus darf als integrale Methode nicht hoffähig gemacht werden, indem man seine demagogische Seite verharmlost und ihn mit dem Ohr am Volk verwechselt, wie es Lafontaine tut, wenn er 2009 im Interview mit dem Neuen Deutschland unterstellt, Populismus sei zunächst einmal nichts anderes als: „man will dem Volk aufs Maul schauen, ein bisschen auch nach dem Mund reden – also seine Interessen formulieren". Dem gilt es zu widersprechen, denn Populismus fördert die Neigungen zu Willkür und Intoleranz.

Hermann Kurzke

Kann man trinkend gute Bücher schreiben?

Der Wein und die Literatur

Noah und die Ausartung

Der mythologische Erfinder des Weinbaus ist Noah, der Erzgescheite, dem nicht nur die Arche, sondern auch die Veredelung des wilden Weines zugeschrieben wird. Das hatte fatale Folgen, wie man Genesis 9, 20-27 nachlesen kann. Noah hatte drei Söhne, Sem, Ham und Japhet. Sem wird der Stammvater Asiens, Ham der Stammvater Afrikas, Japhet der Stammvater Europas werden. Noah pflanzte einen Weinberg. Und da er von dem Wein trank, ward er trunken und lag im Zelt mit aufgedeckter Scham. Als nun Ham seines Vaters Blöße sah, sagte er's seinen beiden Brüdern draußen. Da nahmen Sem und Japhet ein Kleid und legten es auf ihrer beider Schultern und gingen rückwärts hinzu und deckten ihres Vaters Blöße zu; und ihr Angesicht war abgewandt, damit sie ihres Vaters Blöße nicht sähen. Als nun Noah erwachte von seinem Rausch und erfuhr, was ihm Ham angetan hatte, verfluchte er ihn und pries Sem und Japhet. Seitdem gelten die Hamiten als schamlos, die Semiten und die Japhetiten aber kennen die Scham. Der Wein hat seitdem literarisch etwas zu tun mit dem Fallen der Schranken einer Schamkultur, die gegen den Rausch und die Ausartung errichtet wird. Die Zivilisation ist ein fragiles Gebilde, der Wein steht auf ihrer Grenze, er kann sie zum Einsturz bringen.

Antike und Christentum

Um eine grobe Ordnung in die Überfülle der Belege zu bringen, unterscheiden wir, stark vereinfachend, zwischen der antiken Tradition und der christlichen. Die antike Tradition ordnet den

Wein einem körperfrohen und diesseitigen Leben zu. Die christliche Tradition nennt dieses lüsterne Genießerleben der Antike „heidnisch" und betreibt, ohne dass das je flächendeckend gelingt, eine Spiritualisierung: Der Wein muss etwas bedeuten, er muss sich in einen mundus symbolicus fügen, der von Jesu Abendmahl ausgeht und später zur Eucharistielehre ausgefaltet wird. Der Wein ist das Blut Christi. Mit dem Wein ist der Gedanke des Opfers verknüpft. Verschütteter Wein ist vergossenes Blut. Der so gedeutete Wein steht am Ende einer Sublimierungsgeschichte. Zuerst, in der Urzeit, gab es, um ungnädige Götter zu versöhnen, das Menschenopfer. In geschichtlicher Zeit wurde es humanisiert und ritualisiert zum Tieropfer – dem Opferlamm, das auf dem Altar, der ursprünglich ein Schlachttisch war, dargebracht wird. Daraus wird im Christentum das Sakrament von Brot und Wein, die Eucharistie. Das ursprünglich reale Opfer wird zum Symbol sublimiert. Der Vorgang setzt sich in säkularisierten Formen außerhalb der Kirchen fort, in der Literatur zum Beispiel. Der Wein begegnet dort als eines der großen Basissymbole unserer Kultur, als leistungsfähiges Zeichen sowohl in vertikaler als auch in horizontaler Hinsicht, vertikal als Symbol der Versöhnung mit Gott, horizontal als Symbol der Versöhnung unter den Menschen. Joseph Roth gewährt in der *Legende vom heiligen Trinker* einem stets alkoholisierten Clochard eine Himmelfahrt und steht insofern für die Vertikale. In einer Gesellschaft, aus der man nur fliehen kann – die Geschichte ist kurz vor seinem Tod 1939 im Pariser Exil geschrieben – führt das Trinken ins Glück, ins träumerische Glück des Todes. Der letzte Satz der Erzählung ist: „Gebe Gott uns allen, uns Trinkern, einen so leichten und so schönen Tod!"

Wein und Lüge

Joseph Roths Trinker ist gewissermaßen ein geborener Trinker, es ist seine Bestimmung zu trinken, die er verfehlt hätte, wenn er in die zivilisierte Gesellschaft zurückgekehrt wäre. Sein Trinken ist existentiell wahrhaftig. Schaut man sich die rund 30 Weinlieder im Kommersbuch an (150. Auflage 1929), dem großen, anderthalb Jahrhunderte immer wieder aufgelegten Liederbuch der Studentenverbindungen, dann findet man neben den üblichen Preisliedern auf Wein, Weib und Gesang, die nach unserer Einteilung zur antiken Tradition gehören, eine andere Grundtendenz: Lieder der Weltflucht und des Ausweichens vor dem Leben. „Was kümmert mich die ganze Welt, wenn's liebe Gläschen winkt", heißt es da, oder „Ich will mein Herz im Wein betäuben, in schwerem, dunklem Firnewein, bis mir als bunter Funkenschein die Pole durcheinander stäuben, bis alles, was mich trübe stimmt, in lichterlohem Purpur schwimmt!" Der Trinker kann alles – aber nur als Maulaufreißer in der Kneipe. „Gebt mir Staaten zu regieren! Kinderspiel soll es mir sein!" Die Horizontale wird ebenso zur Lüge wie die Vertikale. In seinem Roman *Der Untertan* hat Heinrich Mann diesen Typus Trinker satirisiert – allerdings spricht er vom Bier, das mag die Weinliebhaber trösten: Das Bier, sinniert der Held, ist nicht wie die Frauen, die kokett und unzuverlässig sind, sondern treu und gemütlich. „Man schluckte: und da hatte man es schon zu etwas gebracht, fühlte sich auf die Höhen des Lebens befördert und war ein freier Mann, innerlich frei."

Goethes Schenkenbuch und Brittings Lob des Weines

Man kann allein trinken oder in Gesellschaft. Alleintrinken ist eine Art Hausandacht: man hält Zwiesprache mit den Göttern seines Lebens. Das Schenkenbuch des *Westöstlichen Diwans* von

Goethe (erschienen 1819) ist eine Sache für Alleintrinker. „Meinen Wein/ Trink ich allein,/ Niemand setzt mir Schranken,/ Ich hab' so meine eignen Gedanken." Alleintrinker betonen die Vertikale.

Ob der Koran von Ewigkeit sei?
Darnach frag ich nicht!
Ob der Koran geschaffen sei?
Das weiß ich nicht!
Daß er das Buch der Bücher sei,
Glaub ich aus Mosleminen-Pflicht.
Daß aber der Wein von Ewigkeit sei,
Daran zweifl ich nicht;
Oder daß er von den Engeln geschaffen
 sei,
Ist vielleicht auch kein Gedicht.
Der Trinkende, wie es auch immer sei,
Blickt Gott frischer ins Angesicht.

Da Goethe im Alter täglich eine Flasche getrunken haben soll, nehmen wir an, dass er aus Erfahrung sprach. Auch Georg Britting war ein Trinker, er eröffnet sein *Lob des Weines* ähnlich:

Weil ich allein bin,
Hab ich den Wein
Mir zum Gefährten gemacht.
Wer spricht so und redet
So Weises und wacht
Mit mir bis tief in die Nacht?
Er ist für den Tag nicht,
Er ist für die Nacht nur gemacht.
Er redet. Ich schweige.
Er will keine Antwort.
Ich steige
Mit ihm in den tiefsten Schacht.

Das Gedicht entstand 1941 in München während der NS-Zeit. Es enthält das ganze gedrückte Klima der inneren Emigration. Wo man mit niemandem mehr offen reden kann, wird der Wein zum Gefährten. Der Wein ist Symbol der höheren Bestimmung des Menschen. Weil diese höhere Bestimmung in der NS-Zeit verfehlt wird, wird das Trinken zum Ersatz, der das Verlorene imaginär gewährt. Im Wein ist deshalb nicht nur Wahrheit, sondern auch Lüge. Er ist ein Vorspiegler, ein Wunscherfüller, ein Verdrängungselixier. Das Symbol des richtigen Lebens verdrängt das richtige Leben. Der Wein gebiert Träume, aber um Träume zu realisieren braucht man Nüchternheit. Wenn der Wein ein Schlüssel zum Höheren ist, kann man dann trinkend gute Bücher schreiben? Erhebt sich die Literatur auf einem Berg von Flaschen? Es folgen drei Abschnitte über Thomas Mann.

Inspiration und Alkohol

Thomas Mann hielt nichts von der Inspiration durch alkoholische Getränke. „Daß mehrere große Dichter Potatoren gewesen sind, beweist mir nichts. Denn wie beinahe alles Große, was dasteht, als ein Trotzdem dasteht, das trotz Kummer und Qual, Armut, Verlassenheit, Körperschwäche, Laster, Leidenschaft und tausend Hemmnissen zustande gekommen ist, so glaube ich, daß auch jene Poeten ihre Leistungen nicht mit dem Alkohol, sondern trotz ihm vollbracht haben." Natürlich gibt es richtige Alkoholiker unter den deutschen Dichtern, Joseph Roth zum Beispiel oder Hans Fallada oder Jean Paul, und beherrschte Trinkkünstler wie Goethe oder E.T.A. Hoffmann oder Gottfried Benn, die den Wein der literarischen Produktion dienstbar zu machen wussten. Thomas Mann aber war auf Nüchternheit bedacht. Er hatte Angst vor der Betrunkenheit, vor dem Aus-der-Rolle-fallen und dem Kontrollverlust.

Unterschiedliche Stimmungen

Wein oder Bier, Rotwein oder Weißwein, Burgunder oder Champagner, Bowle oder Portwein, Mosel, Riesling oder Kognak und Likör bewirken ganz unterschiedliche Stimmungen. Thomas Mann setzt sie literarisch gezielt ein. Branntwein ist proletarisch (*Buddenbrooks*). Moselwein trinkt ein Dummkopf (*Doktor Faustus*). Rheinwein gibt es in gutbürgerlichen Kreisen (*Buddenbrooks*). Weißwein regt an. Bei vier Flaschen Chateau Lafitte diskutieren der Hochstapler Felix Krull und Marquis Louis de Venosta ihren Rollentausch (*Felix Krull*). Champagnerbowle verwischt die gesellschaftlichen Unterschiede (*Königliche Hoheit*). Eine Weinmischung führt im *Zauberberg* zur Liebesnacht. Portwein gibt es in *Buddenbrooks* schon zum Frühstück; er galt als eine Art Medizin für blutarme Norddeutsche. Champagner ist auch literarisch etwas Besonderes. Er steht für gelockerte Sitten, eine gewisse Schwindelhaftigkeit und Liederlichkeit. Der lebenslustige Engelbert Krull ist Besitzer einer fallierenden Champagnerfirma im Rheingau (*Felix Krull*). Goethes Sohn August, der sich nie vom Vater freimachen konnte, soll schon als Elfjähriger siebzehn Gläser Champagner getrunken haben (*Lotte in Weimar*). Miss Eleanor Twentyman, ein junges reiches Mädchen, verliebt sich hoffnungslos in den Kellner Felix Krull. Es zeigt sich, „daß ein paar Gläser Moët-Chandon ihr den Rest gegeben hatten" – ohne den Champagner wäre es nicht so weit gekommen, dass sie ihm stammelnd eröffnet, sie wolle mit ihm fliehen, ihm ein Kind schenken, „und Daddy wird sich dareinfinden, wenn wir uns ihm mit dem Kinde zu Füßen werfen, und wird uns sein Geld geben, daß wir reich und glücklich sind..."

Abendmahl im Zauberberg

Mijnheer Peeperkorn hält ein Gelage und imitiert das letzte Abendmahl. Auf den Gründonnerstag folgt als Karfreitag sein Freitod, ein Opfertod in mancher Hinsicht. Wie in der Eucharistie gibt es eine mystische und eine soziale Dimension des Weines – eine vertikale und eine horizontale. Das Gelage mündet in eine burleske Szene, in der das antike Bacchanal sich mit dem christlichen Abendmahl vermischt. Die gesellschaftlichen Schranken fallen, die Sprache geht verloren, der Urzustand nähert sich erschreckend und beseligend. Peeperkorn bestellt „Champagner, drei

Flaschen Mumm & Co., Cordon rouge, très sec" für seine Gäste. „Herr Albin löste mit lässiger Routine den ersten Pfropfen aus seiner Haft von Draht, ließ den pilzförmigen Kork mit dem Knall einer Kinderpistole dem geschmückten Hals entschlüpfen und zur Decke fahren [...] Die Gesellschaft überließ sich einem seligen Nichtstun, indem sie ein zusammenhangloses Geschwätz tauschte, dessen Elemente bei jedem einzelnen aus erhöhtem Gefühle stammten und in irgendeinem Urzustande das Schönste versprochen hatten, aus denen aber auf dem Wege zur Mitteilung ein fragmentarisch-lippenlahmer, teils indiskreter, teils unverständlicher Gallimathias wurde, geeignet, die zornige Scham jedes nüchtern Hinzukommenden zu erregen, doch von den Beteiligten ohne Beschwer ertragen, da alle sich in dem gleichen verantwortungslosen Zustand wiegten." Das geht über Stunden und zahlreiche Flaschen weiter, es gibt später noch „saure Fischfilets und Bier dazu, endlich Tee, und zwar sowohl chinesischen wie Kamillentee für solche, die es nicht vorzogen, beim Sekt oder Likör zu bleiben oder zu einem ernsthaften Wein zurückzukehren, wie Mynheer selbst, der sich nach Mitternacht zusammen mit Frau Chauchat und Hans Castorp zu einem Schweizer Roten von naiv-spritziger Art durchgeläutert hatte, von dem er mit wirklichem Durst einen Glasbecher nach dem anderen hinunterschüttete."

Dieter Lenzen

Humboldt aufpoliert

Kann ein Studium Bildung und Ausbildung zugleich sein? Ja!

Mit der Bologna-Reform ist es wie mit dem Euro: Ob gewollt oder nicht, wir werden uns mit ihren Konsequenzen auseinandersetzen müssen. Im Falle von Bologna mit den Nebenfolgen eines Neuanfangs, der das kontinentale, in seinen Grundlinien fast tausendjährige Konzept der Universität einem atlantischen Verständnis von *higher education* geopfert hat.

Im Kern der Umstellung des universitären Bildungssystems stand in den vergangenen zehn Jahren der Bachelor als „erster berufsqualifizierender Abschluss". Die aus der Bologna-Deklaration von 1998 hierzulande so erfolgte Ableitung einer unbedingten Forderung nach „Berufsfähigkeit" der Hochschulabsolventen aus dem englischen Wort „employability" hat eine fast vollständige Transformation des universitären Auftrags nach sich gezogen: weg von der „allgemeinen Menschenbildung durch Wissenschaft", hin zur Berufsausbildung. Diese Transformation hinterlässt ein Vakuum, das sich nicht durch „allgemeine berufsorientierende Studienanteile" vom Schlage praktisch-nützlicher Bewerbungstrainings, Persönlichkeitsseminare, Präsentationstechniken oder ähnlichem „Soft-Skills-Training" füllen lässt.

So gesehen, befinden wir uns in der Situation Wilhelm von Humboldts in der Wende zum 19. Jahrhundert, der mit seiner Gegengründung der Berliner Universität den Akademien und Spezialschulen mit ihrem Nützlichkeitsdenken eine Institution gegenüberstellen wollte, die auf „Bildung durch Wissenschaft" setzte. Das Ergebnis war indes eine Einrichtung, in der auch das Standesdenken des deutschen Bildungsbürgertums seinen Anfang nahm, sodass eine Kopie heute ausgeschlossen ist. Denn heute müssen wir zugleich eine zweite Frage beantworten: Wie können wir Bildung durch Wissenschaft statt für drei für mindestens 50 Prozent eines Altersjahrgangs verwirklichen? Wie kann das funktionieren, wenn wir gleichzeitig den jungen Menschen einen Weg in den Beruf eröffnen wollen? Kurzum: Wie kultivieren wir in einem zweiten, durchdachteren Prozess, in „Bologna 2.0", die Möglichkeit allgemeiner Menschenbildung für eine künftige freie, demokratische Gesellschaft bei der gleichzeitigen Notwendigkeit akademischer beruflicher Bildung zur Sicherung von Beschäftigung und Innovation?

Ein Hochschulstudium ist kein Verschiebebahnhof

Die Formulierung der Frage schließt eine gern gegebene Antwort aus: diejenige, dass für das harte Berufsleben die Fachhochschulen und für die weiche Allgemeinbildung die Universitäten und dort womöglich nur die Geisteswissenschaften zuständig seien.

Diesen Fehler haben Fichte und spätere Erben Humboldts begangen, die sich ein Refugium schufen, dessen Innerlichkeitskult Max Horkheimer bereits 1952 beklagte.

Diese Erkenntnis wiederum darf aber auch nicht bedeuten, dass der erste Zyklus der universitären Ausbildung, der Bachelor, sich berufsbildend versteht und der Master die Allgemeinbildung nachschiebt. Wir müssen von jedem akademischen Unterricht erwarten, auch von dem berufsorientierten, dass er einen Beitrag zu allgemeiner Menschenbildung (vulgo: Persönlichkeitsentwicklung) leistet.

Hochschullehrer müssen natürlich auch lernen, so zu lehren. Das kann nur gelingen in einer Universität, die selbst bestimmte Bedingungen erfüllen muss:

Oberstes Ziel muss sein, dass die Universitäten integrierte, nicht additive Einrichtungen von allgemeiner Menschenbildung und Berufsbildung sind, zwei Elemente, die einander nicht widersprechen dürfen. Das könnte bildungsorganisatorisch heißen, dem Bachelorstudium ein einjähriges Universitätskolleg vorzuschalten, in welchem Wissenschaftspropädeutik im klassisch kritischen Sinn geleistet wird. Oder es könnte, während eines deutlich längeren Bachelorstudiums, ein wissenschaftlich allgemeinbildender Teil parallel laufen. Oder man gestaltet es als nachlaufenden, metareflexiven Teil des Studiums, ohne den ein Abschluss unmöglich ist.

Die Universität muss so tun, als wollten alle Studenten Wissenschaftler werden

Ein solches Studium generale ist hin und wieder bereits realisiert worden, gelegentlich als obligatorischer Studienanteil, dann wieder als freiwilliges Angebot. Doch selbst bei Vorträgen prominentester Gelehrter füllt sich nur selten ein großer Hörsaal mit jungen Studierenden. Stattdessen streben Zehntausende Senioren in die Hochschulen, um in ausgewählten Veranstaltungen „ein bisschen etwas für die Allgemeinbildung zu tun". Wir stehen also auch insofern erneut vor der Herausforderung des frühen 19. Jahrhunderts: nämlich durch die Art und die Inhalte des Unterrichts nicht anders als forschend zu lehren.

Der diffamierend gemeinte Satz, die deutsche Universität tue so, als ob alle Studierenden Wissenschaftler werden wollen, ist im Prinzip richtig, sollte aber positiv gewendet werden: Die Universität muss so tun. Denn wenn es das Ziel sein soll, Persönlichkeiten herauszubilden, die nicht auf Glauben, sondern auf Wissen setzen, nicht auf Meinung, sondern auf Tatsachen, nicht auf

Indoktrination, sondern auf kritische Reflexion und Zweifel, dann können sie dieses kaum besser erwerben als in einem wissenschaftsmethodisch qualifizierten Unterricht, der auf Prozesse des Verstehens, Zweifelns und Kritisierens setzt und nicht auf fertige Ergebnisse.

Es ist aber auch darauf zu achten, dass durch die so lange überfällige Gleichstellung des Unterrichts mit der Forschung keine Spezies Hochschullehrer entsteht, die sich nur noch als „Vermittler" verstehen.

„Teilhabe" ist hier das richtige Stichwort; Teilhabe der Studierenden an den Erkenntnisprozessen, die in der Hochschule stattfinden, und Teilhabe der Lehrenden an dem heute oft nur noch im Team möglichen Erkenntnisfortschritt. Insofern ist die Hochschule weder Wissensproduzent noch Wissenstransporteur, sondern Wissenskatalysator. Allgemeine Menschenbildung darf an der Hochschule nicht an die Stelle der beruflichen Qualifikation treten, ebenso wenig wie der Ersatz allgemeiner Bildung durch Berufsausbildung ein richtiger wäre. Berufliche Bildung ist vielmehr so zu gestalten, dass im Medium des wissenschaftlichen Erkennens zum Zwecke der beruflichen Qualifikation gleichwohl allgemeine Bildung für eine Gesellschaft ohne Status und Übervorteilung möglich ist.

Julika Loss

Wandel in der Medizin:
Folgen für Arzt und Patient

Revolutionäre Entwicklungen in der Medizin

In der Medizin und im Gesundheitswesen hat sich in den vergangenen Jahrhunderten, ja Jahrzehnten vieles verändert. Möchte man dieses ganze Spektrum der Veränderungen in Ansätzen strukturieren, so ist eine Einteilung von Arnold Relman, die dieser schon in den 1980er Jahren im *New England Journal of Medicine* publiziert hat, sehr aufschlussreich. Er spricht hier von drei Revolutionen, die unser Gesundheitswesen geprägt haben: Die erste Revolution, so beschreibt er, war die Expansion des Medizinbetriebes in den Nachkriegsjahren, die mit einer „Explosion des Machbaren" *in puncto* Weiterentwicklung, medizinischer Fortschritt und Spezialisierung einherging. In den siebziger Jahren kam es dann nach Relman zu einer zweiten Revolution, der Phase der Kostendämpfung, die auch heute noch allgegenwärtig spürbar ist, beispielsweise in Form der unzähligen Gesundheitsreformgesetze oder der Einführung allgemeiner Budgetierungen oder Fallpauschalensysteme. Die dritte Revolution nennt Relman die Revolution der Bewertung und Rechtfertigung (im englischen Original ist von *assessment and accountability* die Rede). Damit ist gemeint, dass nun Ärztinnen und Ärzte für ihre individuellen Leistungen zur Verantwortung gezogen werden: man fordert Evidenz, man kontrolliert die Qualität, man erwartet Wirtschaftlichkeit. Diese drei Revolutionen sind keine Entwicklungen, die einander abgelöst haben, sondern all diese umwälzenden Veränderungen dauern bis heute an, wirken bis heute fort. Was zudem deutlich wird: alle drei Revolutionen hängen zusammen. Im Grunde ist der Nucleus aller Veränderungen der medizinische Fortschritt, der am Anfang steht und dann die weiteren Phasen ins Rollen gebracht hat. Deswegen möchte ich mich auch in meinen Ausführungen immer wieder auf diesen Fortschritt in der Medizin beziehen. Dabei ist interessant, gerade im historischen Rückblick, dass medizinische Leistungen durchaus nicht immer mit großer Euphorie betrachtet wurden. Es gibt einen schönen Ausspruch aus dem Jahr 1861 vom amerikanischen Arzt Oliver Wendell Holmes: *„I firmly believe that if the whole materia medica, as now used, could be sunk to the bottom of the sea, it would be all the better for mankind – and all the worse for the fishes"*. Sicherlich könnte man auch heute das ein oder andere Medikament, oder die ein oder andere medizinische Technik schadlos auf den Grund des Ozeans versenken, aber im Großen und Ganzen sind wir doch äußerst dankbar für die medizinischen Entwicklungen, die zu dem Leistungsspektrum geführt haben, über das wir heute verfügen. In der Tat ist es erst in der Mitte des 19. Jahrhunderts zu einer Verwissenschaftlichung der Medizin gekommen. Das spiegelt sich auch in der durchschnittlichen Lebenserwartung wider: lag diese um 1860 noch bei 35 (Männer) bzw. 40 Jahren (Frauen), stieg sie in den folgenden Jahrzehnten kontinuierlich an auf mittlerweile 77-82 Jahre. Natürlich ist dieser Anstieg nicht allein durch den Fortschritt der Medizin bedingt. Es ist bekannt, dass die Verlängerung der Lebenszeit in großem Maße auf hygienische Maßnahmen, Verbesserung der Ernährung und Erhöhung von Sicherheit bei der Arbeit und im Straßenverkehr zurückzuführen ist. Aber auch die Entwicklungen in den medizinischen Behandlungsmethoden tragen zu geschätzten 30-50 Prozent dazu bei, dass wir heute so viel länger leben als noch vor 150 Jahren. Welche pharmakologischen und technischen Entwicklungen unser Medizinsystem so viel erfolgreicher haben werden lassen, lässt sich hier aufgrund der Fülle an innovativen und bahnbrechenden Maßnahmen nicht ausführen. Ich möchte hier nur ganz schlaglichtartig einige davon nennen: beispielsweise die revolutionären Fortschritte in der Bildgebung (z.B. Computertomographie, Magnetresonanztomographie), die klinisch-chemischen und immunologischen Möglichkeiten in der Diagnostik; im therapeutischen Bereich die Antibiose, die erheblich verbesserten Möglichkeiten in der Krebstherapie durch Neuentwicklung von Medikamenten, aber auch die sog. interventionelle Therapie (Endoskopie, Herzkatheter), mit deren Hilfe ohne große operative Eingriffe Schleimhautveränderungen entfernt oder Gefäßengstellen aufgeweitet werden können. Auch die Chirurgie selber hat immer neue Eingriffe möglich gemacht, denken wir an die Organtransplantationen, an die minimal-invasive Chirurgie oder an Operationen am offenen Herzen. Das alles führt dazu, dass wir Medizin in den letzten Jahrzehnten tatsächlich als eine Explosion des Machbaren erlebt haben. Und diese Entwicklung hält an, wie wir alle wissen. Dieser medizinische Fortschritt ist ohne Frage ein Segen für die Menschheit; wir würden heute nicht mehr darauf verzichten wollen. Wir können durch die moderne Medizin vieles in Angriff nehmen, heilen, behandeln, was vor Jahrzehnten noch den Tod oder lebenslanges Leiden bedeutet hätte. Wir können die Lebensqualität verbessern, auch bei Erkrankungen, die nicht heilbar sind.

Aber wichtig ist auch, Herausforderungen und mögliche bedenkliche Auswirkungen des medizinischen Fortschritts zu reflektieren, und ich habe eine Reihe von Themen herausgegriffen, die dazu Anlass geben können, den medizinischen Fortschritt auch kritisch zu hinterfragen:
– Anstieg der Heilserwartungen
– Vermeidung menschlicher Nähe
– Kostensteigerung
– Halbwertszeit des Wissens
Auf diese Punkte werde ich im Folgenden ausführlicher eingehen.

Anstieg der Heilserwartung

Die Fülle der Leistungen der Medizin, die möglich sind oder möglich scheinen, führt inzwischen dazu, dass die Erwartungshaltung an die Medizin deutlich gestiegen ist: die Anforderungen, die die Gesellschaft an die Leistungsfähigkeit der modernen Medizin stellt, sind zum Teil immens. Es ist vielerorts ein Gefühl entstanden, Gesundheit sei etwas, das in jedem Fall machbar bzw. wiederherstellbar sei. Ich habe das selber in meiner klinischen Zeit immer wieder erlebt, z.B. Patientinnen und Patienten, deren bösartiger Tumor in viele Organe multipel gestreut hat, und die die Vorstellung hatten, der Chirurg könne und solle nun einfach alle Metastasen „herausoperieren". Wir begegnen in Teilen der Bevölkerung einer Anspruchshaltung, die man auch mit dem etwas unschönen Schlagwort der „Vollkaskomentalität" bei Versicherten zusammenfassen kann. Dieser Begriff bezieht sich nicht nur darauf, dass davon ausgegangen wird, dass die Kosten, die im Fall einer Krankheit entstehen, abgesichert sind, sondern auch darauf, dass die erfolgreiche Behandlung garantiert ist. Und eine solche Haltung kann auch dahingehend zurückwirken, dass präventive Bemühungen wie Gesundheitsförderung eher unwichtig erscheinen. Wir beobachten das am Beispiel der antiretroviralen Therapie für HIV/Aids: sie ist medizinisch ein großer Erfolg; aber man hat festgestellt, dass die Entwicklung und Verfügbarkeit dieser Therapie das Interesse an Prävention im Bereich HIV/Aids erheblich unterminiert hat. Man spricht auch von „Therapieoptimismus". An diesem Beispiel lässt sich erkennen, dass ein Fortschritt der Medizin zum Teil beim Patienten auch das Gefühl erwecken kann, er brauche sich gar nicht mehr vorsorgend um seine Gesundheit zu kümmern.

Was bedeutet der Anstieg der Heilserwartungen für die praktizierenden Ärzte? Klinikärzte arbeiten in einer Institution, dem Krankenhaus, in dem sie oftmals mit der Überzeugung der Patienten konfrontiert werden, hier in jedem Fall geheilt zu werden. Insbesondere betrifft das die Verheißungen der Chirurgie und der Intensivmedizin. Der Einsatz eines großen technischen Instrumentariums erscheint vielen kranken Menschen als ein Heilungsversprechen. Eine solche hohe Erwartung bewirkt bei den Ärztinnen und Ärzten einen großen Leistungsdruck. Das ist allerdings nicht ganz neu: wir finden bereits in den 1920er Jahren Darstellungen, die Ärzte oder Chirurgen als heroische Figuren zeigen, die den Tod niederringen. Und das ist auch das Bild, das wir heute von der Medizin haben – und das Ärzte von sich selbst haben. Ärztinnen und Ärzte, die eine Patientin oder einen Patienten sterben lassen müssen, empfinden das häufig als persönliche Niederlage: ein persönliches Versagen, weil sie nicht haben helfen können. Hier hat ein Umdenken in die Richtung, den Arzt auch als Sterbebegleiter zu sehen und anzuerkennen, in vielen Fällen noch nicht stattgefunden.

Vermeidung menschlicher Nähe

Es ist interessant, dass die Entwicklung der modernen Medizin gleichsam als Geschichte der Vermeidung menschlicher Nähe zum Kranken lesbar ist. Wenn wir uns Gemälde aus dem 19. Jahrhundert anschauen, so sehen wir oftmals den abhorchenden Arzt direkt mit seinem Ohr am Brustkorb oder Rücken des Patienten. Das heißt, hier kam es bei der Untersuchung zu einem direkten körperlichen Kontakt zwischen Arzt und Patient, und dieser Kontakt war etwas ganz Essenzielles für die Diagnostik. Heute sehen wir, dass sich diese unmittelbare Nähe durch moderne Bildgebung oder auch durch Arthroskopie und Endoskopie aufgehoben hat. Bei einer Computertomogaphie beispielsweise sitzt der beurteilende Arzt sogar in einem anderen Zimmer als der Patient. Das heißt, zwischen Arzt und Patienten schieben sich oftmals technische Geräte für die Diagnostik, für die Behandlung von Beschwerden, aber auch zum Ersatz von Körperfunktionen, wie etwa Dialyse oder künstliche Beatmung. Und damit werden Patienten oftmals zum Gegenstand von Planung und von technischer Handhabung. Das hat für viele Ärzte einen besonderen Reiz. Es gibt eine Vielzahl von Ärzten, die mit Freude endoskopieren oder Katheter schieben, Ärzte, die mit Leidenschaft diese anspruchsvollen technischen Tätigkeiten ausführen. Es lässt sich aber auch eine Gegenbewegung beobachten, eine Umkehr bei vielen Ärzten, die sich bewusst den alternativen Heilverfahren zuwenden. Warum? Weil sie hier wieder stärker die Nähe zum Patienten umsetzen können, und weil sie so einen Anspruch der Ganzheitlichkeit verwirklichen können. Wir haben im Rahmen einer Studie Interviews mit vielen Ärztinnen und Ärzten geführt, die trotz klassischer medizinischer Ausbildung und Verankerung in der Schulmedizin zunehmend alternative Heilverfahren anwenden, weil sie den Reiz ihrer Tätigkeit eben nicht im Technischen sehen, sondern eher in dem persönlichen Kontakt zum Patienten. Das sind zwei Trends, die wir beobachten.

Und natürlich wissen wir auch, dass sehr viele Patientinnen und Patienten diese alternativen Heilverfahren nachfragen, weil auch sie Angst vor einer technisierten Medizin haben oder ihr zumindest skeptisch gegenüberstehen. Hans Küng hat schon vor fünfzehn Jahren geschrieben, dass es nicht verwunderlich sei, dass viele Menschen Angst haben, nicht vor Schmerzen und Leiden, sondern auch vor dem „Gefangensein in einem hoch technisierten medizinischen System, vor der totalen Abhängigkeit und dem Verlust der Kontrolle über das eigene Ich". Immer wieder wird auch in den Medien, beispielsweise in Spielfilmen, diese Angst in Bilder gefasst, indem die Behandlung im Krankenhaus als Situation des hilflosen Ausgeliefertseins in einer feindlich-technischen Umgebung dargestellt wird. Ein Beispiel ist eine Szene aus „21 Gramm", ein hochkarätig besetzter Spielfilm des mexikanischen Regisseurs Iñárritu aus dem Jahr 2003. Der herzkranke Hauptdarsteller liegt auf der Intensivstation und betrachtet in einer quälend langen Einstellung die Kathether, Beatmungstuben und Geräte um sich herum sowie seine meist bewusstlosen oder sedierten Mitpatienten. Es ist das bedrückende „Szenario" einer Apparate- und Schläuchemedizin in Reinform. Damit wird recht eindrücklich visualisiert, wie zahlreiche Menschen sich das „Dahinvegetieren" auf der Intensivstation vorstellen. Und natürlich sind es auch die Medien, die dieses Bild immer wieder perpetuieren und damit auch dazu führen, dass viele Menschen eine oftmals unberechtigte Angst vor der Medizin und den Leistungen der Medizin haben. Für Ärzte bedeutet diese Entwicklung aber auch, dass der medizinische Fortschritt es immer schwieriger macht, zwischen der technischen Machbarkeit auf der einen Seite und der tatsächlich vorhandenen Notwendigkeit für den individuellen Patienten auf der anderen Seite zu entscheiden. Es geht um die Schwierigkeit, eine Balance zwischen Technik und Menschlichkeit zu finden. Man spricht auch davon, dass die Mediziner zum einen unter einem „technischen Imperativ" arbeiten müssen, zum anderen aber auch einem „ethischen Imperativ" gehorchen müssen. Das bedeutet: auf der einen Seite existieren Verheißung und Hoffnung, aber auch Sachzwang der medizinischen Technik, die dazu führen, dass der Arzt nichts unterlassen möchte, was einem Patienten möglicherweise helfen kann – nicht zuletzt aus Angst davor, juristisch belangt zu werden. Wir sehen häufig, dass Ärzte im Sinne einer sog. Defensivmedizin alles tun, was möglich ist, um hinterher keinen rechtlichen Vorwürfen ausgesetzt zu werden. Auf der anderen Seite steht die Frage, was wirklich im Sinne des Patienten noch notwendig und sinnvoll ist, auch hinsichtlich Lebensqualität.

Kostensteigerung

Wir wissen alle, dass sich die Gesundheitsausgaben kontinuierlich erhöhen; 2009 lagen sie bei 278 Milliarden Euro. Etwas plastischer als diese Gesamtsumme ist vielleicht die Entwicklung der Pro-Kopf-Ausgaben für Gesundheit. Im Jahr 1992 wurden beispielsweise durchschnittlich 2000 Euro pro Einwohner für Gesundheit ausgegeben, im Jahr 2009 waren es schon 3400 Euro. Die Ausgaben entwickeln sich weiterhin deutlich nach oben, und das verändert die Ausübung der Medizin ganz erheblich. Man kann beobachten, dass in den letzten zehn, fünfzehn Jahren in der Medizin ganz andere Leitideen, Leitmotive und Begriffe relevant geworden sind als zuvor. Wenn man beispielsweise das Deutsche Ärzteblatt durchblättert, wird man bei einem großen Teil der Artikel Schlagworte finden wie Effektivität, Effizienz, Qualität, Leitlinien, Rationierung, Priorisierung, Rationalisierung. Das heißt, dass das Thema Kosten und Wirtschaftlichkeit etwas ist, mit dem sich Ärztinnen und Ärzte jeden Tag auseinandersetzen müssen. Manchmal gewinnt man den Eindruck, dass die ökonomische Rationalität hier zur eigentlichen Leitkategorie der ärztlichen Berufsausübung avanciert ist, und dafür alle anderen Rationalitäten in den Hintergrund gedrängt werden. Sehr schön ist das (in einem anderen Zusammenhang) einmal von Jürgen Habermas ausgedrückt worden, der von einer „Kolonialisierung der Lebenswelten durch die Ökonomie" spricht; ähnlich empfindet das sicherlich auch mancher tätige Mediziner und manche tätige Medizinerin. Manche Cartoons stellen bereits dar, wie der Arzt, z.B. ein armer gebeutelter Chirurg, von einer ganzen Reihe von Anzugträgern, Managern, Kostenrechnern umringt ist, die prüfen wollen, wie viele Skalpelle man vielleicht einsparen kann, und dazu noch einmal mehr Manager hinzurufen. Auch hier wird dieses Ungleichgewicht zwischen Medizin und Management deutlich. Ich möchte zwei Bemerkungen, einmal eines Klinikmanagers und einmal eines Klinikarztes, gegenüberstellen, um das Problem weiter zu veranschaulichen. Die erste Bemerkung stammt von Herrn Tecklenburg, dem Geschäftsführer der Sana-Kliniken GmbH, der sagt: *„Wenn gewisse Ärzte im Vergleich zu anderen unwirtschaftlich arbeiten, müssen sie darauf hingewiesen werden. Also Überzeugungsarbeit durch Zahlen. Die Lösung des Problems muss der Arzt allerdings selber entwickeln, denn ein Manager sollte sich niemals in Therapiepläne einmischen."* (Achim Wüsthof, Die Zeit, 21.11.2002). Die zweite Bemerkung stammt von einem Arzt aus der Neurologie der Charité, der im Bezug auf die Kontrolle durch Krankenkassen sagt: *„Ich bin Arzt geworden aus sozialer Einstellung. Ich arbeite, ohne zu murren, 70 Stunden die Woche. Womit ich aber immer weniger klarkomme, ist: Ich werde gegängelt und maßlos geprüft von den Krankenkassen. Als sei ich irgendein korrupter Halbweltdoktor. Noch nach 2 Jahren kommt der Prüfdienst und diskutiert mit mir 2 Stunden, ob ich damals einen Patienten einen Tag früher hätte entlassen können. Warum ich ihm nicht was Billigeres verschrieben hätte."* (Wolfgang Büscher, Die Zeit, 27.10.2005). Das letzte Zitat zeigt deutlich auch das Gefühl der geringen Wertschätzung: dass etwa ein Arzt das Beste für den Patienten versucht und ihm gleichzeitig verschwenderische oder gar betrügerische Tendenzen unterstellt werden. Viele Ärzte verstehen ihren Beruf als Profession, das meint, dass man unabhängig in Eigenverantwortung arbeiten kann, mit eigenen, vom Berufsstand aufgestellten und überwachten ethischen Codes. Die Beeinflussung der ärztlichen Berufsausübung von

Außen, durch andere Fachbereiche, stellt dieses Berufsbild ganz stark in Frage. Das hat zweifellos Auswirkungen für den Patienten. Mittlerweile ist deutlich geworden, dass eine Rationierung de facto schon stattfindet und dass vielen Patienten heute nicht mehr das zu Gute kommt, was ihnen idealerweise verordnet werden könnte. Interessant ist, dass die ökonomischen Kompetenzen jetzt nicht nur extern an die Ärzte herangetragen werden, sondern sich auch von innen entwickeln. Stellenausschreibungen z.B. für Chefarzt-Positionen fordern nicht nur medizinische Fachkenntnis, sondern explizit auch ökonomische Kompetenz. Das heißt, dass von einem Arzt zunehmend auch Managereigenschaften erwartet werden. Man kann dies auch daran erkennen, dass inzwischen die berufsbegleitenden Studiengänge zum Thema Health Business Administration, Health Management oder Gesundheitsökonomie wie Pilze aus dem Boden sprießen und tatsächlich auch wahrgenommen werden. Besonders Oberärzte nehmen solche Zusatzausbildungen in Anspruch, da sie inzwischen unter einem erheblichen Druck stehen, eine solche Qualifikation vorweisen zu können, um überhaupt noch konkurrenzfähig zu sein.

Selbstverständlich kostet dies alles auch Zeit. Diese Zeit geht verloren für eigentliche medizinische Arbeit. Und Zeit wird auch hier immer wichtiger – auch, um überhaupt mit dem rasanten medizinischen Fortschritt Schritt zu halten.

„Halbwertszeit des Wissens"

Schauen wir einmal zurück in die Antike. Der griechische Arzt und Naturforscher Galen hat um 150 n. Chr. durch anatomische Versuche an Tieren Erkenntnisse gewonnen, über die er eine Reihe von Werken verfasst hat. Diese Bücher waren die Grundlage der medizinischen Ausbildung und Heilkunde bis zur Renaissance. 1 200 Jahre hat man nach diesen Lehrbüchern von Galen Medizin gelernt, gelehrt und praktiziert. Heute hat ein medizinisches Lehrbuch maximal ein halbes Jahrzehnt Gültigkeit. David Sackett hat einmal gesagt, die Halbwertszeit des medizinischen Wissens liege bei drei bis fünf Jahren. Das führt natürlich auch dazu, dass Ärzte sich kontinuierlich weiterbilden müssen. Täglich gibt es ca. 800 neue Fachartikel, und man hat einmal ausgerechnet, dass ein Internist täglich 19 Artikel lesen müsste, um wenigstens mit den wichtigsten Entwicklungen Schritt halten zu können – und das an sieben Tagen die Woche. Man kann sich vorstellen, wie wenig realistisch das ist. „Der ärztlichen Informationsgesellschaft", so stand es einmal im Deutschen Ärzteblatt, „steht das Wasser aus kräftig sprudelnden Informationsquellen bis zum Hals" (Martin Fischer, Deutsches Ärzteblatt 2005; 102(37):20). Und die Frage ist, wie man denn tatsächlich Evidenz-basierte Medizin praktizieren kann, wenn die Zeit und die richtigen Instrumente dazu fehlen, auch an dieses Wissen zu gelangen, um es in der täglichen Praxis umzusetzen. Wie kann man überhaupt eine Brücke schlagen zwischen dem sich immer mehr anhäufenden Wissen auf der einen und der fordernden Arbeit in Praxis und Klinik auf der anderen Seite?

Dass diese Wissensentwicklung inzwischen auch nicht mehr spurlos an den Patienten vorüber gegangen ist, das wissen wir alle. Man könnte zu den initial erwähnten drei Revolutionen von Relman vielleicht noch eine vierte Revolution hinzufügen: Revolution durch Information und Kommunikation. Denn inzwischen wissen Patienten durch laienverständliche Informationen aus dem Internet häufig schon sehr gut Bescheid über ihre Krankheiten. Auch das ist für die Ärzte nicht immer leicht. Im British Medical Journal wurde ein Comic veröffentlicht, der eine ältere

Dame zeigt; sie sitzt mit einem Berg von „Internet-Downloads" auf dem Schoß im Sprechzimmer und ist durchaus nicht amüsiert darüber, dass der schwitzende Arzt ihr gegenüber offensichtlich nicht so gut Bescheid weiß wie sie selbst: *„I'm sorry doctor, but again I have to disagree"*. Ärzte müssen sich darauf einstellen, dass der mündige, gut informierte Patient wahrscheinlich auch der unbequemere Patient ist. Auch damit müssen wir uns auseinandersetzen.

Schluss

Ich möchte mit einem Zitat von der Bundesärztekammer schließen. Einschränkend muss ich sagen, dass ich es aus dem Zusammenhang gerissen habe, aber der Satz steht dennoch in aller Deutlichkeit für sich: *„Der Fortschritt in der Medizin muss bei den Patienten ankommen."* Genau dies habe ich in meinem Vortrag zu skizzieren versucht. Der Fortschritt muss medizinisch sinnvoll sein, er muss bezahlbar bleiben – was sicherlich die größte Herausforderung ist –, und er muss aus der Theorie Eingang finden in das ärztliche Handeln des Alltags. Es muss ein Fortschritt sein, von dem auch die Patienten sagen: Ja, diesen Fortschritt wollen wir, davon profitieren wir.

Klaus Mainzer

Symmetrie und Gottes Teilchen

Symmetrien üben auf Menschen aller Kulturen und Religionen eine eigentümliche Faszination aus. Ob die Kuppel der Hagia Sophia in Istanbul, das Tadsch Mahal in Indien oder der Rundbau des Aachener Doms – seit alters her scheinen Menschen die Vollkommenheit des Himmels mit Symmetrien darstellen zu wollen. Im Judentum und Islam, in denen das Göttliche nicht als Person dargestellt werden darf, wurden besonders kunstvolle Ornamente entwickelt. Gelegentlich bauten die Künstler kleine Abweichungen von Symmetrien in die Ornamente ein, da vollkommene Symmetrie nur Gott vorbehalten war und Symmetriebrüche die endliche Welt bestimmten.

Euklids Lehrbücher der Geometrie gipfelten in dem Nachweis, dass es im dreidimensionalen Raum genau fünf reguläre Körper gibt, nämlich der Würfel aus sechs gleichseitigen Quadraten, das Tetraeder aus vier regulären Dreiecken, das Oktaeder aus acht regulären Dreiecken, das Ikosaeder aus zwanzig regulären Dreiecken und das Dodekaeder aus zwölf regulären Fünfecken. Diese mathematisch faszinierenden Körper machten auf Platon einen derart starken Eindruck, dass er sie mit den damals angenommenen Elementen des Universums identifizierte: Das Feuer sei danach aus Tetraedern gemacht, Erde aus Würfeln, Luft aus Oktaedern und Wasser aus Ikosaedern. Später wird das aus Fünfecken aufgebaute Dodekaeder als „Quintessenz" und Baustein der Himmelssphären hinzugenommen. Eine geniale Idee war geboren: Das Universum lässt sich trotz aller Vielfalt auf grundlegende mathematische Symmetrien zurückführen. Diese Vorstellung beherrscht bis heute die mathematische Naturschreibung, auch in der Quanten- und Elementarteilchenphysik.

Am Beginn der Neuzeit beschäftigte der Glaube an Symmetrie den großen Mathematiker und Astronomen Johannes Kepler. So unternahm er systematische Untersuchungen regulärer Vielecke und Körper und beschäftigte sich mit Anwendungen auf Kristalle in der Natur. In seinem Frühwerk „Mysterium cosmographicum" von 1596 versuchte er sogar, die Entfernungen im Planetensystem auf die regulären „Platonischen Körper" zurückzuführen. Hierbei ging er bereits von einem heliozentrischen Weltmodell aus, in dem sich die Planeten auf Kugelflächen um die Sonne drehen. Die Planeten Saturn, Jupiter, Mars, Erde, Venus und Merkur entsprachen sechs ineinander gelagerten Sphären, die in dieser Reihenfolge durch Würfel, Tetraeder, Dodekaeder, Oktaeder und Ikosaeder getrennt wurden. Aufgrund genauerer Beobachtungen gab Kepler schließlich sein Sphärenmodell zugunsten von Ellipsenbahnen auf.

Die Suche nach Symmetrien als Grundlagen der Natur verlagerte sich in der Folge von Figuren und Körpern auf die mathematischen Naturgesetze. Dazu muss man sich klarmachen, was Symmetrie in der Mathematik bedeutet. In der Antike bezeichnete das griechische Wort für Symmetrie das gemeinsame Maß, also die Harmonie der Proportionen von Figuren und Körpern. So werden zum Beispiel Spiegelung, Rotation und Periodizität (regelmäßige Wiederholung) als Symmetrieeigenschaften angesehen. Nach symmetrischen Rotationen, Spiegelungen oder periodischen Verschiebungen gleichen Figuren oder Körper ihrer ursprünglichen Form. Dreht man etwa ein reguläres Achteck um die acht gleichen Winkel, die durch seine Diagonalen gebildet werden, dann bleibt die Form dieser Figur nach jeder Drehung unverändert oder „invariant". Es sind diese Drehungen sowie Spiegelungen, welche die Symmetrie dieser Figur definieren. Mathematiker bezeichnen derlei Veränderungen als Symmetrietransformationen. Ebenso sind in der Kunst viele Ornamente durch periodische Verschiebungen und Spiegelungen charakterisiert, nach denen ihre Form unverändert bleibt. Auch in den Platonischen Körpern finden sich derartige Symmetrien.

Statt der Symmetrie von Figuren und Körpern untersucht die moderne Physik, inwieweit mathematische Naturgesetze gegenüber Symmetrietransformationen invariant sind. So gelten die Gesetze der klassischen Physik, etwa die Keplerschen Planetengesetze, unverändert in allen gleichförmig zueinander bewegten Bezugssystemen. Sie gelten auf dem Mars ebenso wie auf der Erde. Werden die Koordinaten in Raum und Zeit nach den sogenannten Galilei-Transformationen verschoben, bleiben die mechanischen Gesetze gleich. Und weil diese Symmetrie überall gilt, wird sie eine „globale Symmetrie" genannt. In diesem Fall sind die Gleichungen unempfindlich gegenüber einer gleichmäßigen Verschiebung aller Koordinaten.

Albert Einstein erweiterte diese Symmetriebetrachtung zunächst für seine spezielle Relativitätstheorie, indem er die Symmetrien der klassischen Mechanik mit den Prinzipien der Elektrodynamik zusammenführte. In seiner Allgemeinen Relativitätstheorie arbeitete Einstein hingegen erstmals mit Bezugssystemen, in denen die globale Symmetrie gebrochen wird. Demnach können an manchen Stellen im Raum-Zeit-Gefüge plötzlich lokale Beschleunigungen auftreten. Um in den Gleichungen der Allgemeinen Relativitätstheorie dennoch eine mathematische Symmetrie zu erhalten, kompensiert Einstein die lokalen Abweichungen, indem er dort jeweils eine Kraft walten lässt: die Schwerkraft oder Gravitation. Mit dieser bleibt Einsteins Gravitationsgesetz trotz der lokalen Symmetriebrüche gegenüber Raum-Zeit-Verschiebungen invariant. Man spricht von einer „lokalen Symmetrie".

So wie die Gravitation lassen sich auch die übrigen physikalischen Grundkräfte, die elektromagnetische Wechselwirkung sowie die zwischen Elementarteilchen dominierende starke und schwache Wechselwirkung, durch lokale Symmetrien ihrer Gesetze charakterisieren. Die von der Theorie vorhergesagten Wechselwirkungen ändern sich somit nicht, wenn man bestimmte Größen an einem Ort (lokal) frei wählt. Das erinnert an das Eichen von Maßstäben. Daher sprach der Mathematiker Hermann Weyl in den 1920er Jahren von Eichinvarianz beziehungsweise Eichsymmetrie, wenn Gleichungen invariant sind gegen beliebige Verschiebungen einer Größe.

Nach heutigem Verständnis der Grundkräfte in der Natur gibt es zu jeder Kraft Vermittlerteilchen, Bosonen, welche die Kraft übertragen und die Symmetrie der Kraftgleichungen retten. So überträgt nach dem Verständnis der Quantenphysik das Photon die elektromagnetische Wechselwirkung. 1954 entwickelten die Physiker Chen Ning Yang und Robert Mills eine Eichtheorie, die zur Beschreibung der zwischen Elementarteilchen sowie in Atomkernen vorherrschenden starken und schwachen Wechselwirkung herangezogen werden sollte. Sie erwies sich zunächst als falsch, da sie die zugehörigen Vermittlerteilchen ähnlich dem Photon als masselos annahm. Tatsächlich jedoch haben die 1983 am Cern entdeckten Bosonen der schwachen Wechselwirkung eine beträchtliche Masse. Die Reichweite der von ihnen übertragenen Kraft ist daher endlich.

Vermittlerteilchen mit verschiedenen Massen? Das ist wiederum eine Symmetriebrechung. Und es ist ein Hindernis, will man alle Kräfte der Natur in einer *Grand Unified Theory*, also in einem übergreifenden Formelwerk zusammenführen. Diese Symmetriebrechung der Teilchenmassen lässt sich jedoch kitten, nimmt man an, dass es einen zusätzlichen, im Hinblick auf Massen invarianten Mechanismus gibt. Das ist der von dem schottischen Physiker Peter Higgs in den 1960er Jahren aufgezeigte Mechanismus. Er könnte erklären, wieso verschiedene Eichbosonen verschiedene Massen haben. Doch erfordert die Higgs-Theorie selbst wiederum ein Vermittlerteilchen, das sozusagen Masse verleiht. Vieles spricht nun dafür, dass das kürzlich vom Europäischen Kernforschungszentrum Cern gefundene Teilchen ein solches Higgs-Teilchen ist.

Kosmologen nehmen an, dass alle heute beobachtbaren Grundkräfte sich kurz nach dem Urknall aus einer einheitlichen Urkraft schrittweise separiert haben. Es müsste somit eine überwölbende Formel geben, die sich aus den Splittern der einzelnen heute bekannten Kraft-Formeln zusammensetzt. Tatsächlich ist es Anfang der 1980er Jahre am Cern experimentell gelungen, zumindest zwei dieser einzelnen Kräfte zu vereinigen: die schwache und die elektromagnetische Wechselwirkung. Bei sehr hoher Energie, etwa in Kollisionen eines Teilchenbeschleunigers, verschmelzen die beiden Wechselwirkungen und sind nicht mehr zu unterscheiden. Bei niedrigen Energien, wie sie dem heutigen Alltag auf der Erde entspricht, bricht diese Symmetrie jedoch spontan auseinander. Bei noch höherer Energie lässt sich womöglich auch die starke Wechselwirkung mit der elektromagnetischen und schwachen Wechselwirkung vereinigen.

Die spontane Symmetriebrechung lässt sich mit einem Alltagsbeispiel anschaulich machen. So besitzt ein Ei idealerweise eine vollkommen symmetrische Form. Um die Längsachse herum sieht es von allen Seiten gleich aus. Stellen wir es aber mit der Spitze auf eine glatte Tischplatte, dann fällt es spontan zu einer Seite und bricht damit die Rotationssymmetrie, obwohl zuvor keine Richtung ausgezeichnet war. Ähnlich könnten sich kurz nach dem Urknall die zuvor vereinigten Urkräfte spontan separiert haben, und ihre Austauschteilchen erhielten nach dem Higgs-Mechanismus jeweils verschiedene Massen, so wie ein Ei bei mehreren Versuchen jedesmal in eine andere Richtung kippt. Allem vorausgegangen war jedoch eine perfekte Symmetrie.

Werner Heisenberg war überzeugt: „Die Elementarteilchen haben die ihnen von Plato zugeschriebene Form, weil sie die mathematisch schönste und einfachste Form ist. Die letzte Wurzel der Erscheinungen ist also nicht die Materie, sondern das mathematische Gesetz, die Symmetrie, die mathematische Form." Hier drückt sich eine Faszination für mathematische Symmetrien aus, die noch heute Forscherinnen und Forscher verschiedener Kulturen teilen. Diese Ursymmetrie, aus der womöglich einst alles entstand, ist jedoch bislang eine mathematische Spekulation. Um sie zu vervollständigen, ist es nötig, auch die Gravitation mit den drei bekannten quantenphysikalischen Kräften zu vereinigen. Einsteins Allgemeine Relativitätstheorie müsste mit der Quantenfeldtheorie der starken, schwachen und elektromagnetischen Wechselwirkungen zusammengeführt werden. Das ist noch nicht gelungen.

Nach heutigem Verständnis erklärt sich die Existenz des Universums jedenfalls durch eine Reihe von Symmetriebrechungen. Das bringt uns zu den eingangs erwähnten Künstlern zurück, die Symmetriebrechungen in ihre Ornamente einbauten. Vielleicht ist es aber auch menschlich, vor der „kalten" Symmetrie zurückzuschrecken, so wie Thomas Mann in seinem Roman „Zauberberg", in dem er Hans Castorp bei der Betrachtung von Schneekristallen sagen lässt: „Dem Leben schauderte vor der genauen Richtigkeit." Tatsächlich wurden in der Biochemie des Lebens charakteristische Symmetriebrechungen von Makromolekülen – zum Beispiel linkshändige Aminosäuren oder rechtshändige Zuckermoleküle – nachgewiesen, von denen vermutet wird, dass sie auf eine Symmetriebrechung der schwachen Wechselwirkung zurückgehen. Ob die Entdeckung des Cern nun ein „Gottesteilchen" ist, mag bezweifelt werden. In jedem Fall ist es ein weiterer Schlüssel zum Hochenergielaboratorium des Universums, in dem wir leben.

Giovanni Maio

Ärztliche Hilfe als Geschäftsmodell?

Eine Kritik der ökonomischen Überformung der Medizin

Wir leben in einer Zeit, in der die Medizin von Grund auf transformiert wird. Aus einer genuin sozialen Praxis soll die Medizin in einen Gesundheitsmarkt verwandelt werden. Konzepte, die eigentlich nur für die Industrie gedacht waren, werden zunehmend über alle Bereiche der Gesellschaft gestülpt. Längst hat vor allem in den Kliniken ein Denken eingesetzt, das stärker vom Managementdenken als vom medizinischen Denken geprägt ist. Aber worin besteht eigentlich der Unterschied? Wie verändern die ökonomischen Leitkategorien das Denken in der Medizin?

1. Strukturelle Abschaffung der Zuwendung

Die Ökonomie und mit ihr die Bestrebungen der Effizienzsteigerung zwingen unaufhaltsam zur Beschleunigung. Das Diktat des Marktes ist ein Diktat der Zeitökonomie: Alle Abläufe in den Kliniken werden so beschleunigt, dass am Ende das wegrationalisiert wird, worauf es bei der Behandlung von Menschen zentral ankommt – die Zeit für das Gespräch zwischendurch, für das Gespräch, das nicht sein muss, das aber doch zum Wesentlichen einer persönlichen Betreuung gehört. Die persönliche Zuwendung wird immer mehr als idealistisches Sahnehäubchen angesehen, auf das man heutzutage auch verzichten kann, weil es Wesentlicheres gibt, wie etwa die Einhaltung von Qualitätsstandards. Und zu diesen Standards kann die persönliche Zuwendung kaum gezählt werden, weil sich diese kaum messen lässt.

2. Formale Normen statt menschlicher Beziehung

Unter dem politisch verordneten Zeitdiktat verkümmert eine Kultur des Heilens, weil die Behandlung von kranken Menschen immer mehr als messbare Handlung begriffen wird. Das ökonomisierte System suggeriert in problematischer Weise, dass mit der Applikation des Richtigen die Behandlung erschöpft sei. Auf diese Weise gerät der sinnstiftende Dienst am Menschen zu einer personennahen Dienstleistung – nach ökonomisch-verwaltungstechnischen Vorgaben. Damit aber wird genau das unterbewertet, was für viele Menschen der eigentliche Grund war, sich für den Helferberuf Arzt zu entscheiden. Erfüllung für den Arzt und echte Hilfe für den Kranken gibt es nur dann, wenn die ärztlichen Verrichtungen nicht nur auf einer gesunden Wissensbasis stehen, sondern wenn auch eine zweite Basis vorhanden ist, die eine Grundhaltung der Wertschätzung für den Patienten, eine Grundhaltung des authentischen Helfenwollens, eine Grundhaltung der Sorgebeziehung zum Kranken ermöglicht. Solche Werte werden zum lästigen Hindernis, das gelegentlich der Effizienzsteigerung und der Rentabilität im Weg steht.

3. Ökonomische Überformung des Ärztlichen

Selbstverständlich ist das ökonomische Denken in der Medizin sehr wichtig. Ohne ökonomisches Denken würde man zu viele kostbare Ressourcen verschwenden. Aber man muss der Ökonomie ihren Platz zuteilen. Dieser Platz ist dort, wo sie der Medizin hilft, ihre genuin medizinischen Ziele ohne Verschwendung zu erreichen. Die Ökonomie ist also eine Dienerin der Medizin, die durch vernünftiges Wirtschaften die Freiräume ermöglichen soll, in denen Medizin überhaupt erst realisiert werden kann.

Tatsächlich ist es aber heute so, dass die Ökonomie nicht mehr der Medizin, sondern vielmehr die Medizin der Ökonomie dient. Die Ökonomie macht die Vorgaben und diktiert genau, was sich lohnt und wie zu behandeln ist, damit am Ende die Zahlen stimmen. Wenn aber nicht mehr das Medizinische, sondern das Ökonomische zum Eigentlichen wird, dann verabschieden wir uns auch von bestimmten Werten in der Gesellschaft.

4. Entwertung des Ärztlichen

Im Grunde möchte man im modernen Gesundheitssystem keine wirklichen Ärzte mehr, sondern eher Manager, die gekonnt die vorgegebenen Behandlungspakete zusammenbauen. Man möchte ein System, in dem alle Tätigkeiten organisatorisch zerlegt werden. Auf diese Weise aber kann das Proprium des Ärztlichen, die ganzheitliche Sichtweise des Menschen, die ureigene ärztliche Qualifikation kaum noch richtig zur Geltung kommen. Die Ökonomisierung führt sukzessive zu einer Art Schlüssellochmedizin, weil die Ärzte dafür belohnt werden, dass sie sich allein auf die DRG-Diagnose oder Ausgangsdiagnose und somit auf ein Teilsegment beschränken, ohne je zu beanspruchen, den Menschen als Ganzes zu sehen.

Im Zuge der exzessiven Ökonomisierung scheint die Wertschätzung des Arztberufs abzunehmen. Dies zeigt sich auch an der mit der Ökonomisierung ausgebrochenen Dokumentationswut. Alles muss gemessen werden, alles belegt werden, und vor allen Dingen: Alles wird kontrolliert.

Nichts mehr wird als selbstverständlich vorausgesetzt, sondern für alles muss der Arzt Rechenschaft ablegen; er sieht sich einem ständigen Generalverdacht ausgesetzt. Man traut den Ärzten nicht zu, dass sie von sich aus richtig handeln, sondern sie werden kontrolliert und sollen mit finanziellen Anreizen dazu gebracht werden, das Richtige zu tun. Dieser Homo oeconomicus ist das genaue Gegenteil des Arztes, der bedingungslos und vollkommen selbstverständlich hilft.

5. Deprofessionalisierung der Ärzteschaft

Es gibt kaum mehr fachliche Ermessensspielräume für den Arzt; immer weniger wird der genuin ärztlichen Erfahrung überlassen, stattdessen wird dem Arzt im Detail vorgeschrieben, was er zu tun hat. Dieses Handeln nach Vorgaben, fast schon nach Gebrauchsanweisungen hat eigentlich nichts professionell Ärztliches mehr an sich. Vielmehr ist im Zuge der Ökonomisierung eine politisch gewollte Deprofessionalisierung der Ärzteschaft zu verzeichnen. Je mehr ökonomische Anreize die Ärzte erhalten, desto mehr verlieren sie die Freiheit, sich ausschließlich am Wohl des Patienten zu orientieren – das Fundament für die Ausübung ihrer Profession. Der Arzt wird tagtäglich in einen Rollenkonflikt getrieben, den er nur dann glaubt bewältigen zu können, wenn er sich von den hehren Idealen seines freien Berufs verabschiedet und sich an den betriebswirtschaftlichen Vorgaben und Sachzwängen orientiert.

Dass dies einem Ausverkauf des Ärztlichen und damit einem Ausverkauf der Vertrauenswürdigkeit der Medizin gleichkommt, wird dabei übersehen.

Der Vertrauensverlust in die Medizin wird noch dadurch verstärkt, dass in einem am Wettbewerb orientierten Gesundheitssystem die Werbung immer mehr zu einem probaten Mittel wird. Vollkommen unbeachtet bleibt dabei, dass das Selbstverständnis einer freien Profession im Grunde mit Werbung unvereinbar ist; denn diese suggeriert nichts anderes, als dass es in der Medizin nur noch Konkurrenten gibt und keine professionseigene Ordnung mehr. Durch die Werbung erfährt die Medizin eine Trivialisierung ihrer Ziele. So wird eine Misstrauenskultur geschürt, die am Ende dem Ansehen der Medizin in elementarer Weise schadet.

6. Trivialisierung der ärztlichen Leistungsangebote

Die Übernahme ökonomischer Leitgedanken führt zunehmend zu einer Versachlichung, Verrechtlichung und Entpersonalisierung der Medizin. Erst diese Entpersönlichung macht es überhaupt möglich, dass zwischen Arzt und Patient keine Interaktionen mehr erfolgen, die man als notwendige Hilfeleistungen beschreiben könnte, sondern dass sich sukzessive auch das „Angebot" der Ärzte wandelt. Wenn die ökonomische Logik die zentrale sein soll, dann ist ja nicht mehr einzusehen, warum Ärzte ausschließlich Hilfeleistungen anbieten sollen; es ist viel lukrativer, wenn man die Hilfeleistungen einfach zu Konsumgütern umformt. In einer Medizin, die sich als Markt versteht, verändern sich die Interaktionen, und so entstehen neue „Produkte" und werden angepriesen – Produkte, die nichts mehr mit Heilen und Helfen zu tun haben, sondern nur noch mit Absatzsteigerung. Diese sollen auch gesunde Menschen erreichen, weil dann die Absatzmöglichkeiten größer sind. Die Ökonomisierung führt zur Marginalisierung der medizinischen Indikation und zur Anpreisung von nicht notwendigen Waren auf dem Medizinbasar.

Durch die ökonomische Überformung des Ärztlichen wird eine fürsorgliche Praxis zur marktförmigen Dienstleistung transformiert.

7. Von der Fürsorge zur marktförmigen Dienstleistung

Die schwerwiegendste Folge der ökonomischen Überformung des Ärztlichen ist, dass eine fürsorgliche Praxis zur marktförmigen Dienstleistung transformiert wird. In Zeiten der Ökonomie ist es gleichgültig, ob man als Arzt das innere Bestreben hat zu helfen oder nicht. Heute wird etwas anderes vom Arzt verlangt. Erwartet werden überprüfbare und abgesicherte Lösungen, die Ärzte sind gebunden an Programme und Vorgaben. Es kommt zu einer kompletten Verrechtlichung der ärztlichen Hilfe, die zur Abgabe eines qualitätsgesicherten Produkts transformiert wird. Dies bezeichnet man als „outputorientierte Qualitätssicherung".

Mit dem Output allein ist aber noch keine humane Medizin realisiert. Gerade die Konfrontation mit einer ernsthaften Erkrankung führt den Menschen an Grenzerfahrungen heran, und viele Patienten benötigen in ihrer existenziellen Grunderfahrung keinen Leistungserbringer, sondern eine Persönlichkeit, bei der sie sich menschlich aufgehoben fühlen. Die Orientierung am guten, am messbaren Outcome ist eine notwendige Bedingung für eine gute Medizin, aber sie ist eben nicht hinreichend. Denn die Begegnung von Arzt und Patient bleibt unweigerlich auf ein Vertrauenkönnen angewiesen, weil es hier oft um existenzielle Erfahrungen geht, die mehr erfordern.

In einem ökonomisierten System gibt es keine Helfer mehr, sondern Dienstleistungsanbieter, es gibt die Lieferung einer bestellten und vertraglich vereinbarten Gesundheitsware. Die Ökonomie bringt also nichts anderes zuwege als die Ablösung des Vertrauensverhältnisses durch ein Vertragsverhältnis. Das ist das Geschäftsmodell, das stillschweigend eingeführt wurde.

8. Tauschverhältnis statt bedingungsloses Helfen

In einer Medizin, die sich als profitorientiertes Unternehmen versteht, wird eine Tauschlogik eingeführt. Man bietet etwas an und bekommt etwas dafür. Die Tauschlogik aber ist eine ganz andere Logik als die Logik, die eine genuin soziale ärztliche Praxis haben müsste. Es ist ein fundamentaler Unterschied, ob der Patient als ein Tauschpartner gesehen wird, dem etwas angeboten oder gar verkauft wird, oder ob er als hilfsbedürftiger Mensch gesehen wird. Wenn Hilfe zunehmend der Tauschlogik unterworfen wird, dann wird man diese Zug um Zug nicht mehr als Selbstzweck sehen, sondern sie nur noch instrumentell betrachten – als eine Hilfe, die man vornimmt, um gute Zahlen zu bekommen, um nach außen im Benchmarking gut dazustehen oder um dem Geschäftsführer zu gefallen.

Das Grundproblem besteht darin, dass sich die Medizin über dieses ökonomisch eingeführte Denken immer weiter von ihrer Grundidentität entfernt. Diese besteht in der Zuwendung eines professionellen Helfers zu einem hilfsbedürftigen Menschen. Dieses Helfersein hat unweigerlich etwas mit Geben zu tun – und eben nicht mit dem Tausch. Grundelement der Medizin ist nicht die Gegenseitigkeit, wie dies der Tausch voraussetzt, sondern die einseitige Gabe des Arztes an einen hilfsbedürftigen Menschen. Der Helfer ist bestenfalls ein Mensch, der nicht kalkuliert und aufrechnet, sondern der mit der größten Selbstverständlichkeit einfach gibt. Die Selbstverständlichkeit, die Unerschütterlichkeit, mit der man zu geben bereit sein müsste, diese Fraglosigkeit des Helfens wird in einem ökonomisch bestimmten Umfeld immer mehr abgeschafft.

9. Unparteilichkeit statt Anteilnahme

Der größte Schaden, den das rein ökonomische Denken anrichtet, ist letzten Endes die emotionale Distanzierung vom Patienten: Es gibt den perfekten Service ohne persönliche Anteilnahme am Schicksal des kranken Menschen. Die Ökonomie führt neue Werte ein; anstelle des empathischen Engagements wird die unparteiische Dienstleistungserbringung gepriesen. Die selbstverständliche Unmittelbarkeit des Gebens gerät zur Hilfe nach Berechnung, zur Hilfe nach Kalkül.

Viele Patienten spüren, dass da möglicherweise etwas nicht zusammenpasst. Sie fragen sich immer häufiger, wenn der Arzt ihnen eine Therapie empfiehlt, ob diese Empfehlung dem Kalkül für die Klinik oder Praxis geschuldet ist. Die Gleichzeitigkeit von Hilfe und Kalkül ist eine ständige Gefährdung der Grundfesten der Medizin als einer Disziplin der Hilfe, als einer Disziplin der Sorge und damit eine Gefährdung des unabdingbaren Vertrauensverhältnisses.

Medizin muss sich neu entdecken als eine soziale Praxis, die über das Rechnen hinaus auf einer unverzichtbaren Grundhaltung der Wertschätzung für den anderen beruht. Ein guter Arzt wird derjenige sein, bei dem man das Gefühl hat, dass er mit der größten Selbstverständlichkeit das Gute tut, ohne zu berechnen, ohne Vorbehalt. Ein guter Arzt gibt etwas, er gibt seine Zeit, er verschenkt seine Aufmerksamkeit, er verschenkt sein mitmenschliches Interesse. Ein Arzt kann am Ende nur dann gut sein, wenn er signalisiert, dass er im Kontakt mit seinen Patienten noch über eine letzte Ressource verfügt, und das ist ein Rest unverplanter Zeit, die er sich bereitwillig, ohne Schaden zu befürchten, nehmen kann.

10. Unterwerfung unter das Diktat des Erfolgs

Die Politik glaubt, mit der Etablierung ökonomischer Begrifflichkeiten würden viele Probleme gelöst. Sie glaubt, aus Patienten Kunden machen zu können; sie verkauft diesen neuen Kundenstatus mit dem Slogan „Freiheit für den Patienten". Hinter dieser Freiheitssemantik verbirgt sich aber die Tendenz, alle Verantwortung dem Patienten überzustülpen. Der Patient erhält die Verantwortung, sich zu informieren und eine für sich gute Entscheidung zu fällen. Wenn es schiefgeht, fällt das auf den Patienten zurück, weil er sich als mündiger Bürger nicht ausreichend informiert hat. Ein solch euphemistisch verbrämter Umgang mit kranken Menschen ist nichts anderes als eine subtile Form der Entsolidarisierung.

Hinter dem schönen Begriff der Freiheit und der Mündigkeit verbirgt sich ein Rückzug des Sozialen; der neue „mündige" Patient darf auf der einen Seite Ansprüche stellen, ist andererseits aber auch gezwungen, als Patient fortan immer auf der Hut zu sein und sich abzusichern. Bei ernsthaft erkrankten Patienten, die die Diagnose zunächst in eine Lebenskrise stürzt, kann das Paradigma des gut informierten Kunden nicht funktionieren, weil einem solchen hilfsbedürftigen Patienten nicht zugemutet werden kann, in seiner Not auch noch auf der Hut zu sein.

Wenn der Patient, wie die Politik es so gerne möchte, ein Kunde sein soll, dann hat das zur Folge, dass man diesem Kunden ja nicht primär hilft, sondern ihm zunächst einmal etwas verkauft –

ob ihm aber tatsächlich geholfen wird, ist nicht ausgemacht. Das ist die letzte Konsequenz einer komplett ökonomisierten Medizin. Und konsequent ist dann auch: Geholfen wird nicht mehr allen, sondern nur noch dann, wenn es sich lohnt. Die eigentliche Kunst einer ökonomisierten Medizin besteht darin, eine gute Patientenselektion zu erreichen, Patienten zu akquirieren, die eine gute Bilanz versprechen, Patienten, die für eine gute Statistik taugen und denen man womöglich noch Zusatzleistungen anbieten kann.

Diejenigen, die in weniger gut lösbaren Problemlagen stecken, werden als zu risikoreich eingestuft und daher eher gemieden und weiter marginalisiert. Denn wenn eine nennenswerte Verbesserung nicht rasch und komplikationslos erreicht werden kann, dann erscheint jeder Einsatz als ineffizient und für das Unternehmen bedrohlich. Alle Maßnahmen, die nicht garantiert und ohne viel Aufwand erfolgreich sind, werden mehr und mehr ausgeschlossen, einfach weil sie durch das neu etablierte Raster der Rentabilität fallen. Das Kriterium der Rentabilität ersetzt den genuin sozialen Gedanken. Das, was einst unabdingbar war, dass man auch dort zu helfen versucht, wo man wenig Chancen hat, all dieses Unabdingbare wird durch die Ökonomie zur Verschwendung und damit unnötig.

Zusammenfassend lässt sich der Wandel der Medizin von der sozialen Identität zur marktwirtschaftlichen Identität wie folgt beschreiben:

1. von der Bedingungslosigkeit der Hilfe zur Rentabilität der Leistung
2. von der Unverwechselbarkeit des Patienten zum standardisierten Verfahren
3. von der ganzheitlichen Betrachtung des Patienten zur Zerlegung und Fraktionierung
4. vom Vertrauensverhältnis zum Vertragsverhältnis
5. von der Freiheit ärztlicher Entscheidungen zum Therapieren nach Gebrauchsanweisungen
6. von der ärztlichen Profession zum Angestellten im Industriekomplex
7. von der Selbstverständlichkeit des Gebens zur Rechenschaftspflichtigkeit allen Tuns
8. von der Beziehungsqualität zur Fokussierung auf objektive Handlungen
9. vom Grundgefühl der Dankbarkeit zur Generierung einer Anspruchsmentalität
10. von der fürsorglichen Praxis zur marktförmigen Dienstleistung.

Die Medizin darf ihre ureigene Aufgabe, nämlich Anwalt des Patienten zu sein, nicht der Ökonomie überlassen. Denn wenn die Medizin dem Geschäftsmodell ganz nachgibt, wird sie am Ende keine Medizin mehr sein.

Angelika Neuwirth

Muslime auf Augenhöhe

Ein Forschungsprojekt sucht nach der europäischen Dimension des Koran

Der Anspruch, den Koran als Teil der europäischen Kultur erkennbar und annehmbar zu machen, klingt prätentiös. Auch ein Jahr nach Christian Wulffs couragierter Erklärung, der Islam gehöre zu Deutschland, ist gerade das Verhältnis Islam-Europa noch immer hochgradig kontrovers. Die Debatte um die Zugehörigkeit des Islam zu Europa mag vordergründig Teil politischer Kalküle und daher schwer zu entscheiden sein – sie hat jedoch einen historischen Kern, der sehr wohl benennbar ist und über den man entscheiden kann: Er betrifft den Koran und sein Verhältnis zu den heiligen Schriften der beiden anderen Religionen.

Wenn sich fast alle vorliegenden Übersichtsdarstellungen zum Koran herablassend über seine Form äußern und bei der Nachzeichnung seiner Entwicklung auf Brüche fokussieren, in extremen Fällen sogar Fälschungsverdacht erheben, so wirkt dabei deutlich die alte Vorstellung fort, der Koran habe als ‚schwächere Replik der Bibel' nichts wesentlich Neues zu bieten. Die Reserviertheit gegenüber dem Text hat vielfach noch tiefere Wurzeln. Denn der Koran – als Teil unserer Alltagswelt ernst genommen – würde religiöse Gedankengänge und Bilder wieder auf die Tagesordnung setzen, die im säkularisierten westlichen Denken längst ausgedient zu haben schienen: die Inszenierung des Koranvortrags als Teil eines Rituals etwa, oder das im Text verwurzelte Bewusstsein eines mit der Schöpfung zwischen Gott und Menschen geschlossenen Bundes erscheinen dem modernen Betrachter befremdlich – ein religiöser Ballast, den man meinte, in der westlichen Tradition doch längst abgeworfen zu haben.

Der Rückzugsversuch auf eine reserviert distanzierte Einstellung gegenüber dem Koran wird nun aber durch ein fait accompli abgeschnitten: Seit an fünf deutschen Universitäten Institute für Islamische Theologie eingerichtet worden sind, ist der Koran als Grundurkunde des Islam zu einem erstrangigen Gegenstand auch deutschsprachiger akademischer Forschung und Lehre geworden. Und dieses ‚Upgrading' des Koran zu einem aus dem europäischen Kontext nicht mehr wegzudenkenden Text betrifft keineswegs allein die muslimischen Lehrenden und Studierenden an den neuen Instituten in Frankfurt, Münster, Osnabrück, Erlangen und Tübingen, es kann auch der nicht-muslimischen Öffentlichkeit nicht gleichgültig sein. Wir stehen vor der dringenden Aufgabe, dem Koran einen Platz in der bislang noch weitgehend als geschlossen jüdisch-christlich verstandenen Kultur Europas zuzuweisen. Ein seit fünf Jahren laufendes Koranforschungsprojekt sieht sich hier in der Pflicht.

Ein Kulturen übergreifender Anfang der Forschungsgeschichte

Nicht ganz ohne Anstoß durch die Schockwirkung der Katastrophe des 11. September 2001, die vielerorts zu islamwissenschaftlichen Initiativen geführt hat, wurde 2007 das Projekt *Corpus Coranicum – Textdokumentation und historisch-literaturwissenschaftlicher Kommentar* an der Berlin-Brandenburgischen Akademie der Wissenschaften eingerichtet. Es versteht sich als ein Grundlagenforschungsprojekt mit der Aufgabe, die Textüberlieferung, die theologische und kulturelle Umwelt und schließlich die literarische Gestalt des Koran aufzuarbeiten – Arbeitsschritte, die in der Bibelwissenschaft längst vollzogen sind, die aber für den Koran noch immer ausstehen.

Um den Koran auf eine verlässliche Textbasis zu stellen, um sein Verhältnis zu den älteren Religionskulturen zu klären, wurde an die historisch-kritische Forschung des 19. Jahrhunderts angeknüpft – ein methodisch unumgänglicher Rückgriff auf eine gewaltsam abgebrochene Tradition. Denn ein Blick auf die Geschichte der westlichen Koranforschung zeigt, dass entscheidende Forschungsergebnisse, vor allem aber wegweisende hermeneutische Erkenntnisse der Anfänge „verloren gegangen" sind. Verantwortlich dafür ist der durch den Naziterror erzwungene Abbruch einer großen Gelehrtentradition.

Deutsche Koranforschung hatte nicht etwa mit zögerlich kleinen Schritten angefangen, sondern sogleich mit einem großen Wurf: Im Jahre 1833 veröffentlichte Abraham Geiger seine Monographie „Was hat Muhammad aus dem Judenthume aufgenommen?", eine Untersuchung des Koran auf seine Echos jüdischer Tradition, ein Werk, dessen Bedeutung weit über seine konkreten Erträge hinausgeht. Denn Geiger nahm eine Einsicht vorweg, zu der wir erst jetzt, da die Spätantike-Forschung an Terrain gewonnen hat, wieder zurückfinden: Geiger stellt den Koran von Anfang an in den weiten Horizont der spätantiken Debattenkultur des Vorderen Orients: Nicht das literarische Werk eines lokalen, halbinselarabischen Predigers sollte der Koran sein, sondern ein ernstzunehmender Teil der spätantiken Religionsdiskussion, insbesondere ein Dialog mit dem Judentum! Diese universale Verortung des Koran wurde maßgeblich für die weitere – fast genau hundert Jahre andauernde – historische Koranforschung. Die von Geiger begründete Schule, in der zahlreiche Gelehrte hervortraten, sollte zwischen 1833 und 1933 die maßgeblichen Studien zum Koran, noch heute unentbehrliche Nachschlagwerke, hervorbringen. Was diese Gelehrten, die großenteils der deutsch-jüdischen Reformbewegung der „Wissenschaft des Judentums" angehörten, beflügelte, war das Bewusstsein, mit dem islamischen Schrifttum einen Teil ihrer eigenen kulturellen Tradition in Händen zu haben. In der Tat ist ein großer Teil der vormodernen jüdischen Kultur in arabischer Sprache gehalten. Arabische Literaturgattungen wiederum haben die hebräische Literatur maßgeblich geprägt. Es war daher nicht von ungefähr, dass man sich selbst als „orientalisch" verstand und die arabischen Texte nicht als etwas Fremdes, sondern als etwas Eigenes betrachtete.

Die bahnbrechende Leistung war allerdings teuer erkauft: Die jüdischen Gelehrten, in ihrer akademischen Umwelt als „Orientale" gebrandmarkt, waren für ihre eigene jüdische Tradition auf nicht-staatliche Lehrhäuser angewiesen, denn jüdischen Studien war der Zugang zu deutschen Universitäten verwehrt – der erste Lehrstuhl für Judaistik wurde erst 1964 an der Freien Universität Berlin eingerichtet. Die „Selbstorientalisierung" der jüdischen Gelehrten des 19. Jahrhunderts und damit auch ihre Konzentration auf die arabischen Studien stand daher auch im Zusammenhang mit ihrer „Orientalisierung" von außen. Tatsache ist, dass ihre außergewöhnlichen linguistischen und jüdisch-gelehrten Kompetenzen ihnen einen einzigartigen Zugang zu den arabischen Texten als Elementen einer ethnisch und linguistisch gemischten spätantiken Kultur eröffneten – eine Forschungsbasis, zu der wir heute erst wieder zurückzufinden versuchen. Sie war allerdings schon zu ihrer Zeit fragil, denn sie stand und fiel mit der Präsenz und Aktivität der jüdisch gebildeten Gelehrten, die anderen Forschern nicht nur umfassende Kenntnisse alter Sprachen wie Hebräisch, Syrisch-Aramäisch und Äthiopisch, sondern auch eine Vertrautheit mit dem rabbinischen Schrifttum voraushatten, das entscheidende im Koran diskutierte Fragen bereits früher traktiert hatte. Als 1933 alle jüdischen Forscher von deutschen Universitäten vertrieben wurden, verschwand auch die historisch-kritische Gelehrtentradition aus der Koranforschung.

Orientalistische Verengungen des Forschungshorizonts

Man tröstete sich in den Dreißigerjahren irritierend rasch über den Verlust der Kollegen und ihres Zugangs, indem man eine neue Richtung propagierte. Sie sollte der „Tüftelei-verdächtigen" historischen Philologie der jüdischen Wissenschaftler etwas – wie man meinte – Zeitgemäßeres entgegensetzen. Man konstruierte ein islamwissenschaftliches Äquivalent zu der in den christlichen Theologien entwickelten Leben-Jesu-Forschung: die Erforschung des psychologischen, religiösen und politischen Werdegangs des Propheten Muhammad. Damit trat der Koran von seinem Rang als Dokument einer Sprachen und Kulturen übergreifenden Debatte wieder zurück in den Status der Schrift eines individuellen Autors, Muhammad, und damit in dessen vermeintlich halbinselarabisch begrenzten Gesichtskreis: ein Stück verspätet kolonialer Marginalisierung, der Herabstufung einer universalen Religionsurkunde auf lokales Niveau. Diese Sicht auf den Koran als eines vor allem biographisch relevanten Werkes des Propheten Muhammad lebt in der „traditionellen" Richtung der Koranforschung noch heute fort.

Gewiss, diese verkürzende Sicht blieb auf die Dauer nicht unwidersprochen. Eine sich in den späten 1970er Jahren herausbildende „skeptische" Richtung mahnte die mangelhaft gesicherte Historizität des traditionellen Koran-Entstehungsszenarios an. Nicht nur fehlt für den mit Muhammad verbundenen Werdegang in den zeitgenössischen – außerarabischen – historischen Werken jeglicher Nachweis, nicht einmal sein Name ist dort bekannt. Alles was wir über ihn zu wissen meinen, geht auf Jahrzehnte spätere arabische Nachrichten zurück, die erst nach den Eroberungszügen schriftlich niedergelegt wurden. Die traditionelle islamische Darstellung ist also bereits von neuen politischen Verhältnissen geprägt. Sie gilt den Skeptikern daher als wertlos. Mit ihrer unterstellten Unzuverlässigkeit fällt für sie auch gleich die historische Realität der Schauplätze Mekka und Medina, vor allem die des Hauptakteurs Muhammad selbst. Der Koran wird zu einem „apokryphen" Text, am ehesten erklärbar als spätere Kompilation, über die sich historisch nichts Sicheres aussagen lässt.

Damit schütten die Skeptiker das Kind mit dem Bade aus. Nicht nur ist der Koran – kritisch gelesen – ein beredtes Zeugnis frühester theologischer Entwicklung wie auch einer ersten Gemeindebildung um den Verkünder Muhammad; seine Entstehung im frühen siebten Jahrhundert ist inzwischen auch materiell durch Handschriftenfunde eindeutig erwiesen. Beide Forschungsrichtungen, die „traditionelle" und die „skeptische", haben ein verhängnisvolles Erbe des Historismus des 19. Jahrhunderts gemeinsam: die Obsession für einen ‚Autor des Koran': sie gehen vom Koran nicht als dem Produkt eines Verkündigungsprozesses, sondern als einem „vorbedachten Buch" aus – für die einen ein Werk Muhammads, für die anderen eine anonyme Kompilation. Während die Traditionalisten, die den Koran als ein Teil der halbinselarabischen Prophetenvita verstehen, ihm seine universale, spätantike Geschichte bestreiten, treiben die Skeptiker historische Forschung gerade auf die Spitze, indem sie den Koran mit chirurgisch scharfem Schnitt vom Islam selbst abtrennen – nicht nur für muslimische Leser, sondern für jeden Betrachter mit Augenmaß ein schockierender Eingriff. Man benötigt kein besonderes Gespür, um aus beiden Forschungsrichtungen polemische, wenn auch verschiedengradig aggressive ideologische Positionen herauszuhören. Beide verkleinern den Koran: die Traditionalisten tun dies, indem sie das theologisch universale Werk des Verkünders und seiner Gemeinde auf provinzielle Maßstäbe zurückschneiden; die Skeptiker, indem sie den Koran aus seiner historischen Verankerung in der realen islamischen Urgemeinde lösen und so die Muslime als Erben ihrer eigenen Heiligen Schrift entmündigen. Allen internationalen kulturwissenschaftlichen Debatten um das Problem des Orientalismus zum Trotz hat der hier zementierte Orientalismus, die skandalös herablassende akademische Behandlung des Koran, nirgendwo nennenswerten Protest ausgelöst.

Dabei ist die verkürzte Wahrnehmung nicht nur eine Zumutung für die Muslime, sondern kaum weniger gravierend für den nicht-muslimischen europäischen Koranleser. Denn beide Richtungen der gegenwärtigen Forschung bestreiten dem Islam seinen Ursprung aus der Partizipation an jenen spätantiken Debatten, aus denen auch „unsere", d.h. die jüdischen und die christlichen Grundschriften, Mischna und Neues Testament, Kirchenväterschriften und rabbinische Exegese, hervorgegangen sind. Die gegenwärtige Koranforschung macht den Koran zu einem provinziell-arabischen oder einem anonym-apokryphen, auf jeden Fall zu einem fremden Text.

Was wir heute brauchen

In unserer Zeit, in der die enge Verwandtschaft von Judentum, Christentum und Islam längst erkannt ist, in der weltweit Institute für „Abrahamitische Religionen" und neuerdings sogar für Vergleichende christlich-islamische Theologie entstehen, sind diese letztendlich exklusivistischen Zugänge unhaltbar. Alle drei Religionen, Judentum, Christentum und Islam – das haben neuere Forschungen erwiesen – verdanken sich einem *Prozess*: dem kontinuierlichen Austausch untereinander von jeweils neu entwickelten Auslegungen biblischer Traditionen. Eine entsprechende „dialogische Lektüre" des Koran, sein Verständnis als neue Antwort auf zentrale Fragen seiner plurikulturellen Umwelt, und damit als eine Stimme in dem – für Europa formativen – Konzert der theologischen Debatten der Spätantike, ist noch zu leisten. Ein Projekt wie das *Corpus Coranicum* ist also dringend gefordert.

Ganz äußerlich gilt es, einen methodischen Vorsprung aufzuholen: Koranforschung muss endlich mit demselben methodischen Aufwand, mit demselben Methodenpluralismus, betrieben werden wie die Erforschung der Bibel. Während die Erforschung der Bibel auf Jahrhunderte lange Erfahrung zurückblickt, steckt die Koranforschung noch in den Kinderschuhen. Vor allem die drei Schritte: Text-Dokumentation, Sammlung der Umwelttraditionen und Kommentierung – für die Bibel längst geleistet – stehen für den Koran noch aus. Anders als im Falle der Bibel gibt es keine kritische Textausgabe des Koran. Obwohl die islamische Tradition selbst in beispielhafter Weise Textvarianten bewahrt und klassifiziert hat, werden diese nicht auf ihren textgeschichtlichen Wert hin geprüft, sondern in einer umfangreichen Literatur vor allem unter grammatischen Aspekten diskutiert. Diese Varianten – oder doch ihre historisch bedeutendsten – wieder mit dem Korantext selbst zu konfrontieren, ist eine prioritäre Aufgabe des Projekts, auch wenn dies kaum theologische Divergenzen von der akzeptierten Textform erwarten lässt. Sie wird ergänzt durch die Auswertung der Handschriften, die in der islamischen Gelehrsamkeit gar keine Aufmerksamkeit erfahren, heute aber von zentraler Relevanz sind, nicht zuletzt weil sie das Alter des uns überlieferten Textes dokumentieren können. Die ältesten – fragmentarisch bewahrten – Handschriftenexemplare datieren ins siebte Jahrhundert, sind also nur wenige Jahrzehnte nach dem Tode Muhammads geschrieben worden – eine erstaunlich bald nach dem Abschluss der Textproduktion erfolgende Kodifizierung – ganz anders als im Falle der Hebräischen Bibel, die erst nach vielen Jahrhunderten der Textproduktion zum Abschluss kam, und auch im Falle des Neuen Testaments, das immerhin ca. 100 Jahre brauchte.

Noch ein Zweites, das für die Bibel selbstverständlich ist: eine Zusammenstellung der wichtigsten Umwelt-Traditionen, d.h. verschiedensprachiger nachbiblischer Texte, historischer Inschriften, aber auch archäologischer Grabungsergebnisse, fehlt für den Koran bisher ganz. In die islamische Tradition, die die vorislamische Zeit als eine Epoche der „Unwissenheit", djahiliyya, der Barbarei, konstruierte, in die erst durch den Islam Licht eingedrungen sei, haben solche Zeugnisse der jüdischen, christlichen und heidnischen vorislamischen Kultur nur auf Umwegen Eingang gefunden. Sie galten dort auch nicht als ganz unverdächtig, wurden jedenfalls nie auf Augenhöhe mit der letztgültigen Formulierung der religiösen Wahrheit durch den Korantext selbst gestellt. Die Situation ist also spiegelverkehrt dieselbe wie bei der westlichen Wahrnehmung des Koran, die ihn ebenfalls bis jetzt nicht auf Augenhöhe zu den Urkunden der beiden älteren Religionen betrachtet. Die koranischen Umwelttraditionen – für den Koran theologisch relevante, im spätantiken Nahen Osten kursierende Texte jüdischer, christlicher und heidnischer Herkunft in verschiedenen Sprachen – werden in einer Database zusammengestellt, die in Kürze online zugänglich sein wird. Die gigantische Arbeit lohnt sich: In der erneuten Offenlegung des Ost und West gemeinsamen Erbes, in der Sichtbarmachung der gegenseitigen Inspiration und Befruchtung, wird eine der wichtigsten Aufgaben des *Corpus Coranicum* Projekts bestehen.

Zwei verschiedene Optiken

Über die hier zu liefernden ‚Korrekturen' von Mängeln der bisherigen Forschung hinaus hat das Corpus Coranicum Projekt noch eine weitere, hermeneutische Aufgabe, die gerade für die Zusammenarbeit mit den Islamischen Theologien vielleicht sogar am dringlichsten ist: Es geht darum, die Verschiedenheit des Blicks im Islam einerseits und in der letztlich von der Aufklärung geprägten westlichen Koranforschung andrerseits selbst zum Problem zu erheben. Das geschieht in der dritten Sektion des Projekts, wo ein historisch-literaturwissenschaftlicher Kommentar entsteht, der wiederum sukzessive online erscheinen wird. Ein Pilotprojekt dazu, ein gedruckter ‚Handkommentar zum Koran', liegt aber bereits in seinen ersten zwei Bänden vor. Während die umfangreichere online-Version um die Diskussion aller sprachlich und historisch erklärungsbedürftigen Aspekte des Textes bemüht ist, geht es in der gedruckten Ausgabe primär um das Verstehen des Koran: seine Rekonstruktion als eines sukzessiven Kommunikationsprozesses, innerhalb dessen jede einzelne Verkündigung, d.h. jede „Sure", einen „Fortschritt" markiert: Für jede Sure wird das Innovative, die neu erreichte Position in der theologischen Debatte oder die eventuell zu registrierende Richtungsänderung gegenüber den vorausgehenden Texten diskutiert. Dabei wird nicht nur auf die Echos älterer jüdischer oder christlicher religiöser Traditionen im Koran geachtet, sondern auch der innerarabischen Einbettung des Koran Rechnung getragen: Seitenblicke auf die altarabische Dichtung, die mit ihrem heroischen und zugleich hedonistischen Weltbild für die sich entwickelnde Religionsgemeinde eine stete ideologische Herausforderung darstellte, sollen helfen, den Erwartungshorizont abzustecken, mit dem sich eine individuelle koranische Kommunikation auseinandersetzt. Der Koran erweist sich so als das Dokument eines über 20 Jahre andauernden, nicht linear, sondern im Zickzack von Versuch und Irrtum verlaufenden Kommunikationsprozesses. Mit dieser Wahrnehmung des Koran als eines Prozesses stehen wir in der Tradition des bedeutenden, 2010 gestorbenen ägyptischen Koranforschers Nasr Hamid Abu Zaid, aus dessen Werk wir wichtige Anregungen beziehen. Der in zwei Formaten publizierte Kommentar stellt den wenigen und sehr technischen in europäischen Sprachen vorliegenden Kommentarwerken etwas ganz Neues gegenüber: eine Herausforderung an den europäischen Leser, den Koran als einen ihm in vielen Zügen vertrauten Text wiederzuentdecken, zugleich aber auch eine Herausforderung, mit den Islamischen Theologen ins Gespräch zu kommen.

Ein kontroverser Zugang?

Ist dieser Zugang aber nicht kontrovers? Wie wird er von Muslimen selbst aufgenommen? Diese Frage stellt sich den Mitarbeitern am Corpus Coranicum Projekt immer wieder. Die säkulare Betrachtung des Koran, seine Untersuchung auf Spuren nicht nur der Glaubenswahrheiten von Christen und Juden, sondern auch von im Koran reflektierten theologischen Debatten hin, kommt ja einer Dekonstruktion des als vollkommenes Gotteswort wahrgenommenen Endtextes gleich. Übereinstimmung mit biblischen Texten wird zwar im Koran selbst zugestanden, der Gedanke aber, dass sich auch nachbiblische Debatten im Koran reflektieren, geht darüber hinaus. Bekanntlich behandelt die historische islamische Tradition den Text als etwas Sakrales, dessen Integrität um jeden Preis zu wahren ist und dessen wissenschaftliche Behandlung vornehmlich darin besteht, seine sprachlichen, ästhetischen, theologischen, rechtlichen und spirituellen Implikationen zu entfalten, wobei der Kontext der Erklärung von den jeweiligen Erfordernissen der Gemeinde diktiert wird – ein Zugang, der demjenigen zur Bibel vor der Aufklärung entspricht. Wenn sich auch bereits seit mehreren Jahrzehnten Stimmen zugunsten einer literarischen Lektüre – ähnlich unserer Lesung der „Bibel als Literatur" – vernehmen lassen, so zeigt die islamische Koranauslegung doch wenig Interesse an den theologischen Implikationen der im Koran reflektierten Debatten des Propheten mit älteren Gemeinden, noch weniger würden diese Debatten als Mitauslöser von Textproduktion betrachtet.

Zwei verschiedene Optiken also. Ein wichtiger Grund für die Weigerung auch zeitgenössischer muslimischer Gesprächspartner, die – aus unserer Perspektive so faszinierende – Vielschichtigkeit und Polyphonie des Koran zu schätzen, ist sicherlich die Sorge um die Integrität des sakral wahrgenommenen Textes, der als in der einen Stimme Gottes sprechend wahrgenommen wird. Die Problematik unserer neuen Optik soll deswegen nicht heruntergespielt werden: mit ihr werden faktisch Tabus gebrochen. Denn die Exklusivität der im Koran ihre Höchstform erreichenden klassischen arabischen Sprache, Garantin der Sakralität, wird in der historischen Forschung problematisiert: Unter dem Firnis dieses im Koran ästhetisch hochentwickelten und beispiellos erfolgreichen Mediums scheint die Vielfalt der urwüchsigeren, im Nahen Osten vor dem Islam kursierenden sprachlichen und kulturellen Idiome wieder durch, die durch ihre im Koran eingegangene Synthese für das historische Bewusstsein verschüttet worden waren. Die historisch einzigartige Vereinheitlichungsleistung des Koran wird durch die Wiedereinblendung der von ihr verdeckten Vielfalt von neuem zur Diskussion gestellt.

Ein Blick auf die frühe Geschichte des Christentums kann die Wahrnehmung des Problems noch schärfen: Die christliche Kultur ist, wie Guy Stroumsa und andere gezeigt haben, eine Übersetzungskultur, die sich leicht tut mit der Übersetzung Heiliger Schriften, ja die sogar ihre Aneignung der jüdischen Schriften – und damit ihre schließlich vollzogene Überlagerung des Judentums – nicht zuletzt mithilfe von Übersetzung erreicht hatte. Die Überzeugung von der Übersetzbarkeit heiliger Schriften – so Stroumsa – „war von Anfang an wesentlicher Teil christlicher Theologie. Die Offenbarung, die zunächst Israel in seiner eigenen Sprache angeboten worden war, konnte so der gesamten Menschheit eröffnet werden". Der Islam folgt dagegen deutlich dem auch im Judentum aufrechterhaltenen „Postulat, dass grundlegendeTexte in genau der Sprache zu überliefern sind, in der sie zuerst verschriftlicht worden waren". Diese Sprache gilt als heilig, als unnachahmlich – ein Konzept, das im 9. Jahrhundert in das islamische Dogma des i`djaz al-Qur'an, der „Unnachahmlichkeit des Koran", eingegangen ist. Der Koran begründet in seiner eigenen Sprache eine Ökumene: das durch ihn zu einer ökumenischen Sprache werdende Arabisch machte Übersetzungen überflüssig, da im islamischen Vielvölkerstaat die verschiedenen Einzelidiome bald zugunsten des Arabischen aufgegeben wurden. Der Koran selbst, der maßgebliches biblisches und hellenistisches Wissen in sich vereinigt hatte, war gewissermaßen selbst eine (kulturelle) Übersetzung: eine neue Bibel mit eigener heiliger Sprache. Diese – Vollkommenheit suggerierende – Gestalt des Koran steht in unserem Gespräch mit muslimischen Partnern zur Debatte. Man muss sich also davor hüten, die eigene – historisch ja äußerst problematische – Erfolgsformel der Entsakralisierung der Sprache für selbstverständlich zu nehmen. Man würde die enorme Barriere, die gerade diese verschiedene Sprachwahrnehmung darstellt, massiv unterschätzen.

Der ungleich weniger skrupulöse Umgang der historischen Forscher mit der Sakralität des Korantextes bedarf also der Rechtfertigung bzw. muss, wenn er zumutbar sein soll, durch konstruktive Aspekte aufgewogen werden. Hier ist bereits die Tatsache der schon im Gange befindlichen internationalen Debatte um die Historizität des Koran selbst ein wichtiges Argument zur Rechtfertigung des historischen Zugangs. Historisch verzerrende Darstellungen des Koran als einer anonymen Kompilation, einer christlichen Apokryphe gewissermaßen, losgelöst von Muhammad und seiner Gemeinde, werden heute in großer Zahl und in einflussreichen Verlagen publiziert; die Auseinandersetzung mit ihnen kann sinnvoll nur auf der Basis historischer Forschungsergebnisse geführt werden. So konnten kodikologische Untersuchungen inzwischen eine Entstehung des Koran nach dem siebten Jahrhundert ausschließen, ein wichtiges Argument für die überlieferte Chronologie. Von muslimischen Forschern selbst, denen die Historizität der Korangenese durch den Propheten in Mekka und Medina nicht als Forschungshypothese, sondern als verbindliches Dogma gilt, sind bisher keine ernsthaften Versuche der Widerlegung skeptischer Ansätze gekommen – sie wären angesichts der konträren Optiken auch aussichtslos. Historische Forscher können daher eine willkommene Proxi-Funktion wahrnehmen. Sie können mit ihrer Bereitschaft, die westliche Forschung auch in ihren Exzessen verständlich zu machen, vor allem aber: sie kritisch zu hinterfragen, auch mit offenen Ohren seitens muslimischer Kollegen rechnen.

Ein noch schwerer wiegendes Argument für unsere historische Lektüre des Koran als universaler, spätantiker Text, besteht jedoch in der notwendigen Wiederentdeckung seiner lange verschütteten theologiegeschichtlichen Bedeutung. Dass der Koran eine neue Stimme in das Konzert von Debatten zwischen Judentum, Christentum und paganer Philosophie seiner Zeit einbringt, war bereits einer größeren Zahl von Koranpolemikern des ersten Jahrtausends aus dem byzantinischen und orientalischen Christentum bewusst, die aber das Augenmerk auf die von den christlichen abweichenden Positionen des Koran legten und in der koranischen Eigenständigkeit eher einen Mangel als ein Verdienst sahen. Uns geht es heute nicht um die Messung des Koran an einem bestimmten Wahrheitsanspruch, sondern um seine faktische Innovation. Denn nicht die Konformität des Koran mit der Bibel, sondern seine Eigengesetzlichkeit ist es, die ihm die Anwartschaft auf einen Rang auf Augenhöhe mit den beiden anderen Schriften sichert. Muslimischen Gesprächspartnern ist gleichermaßen an dem Nachweis des im Koran genuin Neuen gegenüber den zeitgenössischen Traditionen gelegen. Dass dieser am ehesten von Forschern, die mit dem spätantiken Diskussionsstand vertraut sind, erbracht werden kann, liegt auf der Hand.

Angesichts der bereits bestehenden Debattensituation, angesichts der auch von muslimischen Kollegen wahrgenommenen Notwendigkeit, den Koran im säkularen westlichen Kontext in seiner theologischen Dimension verständlich zu machen, erweist sich der historisch-kritische Ansatz also trotz seines problematischen Verhältnisses zu grundlegenden islamischen Glaubenssätzen als in weiten Kreisen durchaus willkommen. Eine „kulturelle Übersetzung" des Koran für die nicht-muslimische Öffentlichkeit – das sehen islamische Theologen in Deutschland ebenso wie säkulare Forscher – ist unumgänglich. Ein Gespräch ist also bereits im vollen Gange. Es wartet darauf, theologisch vertieft zu werden.

Am Puls der Zeit

Diese neue Kontextualisierung des Koran trifft sich mit einer auch im Nahen Osten selbst gegenwärtig starken Tendenz zur Neulektüre vor- und frühislamischer Geschichte. Denn die bis in neuere Zeit hin dominierende islamische Sicht, der zufolge relevante arabische Geschichte erst mit der koranischen Offenbarung einsetzt, beginnt zu bröckeln. Der libanesische Historiker Samir Kassir beklagt in einem Essay, der internationales Aufsehen erregte: „Von den dem Islam vorhergehenden Zeiten bleibt (in der lokalen Erinnerung) nur ein chaotisches Bild zurück, das sich in dem Begriff *djahiliyya*, verstanden als ‚Zeit der Unwissenheit', verdichtet". Dieser alles auf die Rolle Muhammads zurückführende Ursprungsmythos verkleinert die Vorgeschichte, er reduziert sie auf eine fast ausschließlich von nomadischer Lebensform geprägte arabische Epoche. Die als vorislamische Barbarei konstruierte *djahiliyya* kann so als dunkle Kontrastfolie für die vom Islam gebrachte neue Zivilisation dienen. Das chaotische Bild der so verstandenen *djahiliyya* – so betont Kassir zu Recht – „lässt sich aber nicht aufrechterhalten, wenn man Forschungsergebnisse über die hellenistische und römische Geschichte berücksichtigt, die von Archäologie, Epigraphik und Numismatik dokumentiert werden. So waren arabische Städte im Nordhidjaz vollständig romanisiert, was dermaßen weit ging, dass aus ihnen römische Kaiser hervorgehen konnten. (...) Man kann sich ausmalen, welche kopernikanische Wende die Anerkennung eines Goldenen Zeitalters einleiten würde, das dem vermeintlich erst mit dem Islam eintretenden Goldenen Zeitalter vorgegangen wäre".

Weite Kreise auch nahöstlicher Historiker und Intellektueller stimmen darin überein, dass die Revision der dichotomischen Geschichtskonstruktion, nach welcher mit dem Islam etwas absolut Neues oder, aus europäischer Sicht, etwas substantiell ‚anderes', beginnt, überfällig ist. Um zu einem neuen, universaleren Geschichtsdenken beizutragen, ist eine historische Neulektüre des Koran ein wichtiger, wenn nicht sogar ein grundlegender Beitrag. Dazu sind auch im Nahen Osten selbst verschiedenerorts bereits Initiativen getroffen. So ist die ‚Ankaraner Schule', eine Gruppe türkischer Koranwissenschaftler, deren Vertreter auch am Islamtheologischen Lehrstuhl in Frankfurt tätig sind, um einen historischen Blick auf den Koran bemüht, sie hat bereits eine Reihe von Arbeiten zum Verhältnis älterer Traditionen zum Koran vorgelegt. In Tunesien wiederum läuft ein Projekt der Sammlung sog. „Anlässe der Offenbarung", d.h. frühislamischer Berichte zu der historischen und sozialen Einbettung, dem „Sitz im Leben", verschiedener Korantexte. Westliche und islamische Koranwissenschaft bewegen sich aufeinander zu, wenn auch der Akzent ein verschiedener ist: Es geht im Corpus Coranicum nicht zentral um das Faktum der koranischen Integration älterer Traditionen, noch primär um die Einbettung des koranischen Geneseprozesses in historische Situationen in Mekka und Medina, sondern um die Innovation des Koran, seine theologische Neudeutung älterer Traditionen und damit gleichsam um die Berechnung des Winkels der – im Koran bewusst getroffenen – Abweichung von dem Vorgefundenen, seine Eigengesetzlichkeit als Heilige Schrift.

Zwei Stoßrichtungen – ein gemeinsamer Gewinn

Eine Koranlektüre vor dem Hintergrund der spätantiken Kultur ist natürlich nur ein Teil der zu leistenden Arbeit: Mit Recht wird von nahöstlichen Gelehrten darauf bestanden, dass man den

Wissenskanon, wie er in der islamischen Korangelehrsamkeit tradiert wird, auch seitens der westlichen Wissenschaft zur Kenntnis nehmen müsse. Die islamische Tradition verwaltet ein Archiv linguistischen und kulturellen Wissens, ohne dessen Kenntnisnahme kritische Koranforschung basislos, reine Konstruktion, wäre. Es ist daher unumgänglich, eine gemeinsame Sprache zu finden, die die beiden hermeneutisch so verschiedenen Ansätze, den westlichen und den nahöstlichen, diskursiv zusammenführt.

Dazu wird man sich vorläufig auf eine doppelte Stoßrichtung der Koranforschung verständigen müssen: Der Koran ist zum einen Heiliger Text und damit Basistext einer 1300jährigen exegetischen Tradition im Islam; als solcher, in seiner hermeneutisch und ästhetisch höchst anspruchsvollen Lektüre, die seine integre Gestalt als das vollkommene Wort Gottes bewahrt, ist er auch für den westlichen Betrachter ein herausfordernder, noch längst nicht hinreichend explorierter Gegenstand der Forschung. Der Koran ist zum anderen aber – historisch gesehen – ein noch-gar-nicht-muslimischer Text, der sich an vor-islamische, spätantike Hörer wendet, die Antworten auf ihre noch-nicht-islamischen theologischen Fragen erwarteten. Dieser Blick auf den Koran erstellt gewissermaßen ein „Röntgenbild", das das ästhetische Bild von der Endgestalt des Koran niemals ersetzen kann oder will; er legt gewissermaßen die von der späteren Historie bedeckten inneren ‚Organe' des Koran, d.h. seine in seiner Entstehungszeit funktionierenden Zirkulationsbahnen der Botschaft, wieder frei und offenbart damit die nicht übersehbare Familienzugehörigkeit zur jüdisch-christlichen, d.h. zu der von uns als europäisch reklamierten Kultur. Beide Achsen der Koran-Reflektion sind zu verfolgen – in Arbeitsteilung, aber unter kontinuierlichem Austausch.

Der Gewinn des vom *Corpus Coranicum* Projekt mitgetragenen Synergismus wäre für beide Seiten unschätzbar: Eine junge Generation nahöstlicher Intellektueller, nicht zuletzt aber auch in Europa wirkender Muslime, die heute eine Neureflektion ihrer Geschichtsentwicklung anstellen, werden in der Spätantike eine formative Epoche ihrer eigenen Geistesgeschichte als kulturelles Vermächtnis auch des Islam für sich entdecken und reklamieren können. Sie werden dabei ihre enge Verwandtschaft zur europäischen Kulturgeschichte erfahren. Für die nicht-muslimischen Europäer wird die Spätantike als ein mit den Muslimen „geteiltes" Vermächtnis erkennbar: Denn mit der Reintegration des Koran und des frühen Islam in den traditionell von Europa monopolisierten spätantiken Nahen Osten würde endlich der bisher noch ausgeblendete Beitrag des Koran zu unserer faktisch gemeinsamen Theologie- und Kultur-Geschichte sichtbar werden – eine Voraussetzung für die überfällige Korrektur unseres in der Antike verankerten exklusiven Begriffs eines nur jüdisch-christlichen Europa.

Gibt es andere Universen – und wie viele?

Auch die moderne Wissenschaft hat ihre Glaubensfragen
Ein Gespräch mit der US-amerikanischen Physikerin Lisa Randall

DIE ZEIT: Professor Randall, wussten Sie, dass Ihr Name auf Deutsch so viel heißt wie „Der Rand des Weltalls"?

Lisa Randall: Ja, das habe ich gemerkt, als ich mir die deutsche Übersetzung meines letzten Buches bei Google ansah. Da war immer von „edge of space" die Rede, was überhaupt keinen Sinn ergab – bis ich begriff, dass von mir selbst die Rede war.

ZEIT: Vielleicht war es Ihnen ja vorherbestimmt, das Universum zu erforschen und den Menschen die wissenschaftliche Schöpfungsgeschichte zu predigen.

Randall: Das Wort Schöpfung benutze ich nicht, und eine Predigerin bin ich schon gar nicht. Es geht mir darum, die Welt zu verstehen – also zu überprüfen, ob etwas wahr oder falsch ist.

ZEIT: Der Urknall ist auch eine Art Schöpfungsakt.

Randall: Aber die große Frage, wie alles anfing, können Kosmologen nur schwer beantworten. Die Urknalltheorie sagt uns, wie sich das Universum entwickelt hat, aber nicht, was am Anfang knallte. Darüber können wir nur spekulieren. Es ist nicht ausgeschlossen, dass noch andere Universen existieren, die von unserem komplett abgetrennt sind und in denen andere Naturgesetze gelten. Vielleicht gibt es da zum Beispiel eine andere Art Elektrizität.

ZEIT: Viele Ihrer Fachkollegen sind fasziniert von solchen Paralleluniversen. Stephen Hawking behauptet, dass die Theorie von einer möglichen Vielzahl der Universen Gott überflüssig mache.

Randall: Ach was, dieser Gottesstreit ist doch nur PR. Ich halte wenig davon, Wissenschaft als Ersatzreligion anzupreisen. Dass es andere Universen gibt, ist theoretisch denkbar, und die Idee mag sexy sein. Aber Wissenschaft muss auf Experimenten und überprüfbaren Vorhersagen beruhen.

ZEIT: Was ist falsch daran, die Faszination für die Wissenschaft zu wecken, indem man ein paar letzte Fragen stellt?

Randall: Nach jetzigem Wissensstand sind Paralleluniversen bloße Glaubenssache. Und wer nur über solche Aufreger spricht, hat in Amerika schnell die Kreationisten vor der Tür, die heftig protestieren. Ich hatte unlängst eine Diskussion mit dem Evolutionsbiologen Richard Dawkins. Er beschwört das Schöne und Majestätische der Wissenschaft und glaubt, sie könne die Religion ersetzen. Für mich dagegen ist das Großartige an der Wissenschaft gerade ihre Unordnung. Wissenschaftler sind nicht im Besitz einer geoffenbarten Wahrheit, sondern müssen selber herausfinden, was die Welt im Innersten zusammenhält. Wir überprüfen unsere Ideen und verwerfen sie wieder, auch wenn sie noch so schön sind.

ZEIT: Macht es Ihnen keinen Spaß, mit der Hypothese von einem Multiversum zu spielen?

Randall: Natürlich! Aber befriedigender ist es für mich, zu verstehen, was im Teilchenbeschleuniger LHC passiert.

ZEIT: Der deutsche Dichter Hans Magnus Enzensberger hat die Experimentierhallen des Schweizer Kernforschungszentrums Cern einmal „Kathedralen der Physik" genannt...

Randall: Warum nicht. Kathedralen sind für mich zunächst mal imposante Gebäude, Tempel der Kunst und Architektur – aber unabhängig vom Glauben. Es gibt heute Kirchen, die als Kletterhallen oder Restaurants dienen. Dementsprechend ist auch das Cern ein profaner Ort, eine zweckdienliche Maschine. Die Wissenschaft muss mit ihrer Hilfe gemacht werden, so wie eine Kathedrale der Religion dient. Das Cern wurde mit viel Erfindungsgabe und Schöpferkraft gebaut. In diesem Sinn ist es tatsächlich eine Kathedrale.

ZEIT: Aber beide, sowohl der Priester in der Kathedrale als auch der Physiker am Cern, behaupten, die Wahrheit zu verkünden.

Randall: Ich bin mir jedoch nicht sicher, ob der Priester die Wahrheit auch gesucht hat oder immer nur glaubt, sie schon zu kennen. Wissenschaftler jedenfalls suchen die Wahrheit.

ZEIT: Warum sollten wir den Wissenschaftlern mehr vertrauen?

Randall: Sollten wir nicht! Wir sollten zuhören, was sie sagen, und dies kritisch hinterfragen. Es ist wie beim Arzt. Er hat das Fachwissen, das dem Patienten fehlt. Wenn man einen Chirurgen fragt, warum man sich dieser oder jener Operation unterziehen soll, dann wird man die Antwort meist nur bis zu einem gewissen Punkt verstehen. Der Rest ist Vertrauenssache. Wissenschaftler stellen sich jedoch gegenseitig ständig infrage. Ich kann als Physikerin nicht einfach irgendetwas behaupten. Ich muss erklären, warum das, was ich sage, stimmt, wie ich darauf gekommen bin und was es bedeutet.

ZEIT: In Ihrem neuen Buch *Die Vermessung des Universums* schreiben Sie, dass die Religion im Konflikt mit der Wissenschaft steht, weil sie nicht nur Aussagen über das Verhältnis des Menschen zur Welt macht, sondern auch über die Welt selbst – in Konkurrenz zur Wissenschaft.

Randall: Solange Religion Privatsache ist, etwas Persönliches, kommt sie nicht mit der Wissenschaft in Konflikt. Wenn sie aber behauptet, dass Gott oder eine übernatürliche Kraft in die Welt eingreift, dann fordert sie die Wissenschaft heraus, weil die Wissenschaft sagt, dass alles in der Welt nach dem Prinzip von Ursache und Wirkung geschieht. Wenn jemand behauptet, er habe diese oder jene Entscheidung getroffen, weil Gott ihn geleitet habe – dann riskiert er meinen Widerspruch. Denn ich sage, dass jede Wirkung eine Ursache haben muss und allem eine physikalische Struktur zugrunde liegt. Wenn etwa keine Synapsen in unserem Gehirn feuern würden, dann könnten wir keine moralischen Entscheidungen treffen. Wer wirklich glaubt, dass Gott bei diesen Entscheidungen mitspielt, muss erklären, wie Gott das Feuern der Synapsen beeinflusst.

ZEIT: Die Vorstellung, dass Gott aktiv in den Weltenlauf eingreift, haben die Europäer doch schon im 18. Jahrhundert aufgegeben. Seither gilt eine Arbeitsteilung: Die Religion sagt, was gut und böse ist. Die Wissenschaft untersucht, wie die Welt funktioniert.

Randall: Ich sage nicht, dass die Naturwissenschaft moralische Entscheidungen begründen kann. Ich sage nur, dass all unser Denken und Handeln letztlich auf einer physikalischen Struktur basiert.

ZEIT: Das ist Materialismus pur.

Randall: Es ist wie mit der Musik: Sie zu verstehen bedeutet mehr, als nur zu beschreiben, wie die Atome in unseren Ohren schwingen. Dies ist zwar die Voraussetzung für die Wahrnehmung von Musik, aber wir würden nicht sagen, dass Musik in der Schwingung von Atomen besteht. Genauso ist die Moral mehr als Physik, aber es liegt unseren moralischen Entscheidungen eine physikalische Struktur zugrunde.

ZEIT: Und wer diese Struktur verstanden hat, vermag Gut und Böse zu definieren?

Randall: Das hängt von der Effizienz der Theorie ab. Wenn ich wissen will, wie ein Ball fliegt, könnte ich es mit der Quantentheorie versuchen. Aber auf diesem Weg würde ich nie die Antwort finden – viel zu umständlich. Genauso ist es mit vielen Fragen der menschlichen Natur. Ekel zum Beispiel oder eben Religiosität: Solche ontologischen Phänomene sind uns vermutlich von der Evolution einprogrammiert. Aber es ist sehr umständlich, sie evolutionär, also auf einer grundlegenden naturwissenschaftlichen Ebene zu beschreiben. Man braucht hier eine effizientere Theorie. Das heißt nicht, die Evolutionstheorie zu leugnen. Sie ist zur Beantwortung unserer Frage nur nicht effizient genug.

ZEIT: Liegt die Schwierigkeit bei der Beschreibung des Gottesglaubens wirklich nur in der Komplexität der entsprechenden wissenschaftlichen Theorie? Glauben ist doch eine fundamental andere Kategorie als alles, was wir sonst mithilfe von Atomen erklären.

Randall: Trotzdem ist es eine Frage der Komplexität. Der Witz effizienter Theorien besteht darin, sich auf das zu konzentrieren, was auf der jeweiligen Stufe relevant ist. Wenn ich eine Europatour plane, brauche ich keinen Stadtplan von Berlin. Das heißt nicht, dass Berlin nicht existiert, aber ich brauche die Details nicht.

ZEIT: Ist es demzufolge nur noch eine Frage der Zeit, bis Neurowissenschaftler verstehen, wie Moral, Liebe und Bewusstsein funktionieren?

Randall: Keineswegs. Gerade in diesem Bereich wird vonseiten der Wissenschaft stark übertrieben. Wenn Neurowissenschaftler im Kernspintomografen ein Hirnareal aufleuchten sehen, dann hat das nur sehr begrenzten Informationswert. Wir sollten uns vor Übertreibungen hüten und offen über ungeklärte Fragen reden. Das ist kein Scheitern. Es gehört zur Aufgabe der Wissenschaft, dass sie uns auch das zeigt, was wir noch nicht verstehen.

ZEIT: Gibt es für Sie als Physikerin gar keine festen Überzeugungen und unverrückbaren wissenschaftlichen Glaubenssätze?

Randall: Doch, aber ich hänge nicht an ihnen. Wenn sich meine Überzeugungen als falsch erweisen, bin ich bereit, sie zu verwerfen.

ZEIT: Letztlich ist es doch eine unbeweisbare Behauptung, also Glaubenssache, dass Moral auf physikalischen Mechanismen beruht.

Randall: Da haben Sie recht. Wissenschaftler glauben, dass letztlich alles nach dem Prinzip von Ursache und Wirkung geschieht. Aber beweisen können sie es nicht immer.

ZEIT: Sind Naturwissenschaftler, die an Gott glauben, schlechtere Wissenschaftler?

Randall: Wer Naturwissenschaftler sein will und gleichzeitig in religiösen Kategorien denkt, gerät in Schwierigkeiten. Ich habe Freunde, die brillante Naturwissenschaftler sind und dennoch an Gott glauben – vermutlich geht das nur deshalb, weil sie zu verschiedenen Zeiten verschiedene Hirnregionen benutzen. An einem Tag gehen sie in die Kirche, am nächsten untersuchen sie Moleküle. Religion gehört zu ihrem Lebensstil, aber nicht zu ihrer wissenschaftlichen Arbeit.

ZEIT: Immerhin haben sich viele große Physiker auf Gott berufen: Isaac Newton, Albert Einstein, Stephen Hawking.

Randall: Newton war religiös, aber er lebte in einer anderen Zeit. Hawking beruft sich auf Gott, um in die Zeitung zu kommen. Bei Einstein bin ich mir nicht sicher. Manche Leute sagen, er habe an Spinozas Gott geglaubt.

ZEIT: Baruch de Spinoza gilt als Begründer des modernen Pantheismus, er war überzeugt, dass Gott eins sei mit dem Kosmos und letzten Endes diesseitig sei, dass das Göttliche sich in den Erscheinungen der Natur zeige. Sein Credo lautete „Deus sive natura". Er wurde wegen Atheismus verfolgt, weil er die Existenz eines Jenseits leugnete.

Randall: Eben.

ZEIT: Der Teilchenbeschleuniger LHC soll gerade die ersten Spuren des lange gesuchten Higgs-Teilchens gefunden haben. Nach einer neuen Berechnung könnte hinter diesen Messungen auch ein weiteres Teilchen stecken, das nach Ihnen benannt ist: das Randall-Sundrum-Radion. Was zum Teufel ist das?

Randall: Die Randall-Sundrum-Theorie beruht auf der Vorstellung zweier sogenannter Branen an den zwei Enden eines höher dimensionalen Universums. Unsere Welt ist eine dieser Branen.

ZEIT: Gibt es dieser Theorie zufolge also zwei statt unendlich vieler Universen?

Randall: Man kann die zwei aber auch als Teiluniversen eines größeren Universums auffassen, jedes mit eigenen Atomen und Kräften. Sie sind aber nicht unerreichbar weit voneinander entfernt, sondern hängen kausal zusammen.

ZEIT: Wie weit liegen sie auseinander?

Randall: Im Prinzip könnten sie beliebig weit auseinander oder nah beieinander liegen. Vermutlich sind es aber nur 10 hoch minus 31 Zentimeter.

ZEIT: Wie soll man sich das denn bitte vorstellen?

Randall: Wir müssen es uns nicht vorstellen. Was bringt uns das? Wir können es ja berechnen und messen. Wenn Sie sagen, Sie wollen es sich vorstellen, dann meinen Sie doch: es sehen. Wir können es nicht sehen. Na und?

ZEIT: Wie können Sie über Sachen nachdenken, die unsichtbar sind?

Randall: Ich kann eine Gleichung aufschreiben.

ZEIT: Das klingt ziemlich abstrakt.

Randall: Wenn Sie an Gott denken, obwohl Sie ihn nicht sehen können, wie stellen Sie sich ihn dann vor?

ZEIT (Rauner): Fragen wir mal meinen Kollegen Tobias Hürter, der ist Christ.

ZEIT (Hürter) „Du sollst dir kein Bild machen", sagt das Alte Testament.

Randall: Na also. Nur in der Wissenschaft erwarten Sie, dass es von allem ein Bild gibt. Wie sieht aber die Liebe aus? Es gibt so viele Dinge, für die wir kein Bild haben. Tobias, Sie hätten mir gleich sagen sollen, dass Sie religiös sind.

ZEIT (Rauner): Sein Vater ist Priester.

ZEIT (Hürter): Ja, katholischer Priester.

Randall: Wie geht das denn? Ist er verheiratet?

ZEIT (Hürter): Ja.

Randall: Aber er ist doch katholisch.

ZEIT (Hürter): Als er meine Mutter kennenlernte, hat er beim Papst um seine Entlassung aus dem Klerus ersucht. Aber Priester ist er geblieben. Das kann nicht einmal der Papst so einfach zurücknehmen. Denn die Priesterweihe ist ein Sakrament und unumstößlich – im Gegensatz zu wissenschaftlichen Theorien.

ZEIT (Rauner): Sind Sie eigentlich getauft?

Randall: Ich bin jüdisch, aber wir waren nie religiös. Und Sie?

ZEIT (Rauner): Ungetauft.

ZEIT (Hürter): Gut, dass wir das geklärt haben. Professor Randall, könnten die vor Kurzem am Cern gemessenen Daten tatsächlich vom Randall-Sundrum-Radion stammen?

Randall: Durchaus möglich.

ZEIT: Wäre das ein hinreichender Beweis für die Existenz anderer Universen?

Randall: Wenn wir wirklich das Randall-Sundrum-Radion fänden, dann wäre es ein starker Hinweis darauf.

ZEIT: Und ein Triumph für Sie.

Randall: Ja. Aber ich rechne nicht damit. Trotzdem sollte weiter daran geforscht werden. Das ist der große Unterschied zwischen Religion und Wissenschaft: Wir kennen die Antworten nicht. Wir müssen sie suchen.

Frank Rieger

Bald wird alles anders sein

Doch wir können die Folgen steuern: Manifest
für eine Sozialisierung der Automatisierungsdividende

Technologische Revolutionen haben schon oft Geschichte geschrieben. Die nächste dieser Revolutionen, die unser Leben grundlegend umwälzen wird, steht vor der Tür – und wird bisher weitgehend ignoriert. Die Auswirkungen großer Innovationswellen auf die menschliche Gesellschaft waren nicht selten Voraussetzung und treibende Kraft hinter großen sozialen Verwerfungen, Revolutionen, Kriegen und Völkerwanderungen. Das Aufkommen neuer Technik vollzog sich meist stockend, holperig und ungelenk und konnte durchaus ein paar Jahrzehnte dauern. Dann jedoch passierten die Umwälzungen regelmäßig schneller, als die sozialen und ökonomischen Strukturen Schritt halten konnten. Die Weberaufstände, die Ludditen-Bewegung oder die Abwanderung der schwarzen Baumwollpflücker aus den amerikanischen Südstaaten als Folge und Voraussetzung der aufstrebenden Industrialisierung waren frühe Beispiele eines Prozesses, den unsere Gesellschaften immer wieder durchleben: die etablierte ökonomische, politische und soziale Struktur wurde inkompatibel mit dem Stand der Technologie.

Die dadurch erzwungenen Anpassungen sind in der Regel schmerzhaft, brutal und ungerecht. Jeder Traktor, jeder Mähdrescher, jede Melkmaschine machten dutzende Landarbeiter arbeitslos. Jeder automatische Webstuhl stürzte etliche Familien in die Armut. Den meisten blieb nur die Abwanderung in die Städte, um sich dort in der Industrie zu verdingen – oft genug als niedrigentlohnte Handlanger. Mit Glück schafften es dann vielleicht die Kinder, eine Ausbildung zu erhalten, die ihnen den Weg zu höher qualifizierten, besser bezahlten Berufen offerierte. Das Muster wiederholt sich immer wieder, jeweils auf dem nächsthöheren Technologieniveau. Jede mechanische Rechenmaschine, jeder digitale Computer machte dutzende wenn nicht gar hunderte menschliche „computer" – die menschlichen Kalkulatoren, die zuvor die Rechenaufgaben mit Papier und mechanischen Rechenhilfen erledigten – überflüssig. Im besten Fall konnten sie auf Programmierer, Systemanalyst oder Dateneingeber umsatteln.

Im Ergebnis der technologiegetriebenen Umbrüche entstanden neue ökonomische und soziale Strukturen. Jede Technologiewelle schaffte in der Regel einen Produktivitätsüberschuss. Der Mensch wurde durch die Maschinen nicht einfach ersetzt, er wurde bei weitem übertroffen. Wenn es gut lief, kamen die neuen Zugewinne an Effizienz und Produktivität nicht ausschließlich den Eigentümern der Maschinen zugute. Zwischenzeitlich erkannten die Besitzer der Produktionsmittel – oft genug unter dem Druck der Arbeiterbewegungen –, dass es ratsam war, für soziale Auffangnetze zu sorgen, um die Übergangszeit bis zur Etablierung neuer ökonomischer Strukturen und der Schaffung neuer Arbeitsplätze zu überbrücken. Wer keinen Lohn mehr bekam, weil eine Maschine seine bisherige Arbeit erledigt, konnte auch keine Produkte kaufen. Er fiel als Marktteilnehmer aus und gefährdete den sozialen Frieden.

Will man die potentiellen Auswirkungen von technologiegetriebenen gesellschaftlichen Veränderungen verstehen, muss man nur einhundertfünfzig Jahre zurückschauen. Die Industrialisierung der Produktionsverhältnisse mit ihrer raschen Abfolge von neuen Maschinen und Organisationsformen gebar die Arbeiterbewegung, die Sozialdemokratie, die Bismarckschen Sozialgesetze als Wurzel des modernen Sozialstaates, aber auch die kommunistische Idee – mit all ihren Spätfolgen und Auswirkungen.

Die nächste Technologiewelle, die unsere gesellschaftlichen Grundfesten erschüttern wird, rollt leise, aber gewaltig an. Es ist nicht eine einzelne Technologie, die sie treibt, sondern die Kombination und gegenseitige Potenzierung paralleler Entwicklungen. Computer und Netze haben die ersten Jahrzehnte der Einführungsphase hinter sich gelassen. Alltagsgegenstände werden längst computerisiert, digitalisiert, vernetzt. Sie beziehen einen Großteil ihrer Funktionalität aus Software. Damit sind sie nicht länger den angestammten Zyklen ihrer Branche unterworfen. Plötzlich gilt Moore's Law – die Verdopplung der Rechenleistung und die damit einhergehende Explosion an möglicher Funktionalität alle achtzehn Monate – auch für Kameras, Musikabspielgeräte, Fernseher, Telefone, Sensoren aller Art und sogar Autos, die mehr und mehr Computer mit Motor und Rädern sind. Maschinelles Sehen, die präzise, stereoskopische Wahrnehmung und Analyse der Umgebung durch Kameras, wird immer billiger. Die Basisalgorithmen waren längst vorhanden und funktionierten, es mangelte ihnen aber bisher an der nunmehr reichlich vorhandenen Rechenleistung, inklusive billigem Speicherplatz.

Neue Materialien, Konstruktions- und Fertigungsverfahren ermöglichen einen dramatischen Preisverfall bei Robotern und Automatisierungsmaschinen. Der Überfluss an Speicher- und Prozessorkapazität, kombiniert mit den durch die Digitalisierung aller unser Lebensäußerungen entstehenden Datenmengen, führt dazu, dass auch die über viele Jahre entwickelten Algorithmen für maschinelles Lernen und „schmalbandige" künstliche Intelligenz plötzlich anfangen, alltagstauglich zu funktionieren. All die Daten, die wir erzeugen und absichtlich oder unabsichtlich hinterlassen, sind speicher- und verarbeitbar. Wir trainieren mit unseren Daten und Verhaltensweisen die Maschinen und Algorithmen, werden in immer mehr Aspekten unseres Seins analysierbar und dadurch – und das ist der entscheidende Punkt – emulier- und simulierbar. Und so wird nun die Schwelle erreicht, ab der eine Vielzahl menschlicher Denkleistungen und Verhaltensweisen immer einfacher durch Maschinen emuliert, ersetzt, übertroffen werden können. Es sind nicht länger nur die Fließbandarbeiter, deren Job durch einen Roboter ersetzt werden können.

Es sind auch Buchhalter, Anwälte, Personalentwickler, Marketingmitarbeiter, sogar Journalisten und Wissensvermittler, die sich Sorgen um ihr berufliches Arbeitsfeld machen müssen. Die Veränderungen sind nicht nur rein technischer Natur, die Kombination von Vernetzung, Computerleistung und einer Umgewöhnung der Kunden können schnell dramatische Auswirkungen haben – wie etwa das Beispiel der verschwindenden Reisebüros zeigt.

Es gibt bei dieser Umwälzung einen gewaltigen Unterschied zu vorhergehenden technischen Revolutionen: die Geschwindigkeit, mit der die Welle herannaht. Während die Mechanisierung der Landwirtschaft sich über viele Jahrzehnte hinzog und auch die Automatisierung in der industriellen Fertigung bisher eher im Zeitraum von Jahren und Jahrzehnten voranschreitet, gibt es für die Automatisierung geistiger Tätigkeiten keine Hindernisse für eine schnelle, fast umsturzartige Veränderung. Geistige Arbeitsprozesse sind ohnehin schon weitestgehend digitalisiert, Input und Output der Tätigkeit sind Bits und Bytes – sei es als Texte oder als Analyseergebnisse. Um einen Denkarbeiter zu ersetzen, sind keine teuren Investitionen in Maschinen – wie etwa Roboter – nötig, es gibt keine Abschreibungs- und Amortisierungsfristen für vorhandene Anlagen, die berücksichtigt werden müssen. Lediglich der Mensch vor dem Bildschirm wird durch Software im Inneren des Computers ersetzt.

Gerade der in den letzten Jahren vorangetriebene Umbau bei Kundengewohnheiten und den dazugehörigen Geschäftsprozessen, um sie nach Indien oder Osteuropa outsourcen zu können, schafft die Voraussetzungen, um sie nun vollständig automatisierbar zu machen. Zuerst wurde die Servicehotline in Deutschland durch ein Callcenter in Bulgarien ersetzt. Nun bietet das Callcenter seine Dienste auch über einen Online-Chat auf der Webseite des Auftraggebers an. Nach und nach übernimmt eine Software den größten Teil des Kundendialogs im Chat, weil neunzig Prozent der Fragen und Probleme ohnehin immer die gleichen sind und geschriebenes Wort automatisch verarbeitet werden kann. Und sobald die sprecherunabhängige Erkennung, Verarbeitung und Generierung des gesprochenen Wortes nur noch ein wenig besser wird – im wesentlichen eine Frage der absehbaren Steigerung der Rechenleistung –, kann die Mannschaft des Callcenters auf die Supervisoren zusammengeschrumpft werden, die sich um nicht vorhersehbare Probleme kümmern. Den Rest des Kundendialogs – egal ob Chat oder Telefon – erledigt dann ein Software-System.

Der immer virtuosere Umgang der Maschinen mit menschlicher Sprache sorgt für schleichende, aber tiefgreifende Veränderungen. Das gesprochene Wort eines bestimmten Menschen zu erkennen, ist dank hinreichender Rechenleistung und den Erfahrungen der Algorithmen mit der Sprache von Millionen Nutzern einfach geworden. Nicht erst seit Apples Siri ist menschliche Arbeit, die Gesprochenes in verschriftlichtes Wort umsetzt, nicht mehr zwingend notwendig. Über viele Jahre hinweg täuschte die geradezu lächerliche Erkennungsleistung von Sprachcomputern – in der Branche zynisch „Grunz-Detektion" genannt – über den Fortschritt hinweg, der hinter den Kulissen geschah. Heute erkennt Diktat-Software selbst spezialisiertes Vokabular wie das von Ärzten oder Architekten nahezu perfekt. Die klassische Aufgabe des Sekretariats wird nicht mehr nur von Selbsttippern übernommen. Die Umsetzung eines Diktats in Text ist nicht mehr länger die exklusive Domäne des Menschen.*

Ein extremes Beispiel für die kommenden Hochgeschwindigkeitsveränderungen ist die automatische Erstellung von journalistischen Texten aus strukturierten Daten. Eine kleine Handvoll Startups – am bekanntesten ist die Firma Narrative Sciences – hat eine Marktlücke erkannt, die durch Fortschritte bei der algorithmischen Textverarbeitung und -synthese in Kombination mit der immer weitergehenden Verfügbarkeit von digitalen Rohdaten entstand. Sport-Reportagen etwa lassen sich aus den von spezialisierten Dienstleistern bereitgestellten, in standardisierten Formaten verfügbaren Daten über Spielverlauf, beteiligte Spieler, Statistiken, Schiedsrichterentscheidungen usw. automatisch generieren.

Dabei ist das Ergebnis nicht schlechter als das eines durchschnittlichen menschlichen Sportredakteurs, der den Spielbericht aus den gleichen Rohdaten erstellt. Aus Millionen archivierter Sportreportagen mit den dazugehörigen computerlesbaren Spielverlauf-Daten entstand eine Datenbank von Formulierungen und sprachlichen Wendungen zu den jeweiligen Geschehnissen, die zu einem kohärenten Narrativ zusammengefügt werden – entlang des jeweiligen Spielverlaufes. Dabei sorgen Qualitätssicherungsalgorithmen dafür, dass sich Formulierungen nicht zu häufig wiederholen, formelhafter Stil vermieden wird und immer grammatisch und sprachlich einwandfreie Sätze entstehen. Die Methoden lassen sich auch auf andere Journalismusbereiche anwenden, die im wesentlichen auf standardisierten Daten beruhen, etwa Börsenberichte und Unternehmensnachrichten.

Ein bizarrer Seiteneffekt: Die von den Textsynthese-Algorithmen erstellten Meldungen über Unternehmen und den Handelsverlauf an der Börse werden wiederum von automatischen Börsenhandelssystemen erfasst und analysiert, die daraus eigentlich Indikatoren über die Stimmung am Markt ableiten sollen. Die aus den automatisch erstellten Börsenmeldungen extrahierten Daten fließen so wiederum in die algorithmischen Handelsaktivitäten ein: Algorithmen schreiben für ein Publikum der Algorithmen.

In seinem aktuellen Roman „Fear Index" (deutsch: „Angst") reflektiert Robert Harris darüber, wie die durchgehende Digitalisierung, die Vernetzung, das Effizienzdenken, das Streamlining und Outsourcing die Voraussetzungen für den nächsten großen Schritt, die vollständige Automatisierung schaffen. Das Motto der Börsenfirma, von der Harris erzählt:

THE COMPANY OF THE FUTURE WILL HAVE NO PAPER
THE COMPANY OF THE FUTURE WILL CARRY NO INVENTORY
THE COMPANY OF THE FUTURE WILL BE ENTIRELY DIGITAL
THE COMPANY OF THE FUTURE HAS ARRIVED

Bei Harris gerät, in literarischer Überspitzung – deutlich entfernt vom heute technisch Möglichen – ein schmalbandig intelligentes Börsenhandelssystem so außer Kontrolle, dass es die Menschen, die es erbaut haben, manipuliert und jeden Widerstand gegen seinen intendierten Zweck, maximalen Profit zu erwirtschaften, brutal aus dem Weg räumt. Es kann auch ganz ohne menschliche Einmischung arbeiten, um seine einmal programmierte Aufgabe zu erfüllen. Die „Fear Index"-Parabel kondensiert so den zentralen Konflikt der kommenden Jahre: Wieder einmal werden die ökonomischen und politischen Strukturen der Gesellschaft inkompatibel mit dem Stand der Technologie. Nach der Machtübernahme der künstlichen Intelligenz bei Harris lautet das Motto der Firma dann folgerichtig:

THE COMPANY OF THE FUTURE WILL HAVE NO WORKERS
THE COMPANY OF THE FUTURE WILL HAVE NO MANAGERS
THE COMPANY OF THE FUTURE WILL BE A DIGITAL ENTITY
THE COMPANY OF THE FUTURE WILL BE ALIVE

Und dieser Prozess läuft schon, auch wenn der derzeitige Wirtschaftsboom in Deutschland darüber hinwegtäuscht. Wie rapide die Veränderung in kurzer Zeit sein kann, sieht man am Beispiel von Anwälten, die bisher gut dafür bezahlt werden, Dokumente zu analysieren und darin nach Anhaltspunkten für Unregelmäßigkeiten zu suchen. Diese sogenannten „litigation support"-Anwälte machen vor allem eines: Berge von Akten, E-Mails und Geschäftsaufzeichnungen durchforsten. Software – mit ein paar wenigen hochspezialisierten Menschen als Unterstützung – kann dies mittlerweile besser, schneller und billiger, selbst wenn dazu zuerst Papierberge digitalisiert werden müssen. Nach Mustern für Bestechung, Rechtsverstöße und verdächtige Absprachen zu suchen ist kein Arbeitsplatz für hunderte Anwälte mehr, die zweihundertfünfzig Dollar die Stunde kosten, sondern nur noch eine Aufgabe für eine Handvoll Spezialisten und ihre Computer. Und die gleiche Softwarebasis – Marktführer ist die amerikanische Firma Cataphora – kann auch Teile der Personalabteilung ersetzen. Lässt man die Analysealgorithmen nicht nur im Klagefall laufen, sondern permanent die digitale Unternehmenskommunikation durchleuchten, ist eines der Ergebnisse die Auskunft, welche Mitarbeiter in einer Krise entlassen werden können, ohne dass es größere Gewinneinbußen gibt.

Es ist an der Zeit, dass wir uns über unser Verhältnis zu unseren Maschinen und ihrer Produktivität neu verständigen. Es sind „unsere Maschinen", nicht „die Maschinen". Sie haben, auch wenn es oft in Literatur und Film so scheinen mag, kein im menschlichen Sinne intelligentes Eigenleben, kein Bewusstsein, keinen Willen, keine Absichten. Sie werden konstruiert, gebaut und eingesetzt von Menschen, die damit Absichten und Ziele verfolgen – dem Zeitgeist folgend meist die Maximierung von Profit und Machtpositionen. Mag die Komplexität der Maschinen unsere Auffassungsgabe manchmal übersteigen, sie bleiben immer noch unsere Geschöpfe.

Es hilft daher nichts, über „die Algorithmen" zu klagen, die immer weitere Bereiche des menschlichen Geistes ersetzen können. Es sind nicht die Algorithmen und Maschinen an sich, die bedrohlich sind. Es sind auch nicht die Programmierer und Nerds, die bald die Herrschaft übernehmen werden. Die allermeisten dieser vermeintlichen Herrscher der digitalen Welten programmieren und entwickeln schlicht, was ihnen von denen vorgegeben wird, die ihre Löhne zahlen. Die neuen Technologien und die mit ihnen verwobenen ökonomischen Strukturen entstammen nicht dem Hirn eines bösen Masterminds. Sie sind vielmehr das Ergebnis des ungebremsten Strebens nach immer mehr Effizienz, nach Optimierung des Gewinns auf den Kapitaleinsatz.

Die drängende Frage am Horizont ist, wie Wirtschaft und Gesellschaft weiter funktionieren sollen, wenn immer weniger Menschen noch eine dauerhafte Arbeit haben, die gut genug entlohnt wird, dass davon Steuern, Sozialversicherungs-, Renten- und Krankenkassenbeiträge gezahlt werden können. Der Trend ist schon jetzt eindeutig: Fast drei Viertel der in Deutschland neu geschaffenen Stellen sind Zeit-Arbeitsverhältnisse – oft mit relativ geringen Einkommen. Rechtliche oder gesellschaftliche Hürden zur Wegautomatisierung dieser temporären Arbeitsplätze sind praktisch nicht vorhanden. Der Umbruch kann – je nach Branche – schon in unmittelbarer Zukunft geschehen, sobald die Technik einsatzbereit ist.

Für den gesellschaftlichen Umgang mit dieser historisch noch nie dagewesenen Situation gibt es auf den ersten, noch von neoliberaler Weltsicht geprägten Blick keine attraktiven Lösungen. Die Menschen konkurrieren mit immer geringeren Löhnen gegen immer billiger arbeitende Automaten. Die schemenhafte Zukunftsvision: Vielleicht tritt ja irgendwann die Hoffnung der Ökonomen ein, nach der – entgegen aller Wahrscheinlichkeit – Unmengen von neuen, attraktiven Jobs entstehen sollen. Realistisch betrachtet ist jedoch das „Race against the machine"[*] – so der Titel eines der wenigen aktuellen Bücher, die das Problem beleuchten – für die Mehrzahl der Menschen nicht dauerhaft zu gewinnen. „Race against the machine" liefert den treffenden historischen Vergleich, der illustriert, warum die klassischen Ökonomen-Annahmen für diese Technologiewelle nicht mehr zutreffen: Der Mensch als Ausführer einfacher geistiger und manueller Tätigkeiten ist am ehesten vergleichbar mit dem Pferd als dominantes Transportmittel, in der Zeit, bevor sich Autos durchsetzten. Wenn der Pferdetransport nur genügend schnell billiger geworden wäre, hätte er – ganz im Sinne der herrschenden ökonomischen Theorie – durchaus gegen die Motoren konkurrieren können. Allein, der erzielbare Marktpreis hat schon bald nicht einmal mehr für das Futter der Tiere gereicht.

Löst man sich aber von dem Dogma, dass nur essen soll, wer sein Brot selbst erarbeitet, so ergibt sich eine überraschende Möglichkeit der Zukunftsgestaltung, die jedoch ein grundlegendes Umdenken erfordert. Die derzeitige Finanzierung unseres Gemeinwesens beruht größtenteils auf der Besteuerung von menschlicher Arbeit und menschlichem Konsum. Dieses Prinzip ist tief in die Fundamente unser Gesellschaft zementiert und bildet quasi eine der Grundlagen der sozialen Marktwirtschaft in Sinne des „Rheinischen Kapitalismus". Die zunehmende Automatisierung und Flexibilisierung der Produktion führt nun aber zwangsläufig dazu, dass immer weniger Menschen einen regulären Lohn beziehen. Boomt die hiesige Wirtschaft, fällt die Arbeitslosenquote schon lange nicht mehr signifikant. Unsichere, unterbezahlte McJobs machen trotz aller Widerstände den Löwenanteil der angebotenen Arbeitsplätze aus. Die verfügbaren Einkommen sinken, was zu einer Reduktion der Konsumsteueraufkommen führen wird, wenn die Verschuldungsmöglichkeiten der Privathaushalte ausgereizt sind.

Mit der bisherigen Steuerphilosophie kann die nächste Automatisierungswelle daher den sozialen und finanziellen Zusammenbruch von Staat und Gesellschaft innerhalb weniger Jahre verursachen. Die Folgen sind absehbar. Der aufflammende Widerstand gegen umfassende Roboterisierung und Automatisierung würde zu einem allgemeinen wirtschaftlichen Zurückbleiben führen, zu Unternehmensabwanderungen und letztlich zum Verlust der internationalen Konkurrenzfähigkeit. Ein teuflischer Zyklus ohne Ausweg.

Die Alternative: ein schrittweiser, aber grundlegender Umbau der Sozial- und Steuersysteme hin zur indirekten Besteuerung von nicht-menschlicher Arbeit und damit zu einer Vergesellschaftung der Automatisierungsdividende. Wenn es es gelingt, Deutschland kompatibel mit der nächsten Technologiewelle zu machen, wenn die Struktur unserer Steuer- und Sozialsysteme so gestaltet wird, dass mehr Automatisierung zu mehr realem, fühl- und messbarem Wohlstand für alle im Lande führt und dadurch der soziale Frieden langfristig erhalten bleibt, stellt dies einen Wettbewerbsvorteil von historischen Dimensionen dar. Sobald Automatisierung nicht mehr mit angezogener Handbremse – dem sprichwörtlichen Heizer auf der Elektrolokomotive – stattfindet, weil automatisch alle von den Produktivitätsfortschritten profitieren, sind moderne Wunder möglich.

Gleichzeitig bietet eine automatisierungsfreundliche Gesellschaft, in der niemand aus finanziellen Gründen seinem Job nachtrauern muss, der von einem Roboter oder Algorithmus übernommen wurde, eine partielle Antwort auf das dräuende Demographie-Drama. Da massenweise Immigration nach Deutschland derzeit noch erhebliche kulturelle Akzeptanzprobleme aufwirft, bleibt nur eine Lösung: Roboter und Algorithmen müssen unsere Rente und ein allgemeines Grundeinkommen erarbeiten. Der Weg dorthin ist keine Selbstverständlichkeit und erfordert nicht nur erhebliche Investitionen in technische und soziale Forschung und Entwicklung. Wenn es aber erst einmal einen Konsens gibt, der darauf fußt, dass die Automatisierungsdividende vergesellschaftet wird, dass dies der Weg in die Zukunft ist und alle davon profitieren, wäre Deutschland in einer beneidenswerten Position.

Viele interessante Herausforderungen gilt es auf diesem Weg zu bewältigen, jedoch sind praktisch alle zu überwindenden Hindernisse positiver Art, sobald der Pro-Automatisierungsgrundkonsens einmal gesellschaftlich verankert ist. Nicht nur die Grundlage von Besteuerung und Finanzierung der sozialen Sicherung muss vollständig umgebaut werden. Arbeit ist für die meisten Menschen nicht nur Broterwerb, sie trägt auch einen erheblichen Teil zum Selbstwertgefühl und zur Strukturierung des Lebens bei. Ohne regelmäßige, möglichst sinnvolle Tätigkeit leiden viele Menschen schnell unter Depressionen und Langeweile. Es gilt also auch, den individuell empfundenen Bedeutungsverlust bei der eigenen Niederlage im Rennen gegen die Maschinen aufzufangen und zu heilen. Dazu gehört nicht nur die finanzielle Absicherung, sondern auch das Angebot sinnvoller Beschäftigung. Zu tun gibt es eigentlich genug, gerade bei am Markt nicht adäquat honorierten Tätigkeiten im sozialen Bereich, in Kunst und Kultur, bei der Revitalisierung von Landschaften und Städten.

Gegen einen Umbau zur roboterfreundlichen Gesellschaft ist die aktuelle Energiewende ein vergleichsweise kleines Unterfangen. Es geht schließlich an die Grundfesten ökonomischer und gesellschaftlicher Dogmen. Die Vergesellschaftung der Automatisierungsdividende ist daher ein Projekt von historischen Dimensionen. Sie bietet jedoch – im Gegensatz zu praktisch allen anderen Szenarien – eine positive Utopie, die langfristige soziale, gesellschaftliche und wirtschaftliche Stabilität garantiert und die Würde des Menschen wahrt.

* Der Text dieses Artikels wurde zu einem großen Teil mit einer kommerziell erhältlichen Spracherkennungssoftware verfasst.

Bernd Rüthers

Die Werte der Tyrannei

Die deutschen Intellektuellen kämpfen noch nach Jahrzehnten mit der Last ihrer Geschichte in zwei totalitären Diktaturen, vor allem mit der eigenen Mentalitätsgeschichte. Fast alle Sparten und Wissenschaften sind betroffen. „Vergangenheitsbewältigung" heißt das mit einem Unwort der Jahrzehnte. Es geht dabei regelmäßig um Anklagen und Rechtfertigungen, im Kern um die Deutungshoheit über die Zeitgeschichte.

Seit Jahrzehnten wird in der Bundesrepublik das Wunschbild gepflegt, die Aufarbeitung der NS-Zeit sei erst von der „Studentenbewegung" Ende der sechziger Jahre begonnen worden. Die Fakten belegen das Gegenteil. Literarische Beispiele sind etwa Eugen Kogons „Der SS-Staat" (1946) und Ernst Noltes „Der Faschismus in seiner Epoche" (1963). Das seit 1949 arbeitende „Institut für Zeitgeschichte" in München hat dazu maßgebliche Forschungen und Publikationen beigetragen. Gleichwohl hat sich die Legende von dem historischen Aufklärungsverdienst der „68er" zu einem falschen Geschichtsbild verfestigt, dem auch Bundespräsident Gauck in seiner Antrittsrede folgte.

Das unbestreitbare Verdienst der rebellierenden Studenten liegt auf einem anderen Feld. Das „kollektive Gedächtnis" vieler Funktionseliten der frühen Bundesrepublik war von der Haltung geprägt: „Wir sind noch einmal davongekommen, lassen wir die Vergangenheit ruhen." Die Verstrickungen vieler in das zusammengebrochene Terrorsystem traten zurück und wurden so weit wie möglich verdrängt. Das gilt für viele Einzelne, aber ebenso für die staatlichen und gesellschaftlichen Institutionen, auch für die Universitäten und die Kirchen, für alle öffentlich tätigen Berufsgruppen. Dagegen und gegen veraltete autoritäre Strukturen standen die Studierenden mit guten Gründen auf.

Besonders wirksam können biographische Lebensbilder das Geschichtsbild prägen, auch verzeichnen. Das wird neuerdings deutlich an der Rezeption von Persönlichkeitsdarstellungen bedeutender Juristen. Die unvermeidbare Nähe dieser Berufsgruppe zum jeweiligen Machtapparat des Systems und seiner Ideologie spiegelt sich in den spannungsvollen Reflexen von Anpassung und Widerstand in den Funktionseliten, die den Systemwechsel in Amt und Würden überstehen wollten.

Beispielhaft zeigt sich das an Person und Werk von Ernst Forsthoff, einem der bedeutendsten Vertreter des deutschen öffentlichen Rechts im 20. Jahrhundert. 1902 in Duisburg geboren, studierte Forsthoff von 1921 an Rechtswissenschaft und begegnete 1923 in Bonn seinem Lehrer und Mentor Carl Schmitt, der 1933 zu einem der „Kronjuristen des Dritten Reiches" wurde. Im selben Jahr folgte Forsthoff einem Ruf nach Frankfurt am Main. Er wurde Nachfolger des vertriebenen Juden Hermann Heller. Es folgte die erste Werkperiode, in der Forsthoff zusammen mit Schmitt und im Gleichklang mit seinen Kollegen Karl Larenz, Theodor Maunz, Arnold Köttgen, Ulrich Scheuner, Herbert Krüger, Ernst Rudolf Huber, Heinrich Lange, Georg Dahm, Wolfgang Siebert und vielen anderen zu den Juristen gehörte, die als literarische Wortführer dem Nationalsozialismus und der aufziehenden rassistisch-totalitären Diktatur die staatsrechtliche Legitimation verschafften. Forsthoff selbst sagte später als einer der wenigen, die sich dazu offen äußerten, er sei 1933, wie viele andere, „dem Zauber Hitlers erlegen".

Sucht man nach den Faktoren, die das Denken und Handeln Forsthoffs maßgeblich geprägt haben, so sind vor allem das Pfarrhaus, die Zugehörigkeit zur Generation der „Kriegsjugend" und danach die Begegnung mit Person und Werk seines akademischen Lehrers Schmitt zu nennen. Ähnliche Umstände hatten nicht nur für Forsthoff, sondern für eine ganze Generation damals junger Juristen einen prägenden Einfluss auf ihr Weltbild, ihre Handlungsmuster und ihre Aktionsgemeinschaften. Sie sind daher über die Person Forsthoffs hinaus ein Schlüssel für das Verständnis des Verhaltens vieler Altersgenossen in der akademischen Jugend zu Beginn der dreißiger Jahre.

Fragt man nach den Gemeinsamkeiten, welche die wissenschaftlichen Autoren der Rechtserneuerung nach 1933 verbanden oder mindestens verbinden konnten, so stechen mehrere Verbindungselemente heraus. Fast alle kamen aus der gehobenen Mittelschicht, viele aus Juristenfamilien. Die meisten verfügten über eine überdurchschnittliche fachliche Begabung und literarische Ausdrucksfähigkeit. Ihre Familien waren überwiegend „deutsch-national" oder auch noch monarchistisch gesinnt. Sie selbst gehörten oft der „völkischen" Jugendbewegung an.

Mit diesen Prägungen hatten sie eine Serie von traumatisierenden Ereignissen verarbeitet: die Niederlage Deutschlands im Ersten Weltkrieg, die Revolution von 1918, den Zusammenbruch des Kaiserreiches, die Kapitulation und den Versailler „Schandvertrag", nicht zu vergessen die Faszination und Verbreitung der „Dolchstoßlegende". Hinzu kamen die großen Vermögensverluste der bürgerlichen Familien in der Inflation 1923 und die vorangegangene Besetzung des Ruhrgebietes durch die französische Armee.

Das Jurastudium während der Weimarer Republik führte sie zu Professoren, die der Republik überwiegend fern-, ja feindlich gegenüberstanden. In der Endphase von Weimar bestärkten sie die politischen Wirrungen der parlamentarischen Demokratie, der Übergang zur „Präsidialdemokratie" am Parlament vorbei unter den Kanzlern Brüning und von Schleicher sowie die schwindende innere Sicherheit mit Straßenkämpfen und zahlreichen Toten auf der Straße in ihrer Ablehnung der jungen Republik. Diese erschien als sterbendes Staatswesen, aufgerieben zwischen den feindlichen Parteien KPD und NSDAP. Bei der Wahl zwischen der braunen und der roten Diktatur erschien vielen Hitler als das kleinere, vermeintlich bald beherrschbare Übel.

Die Wende 1933 ließ neue Faktoren wirksam werden. Das „Gesetz zur Wiederherstellung des Berufsbeamtentums" vom 7. April 1933 vertrieb binnen kurzer Zeit alle jüdischen Professoren und Dozenten aus ihren Stellungen. Die Mehrzahl der jungen „Wende-Autoren", die sich am Aufbau des „National-sozialistischen Rechtsstaates" beteiligten, erhielt endlich lange ersehnte Rufe auf die frei gewordenen Lehrstühle. Die besten Chancen hatte, wer als zuverlässiger Mitkämpfer für den neuen Staat und seine Ideologie galt. Die Reihe der Einsatzwilligen und so Begünstigten ist lang.

Der „Nationalsozialistische Rechtswahrerbund", der 1930 etwa 100 Mitglieder hatte, zählte auf seiner „4. Reichstagung" im November 1933 in Leipzig 30 000 (!) Juristen. Im Senatssaal der Universität veranstalteten die Dekane aller deutschen juristischen Fakultäten aus diesem Anlass einen feierlichen Empfang für den „Reichsrechtsführer" Hans Frank, der später für seine Kriegsverbrechen in Polen hingerichtet wurde. Die Juristen generell, speziell die Nachwuchsgeneration der Dozenten und Professoren, wandten sich dem neuen autoritären Führerstaat zu.

Forsthoffs erste Leitfigur war sein Vater. Pfarrer Heinrich Forsthoff wurde 1932 Mitglied der „Deutschen Christen", einer rassistischen, antisemitischen und am Führerprinzip orientierten Strömung im deutschen Protestantismus. Ihre Vertreter wollten die evangelische Kirche in Deutschland an den Nationalsozialismus angleichen. Durch die Übernahme des Arierparagraphen in die Kirchenverfassung wurden Christen jüdischer Herkunft aus der Kirche ausgeschlossen. Als Präses der Provinzialsynode des 1933 neugebildeten Bistums Aachen-Köln entwarf der Vater eine Kirchenordnung, welche die gesamte Kirchenorganisation unter das Führerprinzip des Nationalsozialismus stellte. Der Christ war danach in politischen Fragen der von Gott eingesetzten staatlichen Obrigkeit untertan. In der Monarchie war diese enge Verbindung von Kirche und Staat fester Bestandteil des Bewusstseins einer „göttlichen Ordnung". Der Monarch war gleichzeitig das Oberhaupt der evangelischen Landeskirche gewesen.

Neben der kirchlich-familiären Sozialisation hat die Generations- und Alterskohorte Forsthoffs seine gesellschafts- und staatspolitischen Vorstellungen bestimmt. Der Protestant gehörte zur großen Gruppe der juristischen Hochschullehrer, die sich nach 1933 willig, ja überwiegend begeistert in den Dienst des „neuen Staates" stellten. Die Gruppenzugehörigkeit ist ein Schlüssel zum Verständnis ihrer kollektiven Verhaltensmuster. Die Generation huldigte der „Metaphysik der Mobilmachung" von Ernst Jünger. Dessen Ideal eines autoritär gegliederten, militärisch hochgerüsteten Staates, der alle politischen Energien konzentriert und sich zum Träger großer sozialer Planungen und Gestaltungen aufschwingt, faszinierte sie. Auf andere übte Stefan George eine ähnliche Faszination aus, wie ich in persönlichen Gesprächen erfuhr, die ich seit 1968 mit Forsthoff zunächst im privaten Kreis, später mehrfach bei fachlichen Anlässen geführt habe.

Forsthoff sah die Weimarer Republik in einer „Krise des Staatsdenkens" und des „Rechtsstaates", als „Zeit völliger Verwirrung", der „trostlosen wirtschaftlichen Desorganisation" und als „Zerfall der bürgerlichen Welt". Die Weimarer Verfassung habe den Staat dem Pluralismus von Interessen ausgeliefert. Sie habe einen Staat „ohne Substanz" gebildet; eine solche Substanz, aus der der Staat seine Kraft beziehe, könne eine Monarchie von Gottes Gnaden oder nunmehr das Volk, der Führer und sein Mythos sein. Diese Anklagen publizierte er mit Rücksicht auf seine geplante akademische Karriere in den Jahren 1931 und 1932 überwiegend unter verschiedenen Pseudonymen.

Nach der „Machtübernahme" wurde er unter eigenem Namen deutlicher. In seiner ersten Schrift „Der totale Staat" (1933) hieß es: „Das bürgerliche Zeitalter wird liquidiert, und es ist die Verheißung einer besseren Zukunft, dass es mit rücksichtsloser Entschlossenheit und dem Mut zu äußerster Konsequenz geschieht."

Politik setze Macht und Autorität, eine Rangordnung von Verhältnissen der Über- und Unterordnung voraus. Der liberale Rechtsstaat von Weimar sei „der Prototyp einer Gemeinschaft ohne Ehre und Würde". Die nationalsozialistische Revolution habe den „liberalen Rechtsstaat hinweggefegt". Sie habe das formale Verfassungsrecht abgelöst und ersetzt durch „echte, sachliche Unterscheidungen", nämlich auf der Basis von „Freund und Feind", von „volksgemäß und volksfremd, von deutsch und undeutsch".

Es folgte eine aggressive antisemitische Passage mit der Folgerung: „Darum wurde der Jude . . . zum Feind und musste als solcher unschädlich gemacht werden." Der antisemitische Ton hat sich in der 2. Auflage der Schrift aus dem Jahr 1934 noch verschärft. Das entsprach auch dem familiären Klima seines Elternhauses.

Antisemitismus ebenso wie die Ablehnung der liberalen „Massendemokratie" waren Grundhaltungen, die Forsthoff in seine akademische Karriere als Fixpunkte eingebracht hatte. Sie wurden durch die ähnlichen Überzeugungen seines katholischen Lehrers Schmitt bestärkt, der – wie viele staatsrechtliche Kollegen seiner Zeit – überzeugt antidemokratisch und antiliberal dachte und auch nach 1945 ein überzeugter Antisemit blieb, obwohl er – meistens zu seinem Vorteil – zahlreiche Freundschaften und Beziehungen zu jüdischen Gönnern und Förderern pflegte.

Nach den begeisterten Anfangsjahren der „völkischen Revolution" zeigten sich bei Forsthoff Irritationen und zunehmendes Misstrauen gegenüber den Praktiken des NS-Regimes. Sein eher konservativer Staats- und Rechtsbegriff sowie seine Verwurzelung in konfessionellen Bindungen machten ihn zunehmend skeptisch gegenüber der vom Nationalsozialismus verkündeten und praktizierten Demontage des Staates und des Rechts. Der skrupellose Einsatz des Regimes gegen seine „Feinde", insbesondere die Kirchenpolitik und die Judenpolitik, waren mit seinen Vorstellungen eines Rechtsstaates nicht vereinbar. So gab Forsthoff den Kampf gegen die „Bekennende Kirche" auf, wirkte bei der Pfarrerausbildung mit und erstattete Rechtsgutachten in dem sich anbahnenden Kirchenkampf.

Im Oktober 1936 organisierte und leitete sein Lehrer und Mentor Carl Schmitt als „Reichsgruppenwalter" der „Reichsgruppe Hochschullehrer" in Berlin eine Tagung zum Thema „Die deutsche Rechtswissenschaft im Kampf gegen den jüdischen Geist". Schmitt hielt dort das Einleitungs- und das Schlussreferat. Forsthoff nahm an dieser Tagung nicht teil. Den kruden Antisemitismus seines Lehrers fand er abstoßend. Nach der Tagung brach er die Beziehung mit Schmitt, die schon vorher abgekühlt war, vollends ab.

Auch seine literarischen Interessen wandten sich nun von der „völkischen Rechtserneuerung" ab. Er schrieb sein bedeutendes Buch „Die Verwaltung als Leistungsträger" (Stuttgart 1938), in dem er den Wandel der Kernaufgaben des Staates – vom Nachtwächterstaat zur Leistungsverwaltung – nachwies und damit die Modernisierung des Verwaltungs- und des Staatsbegriffs einleitete.

Sein wissenschaftlicher Erfolg und sein entschiedenes Engagement im evangelischen Kirchenrecht trugen ihm mächtige Neider und Gegner ein. Dazu gehörten auch die SS und ihr Reichsführer Himmler – 1936 hatte Forsthoff als einziger von mehreren Gutachtern (vergeblich) gegen die Pläne Himmlers votiert, die Stiftskirche in Quedlinburg zu einer „Weihestätte" und zum „Ahnenerbe" der SS zu machen. Das hatte Folgen. 1941 erhielt er einen Ruf an die Universität Wien, den er annahm. Dort mit der Familie angekommen, erließ die Gestapo 1942 auf Betreiben des Wiener Dekans und des „Reichsstatthalters" Baldur von Schirach ein Rede- und Berufsverbot. Forsthoff war jetzt „politisch unzuverlässig" und durfte die Stelle nicht antreten.

Durch viele Zeugen und Kollegen, unter anderen Gerhard Anschütz und Walter Jellinek, ist belegt, dass Forsthoff sich aufgrund seiner Erfahrungen und Konflikte mit den Funktionsträgern des Regimes in Frankfurt, Hamburg und Königsberg, in Wien dann auch mit der Partei und der Gestapo, vom Nationalsozialismus abgewandt hatte. Im März 1943 erhielt er nach dem für ihn schwierigen Jahr in Wien einen Ruf auf den Lehrstuhl von Herbert Krüger in Heidelberg, den er jedoch nicht mehr wahrnehmen konnte.

Der Zusammenbruch des NS-Regimes 1945 war für ihn das zweite Wendeerlebnis. Forsthoff wurde in seinem Heidelberger Entnazifizierungsverfahren 1946 in die Kategorie II („Belastete") eingestuft und verlor seinen Lehrstuhl. Bis 1952 geriet er in die für führende NS-Juristen übliche „Warteschleife" ohne sichere berufliche Zukunft.

1948 begann eine zwiespältige neue Beziehung zu Schmitt. Das gemeinsame Schicksal, die wachsende Aversion gegenüber dem Grundgesetz und der pluralen Demokratie sowie der erkennbare Untergang ihres autoritären Staatsideals ließen sie nach der Trennung von 1936 bis 1948 wieder zueinanderrücken. Beide waren sich einig, über ihre unterschiedlichen Einstellungen und Verhaltensweisen im NS-Regime seit 1934 konsequent zu schweigen. Die enge, zunehmend freundschaftliche Beziehung wurde vor allem für Schmitt in der Einsamkeit von Plettenberg zeitweilig eine Art „Tor zur Welt". Das gemeinsame Gefühl des ungerecht „Verfolgt-Seins" nach 1945, die beiderseitige Einbindung in die alten Gesinnungskohorten und die fortdauernden Verbindungen zu den „Deutschen Christen" mögen dazu beigetragen haben, die unterschiedlichen Sichtweisen, Meinungs- und Verhaltensunterschiede zu verdrängen und zu überdecken.

Forsthoff durfte ab 1950 in Frankfurt lehren und erhielt 1952 seinen Lehrstuhl in Heidelberg zurück. Schmitt bekam keine Chance mehr, an einer Universität zu lehren. Am Zustandekommen des Grundgesetzes waren beide wegen ihrer NS-Verstrickung nicht beteiligt – für sie wie für viele ihrer Schüler eine dauerhaft wirkende Kränkung. Forsthoff schrieb zwischen 1946 und 1949 über das Thema Grundgesetz vierundvierzig anonyme, teils schmähende Presseartikel, wie weiland gegen die Weimarer Verfassung. Den Verfassungsentwurf des Parlamentarischen Rates etwa nannte er 1948 einen „Verfassungskadaver". Sollte er in Kraft treten, werde der Wissenschaftler „die Wahrheit unter die Treue zur Verfassung zu beugen haben". Die Fundamentalkritik am Grundgesetz setzt er in mehreren Beiträgen auch nach 1949 fort.

Auch nach der Rückkehr auf seinen Heidelberger Lehrstuhl 1952 machte er aus seiner Skepsis, ja Ablehnung zentraler Regelungen des Grundgesetzes kein Hehl. Seine Kritik setzte an den Artikeln 20 und 28 des Grundgesetzes an, die den „sozialen" Rechtsstaat zu einem Staatsziel der Bundesrepublik erklärt hatten. Forsthoff behauptete, dass „Sozialstaat" kein Rechtsbegriff sei, also keinen Rechtsgrundsatz des Grundgesetzes darstelle. Sein Ziel war es, den im Grundgesetz verankerten „sozialen Rechtsstaat" von „pathetischen sittlichen Postulaten" abzulösen und auf den „liberalen Rechtsstaat" zu reduzieren. Forsthoff verband diese Position mit einer scharfen Kritik an der Einrichtung und an der Rechtsprechung des Bundesverfassungsgerichts. Gerade dieses von der Schmitt-Schule anfangs geschmähte Staatsorgan erwarb sich in der Folge das weitaus höchste Ansehen und Rechtsvertrauen der Bevölkerung.

Der Diskurs über die von Forsthoff initiierte Fundamentalkritik am Sozialstaatsprinzip wirkt aus heutiger Sicht als Fehleinschätzung. Die Kombination von Rechtsstaatlichkeit und Sozialstaatlichkeit zusammen mit der Institutionalisierung einer sozial ausbalancierten Marktwirtschaft hat den Wiederaufstieg des Landes aus dem Elend der Nachkriegszeit entscheidend gefördert. Ungeachtet der permanenten Risiken eines ausufernden „Wohltätigkeitsstaates" gilt der „soziale" Staat als einer der Motoren dieses Erfolges.

Ein Faktor der juristischen „Erinnerungskultur" in der jungen Bundesrepublik wurden die von Forsthoff außerhalb der Universität im Kloster Ebrach veranstalteten „Ebracher Seminare" – private Ferienseminare, an denen, neben anderen Gefährten aus dem Dritten Reich, ab 1957 auch sein Lehrer Schmitt teilnahm. Im Oktober 1959 hielt dieser dort einen Vortrag über „Die Tyrannei der Werte".

Diese angebliche „Tyrannei der Werte" wurde in Ebrach ausgerechnet von denen als rechts- und verfassungstheoretisches Unheil gebrandmarkt, die während des NS-Regimes engagiert die Grundwerte des Tyrannen legitimiert und bekräftigt hatten. Davon durfte allerdings in Ebrach nicht gesprochen werden. Die vermeintlich von der Rechtsprechung des Bundesverfassungsgerichts drohende „Tyrannei der Werte" war ihnen anstößiger als ihre Rolle bei der Verwirklichung der „Werte der Tyrannei" im totalen Staat. Forsthoff empfand es als Auszeichnung, dass der Vortrag Schmitts unter anderem in einer Festschrift für ihn erschien und „verbunden mit seinem Namen" in die Literatur einging.

Schmitts Kritik an der „Tyrannei der Werte" war der Auftakt zu einer heftigen Kritik an der Rechtsprechung des Bundesverfassungsgerichts, auch aus den Reihen der jüngeren Seminarteilnehmer. Das Gericht hatte in frühen Entscheidungen festgestellt, das Grundgesetz enthalte mit dem Vorrang der Menschenwürde, seinem Grundrechtskatalog sowie der „Ewigkeitsklausel" eine materiale Wertordnung, an die alle Staatsgewalten gebunden seien.

Von dem überlebten Bild eines gegenüber der Gesellschaft autonomen Staates ist auch Forsthoffs letzte Schrift „Der Staat der Industriegesellschaft" geprägt. Sie besticht einerseits durch die an Arnold Gehlen erinnernde, soziologische Analyse der problematischen Strukturen des Parteien- und Sozialstaates mit ihrer wachsenden Komplexität und der abnehmenden Steuerbarkeit. Auf der anderen Seite fällt auf, mit welcher emotional motivierten Starrheit Forsthoff sich weigert, den Wandel der Realitäten von Staat und Gesellschaft wahrzunehmen und zu akzeptieren. Die aus der Monarchie und der Diktatur überkommene Vorstellung, der Staat gestalte als vor- und übergeordnete Instanz monokratisch die „Gesellschaft" nach seinem (wessen?) Bild, war und ist unrealistisch, antiliberal und undemokratisch. Der Staat ist kein unabhängiger Herrschaftsapparat. Im Gegenteil: Die Gesellschaft freier und gleicher Bürgerinnen und Bürger gestaltet sich „ihren" Staat. Im demokratischen Rechtsstaat sind Staat und Recht Produkte der Gesellschaft, mit denen sie das Gemeinwesen ordnet.

Das wird von Forsthoff wie von der ganzen Schmitt-Schule übersehen oder geleugnet. Der „Staat der Industriegesellschaft" wurde von Forsthoff und Schmitt sowie vielen ihrer Schüler nicht als Gegebenheit, sondern als eine illegitime Bedrohung aufgefasst. Forsthoffs Schrift dazu ist als Kampfschrift gegen die Bundesrepublik zu verstehen.

Forsthoff war bei allem einer der scharfsinnigsten Verfassungs- und Verwaltungsjuristen seiner Epoche, ein international anerkannter und gesuchter Lehrer, Ratgeber, Gutachter und Gerichtspräsident mit einer großen, ergebenen Schülerschar. In der ehrlichen Rückschau auf seine Rolle in der NS-Zeit kannte er keine Scheu. Mit zahlreichen bekannten Kollegen seiner Generation habe ich über dieses Thema gesprochen. Wenige sprachen darüber so offen und frei wie er, ohne den Hauch eines Versuches, sich im Nachhinein als heimlichen Widerstandskämpfer darzustellen, fachlich wie menschlich eine eindrucksvolle Persönlichkeit.

Er und sein Lehrer Schmitt hatten aufgrund ihrer zahl- und einflussreichen Schüler auf die Juristengenerationen und Funktionseliten der Bundesrepublik bis zur Jahrtausendwende erheblichen Einfluss. Das zeigt und erklärt die Mentalitätsgeschichte der Intellektuellen dieser Epoche, eben nicht nur der Juristen. Die nachhaltige Wirkung der damals Handelnden auf das Geschichtsbewusstsein mehrerer Generationen und auf die Gegenwart in der Rechts- und Politikwissenschaft bleibt oft im Hintergrund. Die zwischen 1950 und 1980 Ausgebildeten haben durch Forsthoff und seine Bücher öffentliches Recht und Staatslehre, auch Verfassungsrecht und Methodenlehre gelernt. Sie erfuhren wenig davon, dass und in welchem Maße Forsthoff das Grundgesetz abgelehnt hat. Seine Rolle unter den verschiedenen Regimen und sein Rechtsverständnis hat kaum einer der Rechtslehrer zum öffentlichen Recht so dargestellt, dass die Studenten das hätten verstehen können. Der Hinweis auf diese Lücke des Geschichtsbewusstseins gehört zu einem vollständigen Bild von Geschichte und Gegenwart der Bundesrepublik.

Hannelore Schlaffer

Goethe und ein Ende

Lektüre und Lebensstil

Es gilt als ausgemacht, dass das Vergnügen am Lesen abnimmt. Der Grund dafür liegt, so meint man, auf der Hand: es sind die digitalen Kommunikationsmittel, gerade die, die es dahingebracht haben, dass heute, auf die Gesamtheit der Bevölkerung umgerechnet, mehr gelesen, mehr geschrieben wird denn je. Die Online-Lektüre aber von Nachrichten oder auch von dem, was privat über SMS, e-mail, facebook in die Welt versendet und gelesen wird, zählt nicht als Lektüre. Internetnutzung ist eine Handlung, die auf praktische und vorübergehende Wirkungen zielt – anders das klassische Buch, das dauerhafte Erlebnisse und Gedächtnisstoffe überliefert. Deshalb lässt sich nicht eigentlich der Untergang des Lesens und Sich-Informierens durch Buchstaben beklagen, sondern das Erlöschen einer großen Liebe, der Liebe zum Buch, und mit ihm das Verschwinden einer Existenzform: der vita contemplativa, in der das Buch ein Freund war.

Seit gelesen wird, gehört die vergangene Literatur zur Leseübung; Lesen überhaupt gewinnt erst seine Autorität durch Namen, die seit Jahrhunderten gelten. Wenn heute akademische und pädagogische Projekte zur „Kompetenzmodellierung" erforschen, wie die „Kulturtechnik Lesen" am geschicktesten an Schüler und Studenten zu vermitteln sei, bleibt deshalb, selbst wenn die Eleven befähigt werden sollen, sich im Alltagsleben lesend zu orientieren, das Lernziel am Ideal eines solch kontemplativen Lesens ausgerichtet. Die Anstrengung, die Lesekompetenz zu schulen, übersieht aber, dass Lesen noch nie nur eine „Kompetenz" war, wie Schuhe-Sohlen oder Locken-Drehen, sondern ein Lebensstil, der in einer spezifischen Umgebung gedeiht. Das Ambiente jedoch, in dem ausdauerndes und emphatisches Lesen entstehen konnte, war längst im Wandel begriffen, ehe noch der Siegeszug der neuen Medien einsetzte.

Während sich in der Pisa-Studie mangelnde Lesekompetenz an Beipackzetteln für Medikamente erweist, bemerken Professoren der geisteswissenschaftlichen Fächer eine tiefergehende Unlust zu lesen an ihren Studenten. Schon 1994 beklagte der amerikanische Dozent und Essayist Sven Birkerts in seinem Buch *Gutenberg-Elegien* seine Misserfolge beim Versuch, Studenten Werke der vergangenen Literatur zugänglich zu machen: „Es war, als seien noch die letzten Lebensgeister aus ihnen herausgepumpt", nicht einmal mehr zum Widerstand gegen die Lektüre hätten sie sich aufraffen können, nur „schlechtgelaunte Apathie" sei ihm entgegengeschlagen. Birkerts und alle seine Kollegen von einst und heute erproben ihre Verführungskünste an jungen Leuten, von denen nur wenige noch von Hause aus mit klassischen Werken bekannt gemacht werden. Nicht allein, dass andere gesellschaftliche Schichten die Universität besuchen als zu jener Zeit, da diese Lehrer studierten. Auch bei Studenten, die aus dem gehobenen Bürgertum stammen, sieht es im Elternhaus heute anders aus als damals. Jugendliche können nicht mehr wie Sartre sagen: „Ich habe mein Leben begonnen, wie ich es zweifellos beenden werde: inmitten von Büchern". Die Zimmer heutiger Studenten und die Wohnzimmer ihrer Eltern sind ausgestattet mit Videorecordern, Spielkonsolen, Mobiltelefon, CD-Player, Camcorder, schnurlosem Telefon, Anrufbeantworter, und falls es dort noch einen Bücherschrank geben sollte, ist er durch diese elektronische Gardine verhängt. Nun wäre damit schon wieder die Schuld für die Leseunlust der Lust an den digitalen Medien zugeschoben. Aber auch die Architektur der meist kleinen Wohnungen, die dennoch für jedes Kind ein winziges Zimmer vorsieht, macht die Möglichkeit einer Bibliothek zunichte, denn das Buch ist eine Raumverschwendung. Zwar hat es andere Qualitäten als die neuen Medien, doch benötigt es, um auf dieselbe Quantität an Information und Unterhaltung zu kommen, viel mehr Platz – und, für den Leser, viel mehr Zeit. In der bewegungs- und reiselustigen Gesellschaft von heute bleibt wenig Muße zum Umgang mit diesem altmodischen und zeitraubenden Objekt. Zudem schleusen Eltern ihre Kinder, in der Angst, eine geniale Anlage unentdeckt zu lassen, durch ein Erziehungsprogramm, das sie mit allen Sparten von Sport und Kunst in Berührung bringt, dies überförderte Wesen aber am wenigsten ans Lesen erinnert.

Das Buch tritt daher viel bescheidener auf als früher, als man ihm noch ansehen konnte, dass Lesen Luxus ist. Wo wären die gepunzten Ledereinbände, auf deren Rücken sich die Autoren durch goldgeprägte Namen als Autorität zu erkennen gaben? Sartres Großvater liebte das „Knacken" der stramm gebundenen und fadengehefteten Bände, und sein Enkel „hörte" das Buch, noch ehe er lesen konnte: Er nahm die Bände, „roch daran, betastete sie, öffnete sie nachlässig und ließ sie knacken". Ein solch sinnliches Erlebnis, das Auge, Hand, Nase beschäftigt, verspricht die Stapelware in heutigen Buchhandlungen nicht mehr. Die Pappbände, alle mit einem Cover im selben Stil, zeichnen sich durch keine Individualität aus, für die man sie „körperlich" lieben könnte. Jeder Bücherfreund aber gönnt sich solch kleine Gratifikationen der Sinnlichkeit für die Askese, die er sich beim Umgang mit nichts als weißem Papier und schwarzen Buchstaben auferlegt. In seinem Buch *Der Zauber des Gedruckten* beklagt Christian Graf Krockow das „sterilisierte", mit Folie überzogene Buch, das der Buchhändler wie eine verderbliche Ware anbietet. Bücher sollten sich „in die Hand schmiegen, als gäbe es für sie gar keinen anderen Platz. Sie sollten auch durch ihre jungfräulichen Düfte betören. Doch man hat sie steril verpackt, in Folien eingeschweißt."

Man muss den „Muttermund" nicht so doppeldeutig verstehen wie Friedrich Kittler in seinen „Aufschreibesystemen", um zu begreifen, wie prägend die mündliche Erzählung der Mutter ist.

Die Märchen-CDs, die die eilige Berufstätige ans Bett des Kindes stellt, können diese leibliche Erfahrung von Literatur nicht ersetzen. Früher verkörperte sich die Neigung zum Buch meist in einer Person aus der Kindheit, sei diese ein lesendes Vorbild oder ein strenger Vater, der die Bücher unter Verschluss hielt, so dass sich die Leidenschaft fürs Buch gerade aus dem Verbot zu lesen entwickelte. Leselust gedeiht in klausnerischer Einsamkeit entweder als Akt der Verehrung oder des Aufstands. Dass sich jugendlicher Mut mit dem Lesen verbände, ist undenkbar in einer Zeit, da Bücher Allerweltsgeschenke sind, die mit pädagogischer Aufdringlichkeit überreicht werden.

Zur Lektüre der klassischen Literatur verpflichteten Personen, die für den jugendlichen Leser selbst Vergangenheit repräsentierten und für sie Autoritäten waren. Es besteht ein Zusammenhang zwischen der heutigen Einstellung zum Buch und jener zum Alter. Ein Großvater, der die Fingerfertigkeit seines Enkels auf dem PC bestaunt, verbürgt ihm nicht die ewige Gültigkeit der Lektüre von Goethe und Schiller, und der junge Mann in der S-Bahn, der den Alten auf wackeligen Beinen stehen lässt, weil er ihn beschämen würde, wenn er ihm seinen Platz anböte, kann an die Autorität von Alter und Vergangenheit nicht glauben.

Nun war es aber nicht nur die bürgerliche Familie, die ihre Kinder auf die Lektüre klassischer Werke vorbereitete. Für die Gesellschaft, die sich zur „besseren" erklärte, war Lektüre ein Mittel der Distinktion. Die Kenntnis der großen Autoren der Vergangenheit bewies die eigene Zugehörigkeit zu einer großen Tradition. Die Dichter förderten, seitdem Klopstock in der „Deutschen Gelehrtenrepublik" bestätigt hatte, dass das Buch „die wenigen Edlen vereint", die Erhebung von Ich und Nation – eine Erhebung, die „Wandervögel" mit den Liedern der Dichter in die Natur, Bürger „Mit Goethe durch das Jahr" und Soldaten mit „Faust" im Tornister in den Ersten Weltkrieg ziehen ließ. Auf Denkmäler gehoben, waren zudem die Dichter in den Städten als Bürger von einst gegenwärtig. Freundeskreise bildeten sich, von Klopstock bis Joyce, um Dichternamen. In seinem Buch „Muttersohn" stattet Martin Walser den Helden Arno mit Verehrung für Arno Schmidt aus, dem letzten wohl, zu dem eine lesende Jugend sich bekannte: „Arno Schmidt war für ihn ein Ausdrucksmittel. Was er selbst sagen wollte, aber nicht sagen konnte, sagte er mit Arno Schmidt".

Wenngleich auf nicht ganz so emphatische Weise wie in den Kreisen literaturbegeisterter Jünglinge verband das Dichterwort die gesamte Gesellschaft. Das klassische Zitat, Erbe des Bibelworts, war das Sprichwort der Gebildeten, es gehörte in jede Festrede, zu jedem Geburtstag, in jeden Stammtischwitz und in jede gelehrte Vorlesung. Von seiner Mutter berichtet Ernst Jünger: „Sie kannte den Faust auswendig und konnte ein Gespräch mit Zitaten bestreiten – was damals nicht selten war". *Geflügelte Worte* nannte 1864 Büchmann den Zitatenschatz, mit dessen Hilfe sich die Sprache aus der Banalität des Alltags erhob. Die gesellschaftsstiftende Funktion des Zitats erfasste besser noch Edouard Fourier, der schon 1855 seine Zitatensammlung als *L'esprit des autres* vorstellte. Viele Zitate zu kennen konnte mehr wert sein, als viel Geld zu besitzen, falls einer, wie es Heine vom „Zitatencrösus" Bernhard von Bülow berichtet, „jährlich seine zehntausend Zitate zu verzehren hatte".

Es gehört zum Stil der heutigen demokratischen Gesellschaft, Reichtum, und sei es der der Bildung, nicht zur Schau zu stellen. Wenn der Großvater nicht mehr vom „weisen Salomo", „langen Laban", „ungläubigen Thomas" spricht, die Braut nicht mehr in „Paradiesesbetten" schlummert, die Schülerin sich am Morgen nicht mit „Johanna geht, und nimmer kehrt sie wieder" verabschiedet und ihren Klassenkameradinnen kein Poesiealbum herumreicht, in das sich die Freundinnen mit frommen oder poetischen Sprüchen verewigen sollen, dann hat auch der „Zitatencrösus" nicht mit einem Epigramm Wilhelm Müllers zu protzen und seine Mitmenschen abzuwerten: „Setz einen Frosch auf einen weißen Stuhl/ Er hüpft doch wieder in den schwarzen Pfuhl". Das Zitat diente eben nicht nur dem Schmuck der Rede, es fasste Erfahrungen in gedrängte Kürze, zeichnete aus und fällte Urteile. Das Zutrauen zu prägnant formulierten Lebensregeln aber ist geschwunden in einer Gesellschaft, die sich unentwegt neuen Technologien und Verhaltensweisen anpassen muss.

Der elitäre Charakter des Zitats zeigte sich an der gebundenen Sprache, die schwer zu verstehen, aber leicht zu erinnern ist. Verlage und Literaturhäuser jedoch unterstützen heutzutage die Tendenz zur Prosaliteratur. Doch selbst Romane und Erzählungen prägten sich früher dem Gedächtnis ein, denn immer gab es dort markante Figuren, die im Gespräch wie Zitate aufgerufen werden konnten, Don Quijote, Mignon, Anna Karenina und, vielleicht als letzte Figur, Günter Grass' Oskar. Heute beschäftigen Neuerscheinungen die Aufmerksamkeit des Literaturbetriebs; der einzige Gesprächsbeitrag dazu bleibt die schnell publizierte Rezension, wobei das nächste erfolgreiche Buch die Erinnerung ans vorausgehende schon wieder auslöscht.

Schon 1882 wandte sich Emil Du Bois-Reymond, Physiologe und Mediziner an der Universität Berlin, in einer Rektoratsrede unter dem Titel „Goethe und kein Ende" – der auf den Titel von Goethes Aufsatz „Shakespeare und kein Ende" anspielt – gegen die unzeitgemäße Verehrung der klassischen Dichtung. Zwar sollte diese „als stets bereiter Fittig zum Flug aus der Beschränktheit fachwissenschaftlichen Tagewerkes" weiterhin „genutzt" werden, doch dürfe sie nicht das Interesse für die Naturwissenschaften einschränken. Das, was das „fachwissenschaftliche Tagewerk" hervorgebracht hat, veränderte aber den Lebensstil der Menschen im technischen Zeitalter so grundsätzlich, dass sich heute ganz andere Möglichkeiten bieten, über die Beschränktheit alltäglicher Praxis hinauszukommen. Wer bräuchte noch Verse Goethes als „Fittig zum Flug". Heute müsste Du Bois-Reymonds Rede „Goethe und ein Ende" heißen.

Ulrich Schollwöck

Für Wildwuchs im europäischen System

Über die Attraktivität des europäischen Hochschulraums

Im Rahmen der Auseinandersetzung mit der Attraktivität des europäischen Hochschulraums gibt es sehr viele Umfragen, Studien, Hochschulforschungsvorhaben zu unterschiedlichsten Aspekten. Man weiß aus Statistiken etwas über die Zufriedenheit in Studiengängen, über die Erwartungshaltungen von Studenten und dergleichen mehr. Die Erstellung wissenschaftlich belastbarer Statistik kann ich persönlich nicht leisten. Deshalb habe ich mich dazu entschlossen, meine ganz private Umfrage zur Binnensicht durchzuführen, ebenso empirisch wie unwissenschaftlich, unter Angehörigen des europäischen Hochschulraums, unter Studenten, Mitarbeitern und Kollegen, denen ich an diversen Orten begegnet bin, an die es mich wissenschaftlich gerade hinverschlagen hatte – Lausanne, Genf und natürlich meinen Heimatstandort München, in Uni-Kneipen, Cafés und Biergärten. Im Rahmen dieser Umfrage habe ich mich zunehmend geärgert. Ziemlich unisono waren die Antworten darauf, was den europäischen Standort attraktiv mache, in etwa wie folgt: „Na, viel Spaß mit dem Thema!" Oder: „Mir fällt nichts ein, warum es in Europa attraktiv sein soll." Zum Abschluss in der Regel als Höhepunkt: „Na ja, das Studium ist viel billiger als anderswo. Das wird's dann wohl sein."

Die erste unstrukturierte Diagnose, die ich erstellen konnte, ist, dass ganz offensichtlich die von mir Befragten, vor allem eingeborene Europäer verschiedenster Nationalitäten, ihren eigenen Hochschulraum, ihre eigenen Hochschulen nicht attraktiv finden. Vielleicht bin ich nur an die letzten Defätisten geraten, aber die unmittelbare Überlegung, die sich mir aufdrängte, war natürlich, wie ein Wissenschaftsstandort für andere attraktiv sein soll, wenn er schon den natürlichen Insassen selbst nicht gut erscheint. Mut macht mir da ein Hinweis von Ulrich Steinmüller von der TU Berlin mit seiner langjährigen Chinaerfahrung, dass Hunderttausende von Chinesen dadurch nicht davon abgeschreckt würden, in Europa zu studieren. (Allerdings hat er auch darauf hingewiesen, dass Chinesen bereit sind, für ihre Ausbildung enorme Härten auf sich zu nehmen.) Auf jeden Fall aber besteht offensichtlich eine enorme Diskrepanz zwischen der tapferen Internationalisierungs- und Exzellenzrhetorik der Generalstäbe in der Etappe, sei es der Ministerien oder der Universitätsleitungen, einerseits und den Wahrnehmungen an der Front von Forschung und Lehre andererseits.

Ausdrücklich sei betont, dass ich keinesfalls implizieren möchte, dass die einen Recht haben und die anderen Unrecht; darum habe ich mich nach dieser Umfrage auch so geärgert – ich werde darauf zurückkommen. Denn es ließe sich auch aus Binnensicht sehr viel Positives für den europäischen Hochschulraum anführen. Allerdings sollten wir uns schon der Frage stellen, der wir bei aller Diskussion über Hochschulen in Europa kaum Raum geben: Wie kann es dazu kommen, dass es eine so enorme Diskrepanz zwischen der Selbstwahrnehmung der Agierenden, der Studenten, Mitarbeiter und Professoren einerseits und der offiziellen wissenschaftspolitischen Rhetorik andererseits gibt? Ohne diese Diskussion scheint es mir schwer, den europäischen Hochschulraum international attraktiv zu machen oder der vorhandenen Attraktivität zum Durchbruch zu verhelfen. Zunächst einmal schienen mir viele der Befragten von mangelnder Identifizierung und von mangelndem Stolz im Hinblick auf ihre Institution geprägt. In Deutschland ist dies in den letzten Jahrzehnten in den Hochschulen auch systematisch ausgetrieben worden und es vielleicht erst in den letzten Jahren etwa durch die Exzellenzinitiative wieder zu einem gewissen Rollback gekommen, dass man auch wieder auf die eigene Institution stolz sein durfte, die nicht wie alle anderen sein musste. An einem Oxforder oder Cambridger College natürlich stellt sich das ganz anders dar, was Stolz und Identität angeht, es ist ja ohnehin schwer, über „den" europäischen Hochschulraum insgesamt zu sprechen. Ich werde mich daher vor allem auf den deutschen Hochschulraum konzentrieren.

Bei genauerem Nachfragen schien mir vor allem eine enorme Frustration zu herrschen, dass auf der einen Seite von Marketing- und Presseexperten Hochglanzbroschüren entworfen werden, wie herausragend unsere Hochschulen seien, die aber in Wirklichkeit auch da, wo sie gut da stehen, vielleicht doch nicht überall das Niveau von Harvard erreichen, vom Rest ganz zu schweigen. Es ist diese Diskrepanz, die relativ zynisch wahrgenommen wird. Ich glaube, sehr viele Studenten bis zu den Professoren fühlen sich im Moment auch irritiert von der enorm hohen Sequenz an Reformen aller Art, die vielerorts als Trommelfeuer wahrgenommen werden und deren Sinn und Nützlichkeit relativ wenig erläutert wurde.

Es ist nur natürlich, dass bei immer höherer Schlagzahl dieser Reformen ein Gefühl entsteht, dass es mit den eigenen Institutionen wirklich arg bestellt sein muss. Hier, glaube ich, besteht ein enormer Handlungs- und Diskussionsbedarf. Denn im Moment werden auf der Ebene des Professors, der einen Lehrstuhl hat und die Vorgänge nicht nur aus der Perspektive eines Wissenschaftsfunktionärs sieht, die Verlautbarungen von oben letztlich mit dem gleichen Zynismus aufgenommen, der wohl früher bei der Lektüre totalitärer Massenmedien vorgeherrscht hat, wenn diese Pamphlete überhaupt gelesen werden. Es gibt eben nicht nur einen Vertrauensverlust zwischen Universität und Gesellschaft, darüber wird ja relativ viel gesprochen, sondern es gibt meiner Meinung nach auch einen enormen Vertrauensverlust zwischen der Institution und ihren Angehörigen. Die Frage ist natürlich, wie können wir Lösungen finden? Ich sehe mich nicht imstande, hier einen größeren Satz an Lösungen anzubieten, der uns als selbstbewusste Institutionen auftreten ließe. Offensichtlich sind es nicht die Potemkinschen Dörfer und die durchsichtige Exzellenzrhetorik der letzten Jahre, sondern es ist wohl eher die Kärrnerarbeit, funktionierende Strukturen aufzubauen. Interessant ist zum Beispiel das neue Freiburger Modell eines breit angelegten Studiums. Ein Absolvent dieses neuen Modells könnte sich zu Recht hinterher als stolzer Alumnus fühlen und dann ein entsprechendes Bild dieser Institution in die Welt tragen. Allerdings sollten wir uns da nichts vormachen. Dieser Prozess wäre ein jahrzehntelanger Prozess. Gleichzeitig scheint es mir wichtig, die Reformgeschwindigkeit in unserem System und die Hektik zu reduzieren, um das Gefühl von permanenter Unzulänglichkeit zu verringern und damit wieder mehr Willen zur Eigeninitiative in die Institutionen hineinzutragen.

Es bleibt die Frage: Was aber macht denn tatsächlich den europäischen Hochschulraum im Moment international strukturell attraktiv? Aus der Sicht des Studierenden mag es in der Tat sein, dass der europäische Hochschulraum zumeist billiger ist. Wenn wir jetzt an Großbritannien denken, ist das natürlich offensichtlich nicht der Fall, wenn wir an deutsche Universitäten denken mit 0 bis 1 000 Euro Studiengebühren pro Jahr, ist es im internationalen Vergleich sehr billig, was für chinesische und neuerdings auch englische Studenten ein enorm attraktiver Aspekt zu sein scheint. Gleichzeitig weist Europa eine enorme Vielfalt der Institutionen auf, viel mehr als zum Beispiel die Vereinigten Staaten: Zwar haben diese ein sehr stark abgestuftes System – so kann man hier zum Beispiel an die verschiedenen Stufen des California University Systems denken – aber im Wesentlichen sind die amerikanischen Institutionen doch immer nach dem gleichen Schema gestrickt. Außerdem scheint mir an europäischen Universitäten in den letzten Jahren das Bemühen um Internationalität enorm zugenommen zu haben und teilweise sehr groß zu sein. Internationalität besteht ja nicht darin, dass man einfach alles so macht, wie man es ohnehin macht, nämlich wie in den USA seine Vorlesungen und Studienprogramme auf Englisch anzubieten und dabei den Vorteil auszunutzen, die lingua franca als selbstverständliche Unterrichtssprache zur Verfügung zu haben. Weiterhin sind die europäischen Institutionen in einen großen, vielfältigen kulturellen Raum eingebettet, genau den, der das moderne System der Universität auch hervorgebracht hat. Über einen längeren Zeitraum gesehen hat immer noch Europa einen Großteil der Gegenstände des universitären Denkens hervorgebracht. Dieser Beitrag wird natürlich zunehmend weniger, da andere Weltgegenden mit in den Vordergrund treten, was aber doch immer das Ziel beim Wort genommener Entwicklungspolitik gewesen sein sollte. Für wissenschaftliche Mitarbeiter, dabei denke ich jetzt vor allem an Postdoktoranden, ist zumindest in Deutschland im Augenblick die Aussicht auf Nachwuchsstellen, die Entwicklungspotenzial haben und eigene Arbeitsgruppen mit sich bringen, wie zum Beispiel im Emmy Noether-Programm, beim Sofja Kovalevskaja-Preis, aber auch in der Exzellenzinitiative, überdurchschnittlich gut. Wir merken das auch daran, dass wir gute Leute aus aller Welt anziehen. Der Preis dafür, den sollten wir nicht wie so oft verschweigen, ist das enorme Problem der Perspektive. Zumindest der deutsche Hochschulraum generiert zwar enorme Nachwuchsqualifikationsmöglichkeiten, allerdings relativ wenig Aussichten auf permanente Stellen für diese Wissenschaftler, weit über den nötigen Wettbewerb und Ausleseprozess hinaus. Insofern führt Deutschland im Moment gerade ein enormes Qualifikationsprogramm für Wissenschaftler in aller Welt durch: Deutsche, die mangels inländischer Perspektive ins Ausland gehen müssen, oder eben Ausländer, die ohnehin gerne wieder zurückgehen wollen. Über normale wissenschaftliche Wanderbewegungen scheint das hinauszugehen. Ob das für Deutschland jetzt sinnvoll ist oder nicht, sei dahin gestellt, aber für einen ausländischen Forscher könnte es sehr attraktiv sein, eine Zeit an einem gut ausgestatteten Institut in Deutschland allein unter dem

Mitnahmeeffekt zu sehen und dann eben ins Ausland mit den hier erworbenen Kenntnissen zurückzugehen.

Wie dem auch sei: Man sollte hervorheben, dass es einzelne Institutionen in Europa gibt, die ohne Zweifel mit den besten Institutionen der Welt mithalten können. Da muss man nicht nur an Oxford und Cambridge denken, wir bieten das auch kontinentaleuropäisch, die ETH in Zürich zum Beispiel, die Ecole Normale Superieure in Paris, aber auch andere Institutionen, die nicht so im Vordergrund stehen. In einer kürzlich erschienenen Studie zu den weltweit führenden Standorten der Physik kamen neben Boston, Los Angeles und den üblichen Verdächtigen aus dem angelsächsischen Raum eben auch Zürich, München und Karlsruhe. Das sind Beobachtungen, die wir stärker in den Vordergrund stellen sollten. Ein weiteres Indiz dafür, dass unser Hochschulraum attraktiv ist, ist der Wettbewerb um die Alexander von Humboldt-Professuren, die bekanntlich mit 3,5 bis 5 Millionen Euro sehr attraktiv ausgestattet sind. Es bewerben sich herausragende Wissenschaftler aus aller Welt, die diese Professuren in Deutschland gerne annehmen wollen, und es sind nicht nur hervorragende, im Ausland tätige Deutsche, die wieder nach Hause zurückkehren wollen, sondern es sind auch „echte" Ausländer, die mit Deutschland ansonsten nichts verbindet. Auch eine Max-Planck-Direktorenstelle ist immer noch eine der attraktivsten Formen, Wissenschaft zu betreiben.

Ein weiterer Aspekt, der im Augenblick wohl speziell für Deutschland gilt, ist, dass in Deutschland für den Forscher der Zugang zu Drittmitteln und die Ausstattungssicherheit enorm hoch sind: Wir verfügen im Gegensatz zu den meisten anderen Ländern über eine laufende Grundausstattung, was in den USA völlig undenkbar ist. Wenn ich an die National Science Foundation denke, die für mich als theoretischem Physiker der potentielle Hauptgeldgeber gewesen wäre, als die Option auf einen Wechsel in die USA bestand, so hätte ich mich auf eine statistische Erfolgsquote meiner Anträge von etwa zehn Prozent einstellen können. Bei zehn Prozent Erfolgsquote geht es nicht mehr um Leistung, sondern handelt es sich um Lotterie. Und es passiert auch Nobelpreisträgern, plötzlich von einem Tag auf den anderen ohne Weiterfinanzierung dazustehen. Die Schattenseiten unseres Systems möchte ich hier nicht betonen, ich will ja dem Defätismus entgegentreten. Dennoch stimmt es nachdenklich, dass Studien wiederholt feststellen, dass eine Hauptkritik ausländischer Interessenten am deutschen System die nicht konkurrenzfähigen Gehälter auf Professorenebene sind.

Doch nochmals zu meiner kleinen Privatumfrage: Das wichtigste Argument für Europa kam von einem Nichteuropäer in Genf: ihn würde in Europa vor allem die Nähe faszinieren. Was hat er mit Nähe gemeint? Es stellte sich heraus, dass wir eben nicht nur einen enormen Artenreichtum von europäischen Institutionen haben, sondern dass sich diese in aller Regel in unmittelbarer geografischer Nachbarschaft und damit auch in konkurrierender Nähe befinden. Die Universitäten von Aachen und Maastricht sind sehr unterschiedlich, aber gerade einmal 50 km voneinander entfernt, was durchaus das Geschäft belebt: da denken auch viele deutsche Studenten über ein Studium dort nach und umgekehrt. Denn auch in Zeiten der Globalisierung dürfen wir nicht vergessen, dass es ganz kleinteilige, aber fruchtbare regionale Wettbewerbe gibt. Angesichts dieser Kleinteiligkeit und Unstrukturiertheit mag man sich dann fragen, warum sich denn eigentlich das europäische Hochschulmodell – was auch immer das sein mag in seiner hochgradigen Ausdifferenziertheit – international durchgesetzt hat? Welche besonderen Eigenschaften waren das, die uns den Weg weisen könnten, wieder zu einer führenden Attraktivität dieses Raumes zurückzufinden? Denn das europäische Modell höherer Bildung war ja nicht das erste System weltweit, das ähnliche Ziele verfolgt hat. Akademien, hohe Schulen hat es auch in anderen Kulturen schon immer gegeben. Auch das europäische Hochschulsystem ist durch ein enormes Auf und Ab gekennzeichnet. Wenn wir etwa an eine Institution denken wie Oxford, die jetzt auf eine bald tausendjährige Geschichte zurückblickt, ist es ja durchaus nicht so, dass das heutige College-Modell, das jetzt der Ewigkeit anzugehören scheint, der Ausgangspunkt war. In einzelnen Oxforder Colleges, etwa St. Edmund Hall, klingt in dem Namen „hall" noch an, dass es eine vorherige Art der Universitätsstruktur gab, die sich offensichtlich nicht bewährt hat. Die „halls" waren letztlich reine dormitories, die von dem Lehrbetrieb getrennt waren. Das College als eine Einrichtung, die Lehren, Wohnen und Lernen miteinander vereinigt, ist eine erst später entstandene Institution in Oxford und nicht einfach aus einer klosterartigen Struktur hervorgegangen, wie man es sich angesichts ihrer Architektur leicht ausmalen könnte. Die Universitäten sind auch zwischenzeitlich völlig eingebrochen, sonst hätte es sich im 17. Jahrhundert nicht als nötig erwiesen, überall in Europa Akademien zu gründen, um Wissenschaft adäquat zu betreiben. Systembrüche hat es offensichtlich gegeben. Es gab auch berühmte Universitäten, die heute keiner mehr kennt. Als Deutscher würde ich da zum Beispiel an die Universität Altdorf bei Nürnberg denken, von deren einst enormer Bedeutung heute fast niemand mehr weiß. Die Liste von einst blühenden Institutionen, die völlig ins Nichts verschwunden sind, nicht einmal nur auf Sparflamme weiterkochen, ließe sich leicht fortsetzen. Auch die Institutionen, die wie Oxford auf Jahrhunderte der Tradition zurückblicken, haben enorme Brüche erlitten: für Oxford und Cambridge gab es Jahrhunderte, in denen sie wissenschaftlich wenig beigetragen und die Elitebildung nur dadurch geleistet haben, dass es keine echte Konkurrenz oder Alternative gab. Weiterhin ist die europäische Hochschule dadurch besonders, dass es sie schon immer in verschiedensten Modellen nebeneinander gegeben hat: das englische College-Modell, das System der Grandes Ecoles ab etwa 1792 in Frankreich und dann eben die Humboldtsche Universität, deren Charakter ich hier nicht ausführen möchte, und dergleichen mehr. Aus Sicht vieler ist es das Humboldtsche System, das sich international durchgesetzt hat, da die USA es im Wesentlichen kopiert haben, auch wenn sie die englischen Benennungen eingeführt haben. Manche würden ja soweit gehen zu sagen, dass es heute die einzigen deutschen Universitäten in den Vereinigten Staaten gibt. Aber auf eine bestimmte Weise kommt ja alles, was so im Laufe der Jahrhunderte durchlaufen wurde, in Schleifen wieder: an vielen Orten werden derzeit, wie etwa in Freiburg, collegeartige Modelle etabliert oder zumindest angedacht, die einen ganz alten Universitätsbegriff wieder aufleben lassen, in dem letztlich fast schon verloren gegangene Fähigkeiten wie das anspruchsvolle Lesen, Schreiben und Sprechen als Grundfertigkeiten akademischer Bildung wieder eingeübt werden. Die Schleifen werden natürlich vor dem Hintergrund wechselnder historischer und gesellschaftlicher Bedürfnisse durchlaufen; so würde ich auch die immer noch nicht abgeflaute Diskussion über Bachelor und Master versus Magister und Diplom einordnen. Die Frage nach historischer Kontingenz und Notwendigkeit wäre zu diskutieren, aber ich denke, die Zeit wird über beide Abschlusstypen hinweggehen, und in 100 Jahren wird man die Diskussion kaum mehr verstehen.

Die europäischen universitären Systeme sind einfach derartig komplex und in ein noch komplexeres historisch-gesellschaftliches Umfeld eingebettet, dass weder die Erklärung aus der Vergangenheit, warum das Hochschulsystem in Europa so erfolgreich werden konnte, ganz leicht ist, noch die Voraussage für die Zukunft, die ja bekanntlich immer besonders schwierig ist. Ich denke, ein Grund, warum sich das deutsche Universitätssystem im Moment schwer tut, ist, dass ihm ein behutsamer Pragmatismus abgeht. Erich Kästner sagt in seiner berühmten Rede an die

Schüler: „Seid faul, aber die faulen Schüler mögen in diesem Moment bitte weghören". Das deutsche Hochschulsystem hat im Rahmen der letzten Reformen viel zu sehr versucht, durch abstrakte, teils weltfremde Reflektion über rein administrative Strukturen ein neues Studiensystem zu durchdringen und dann optimal aufzustellen, obwohl es dafür viel zu kompliziert und undurchschaubar ist. Dafür hat es an einer echten inhaltlichen, lebensnahen Reflexion über den Gehalt der Bologna-Reformen gemangelt, die wahrscheinlich von Anfang an zu geringeren, aber sinnvolleren Korrekturen am alten System geführt hätte.

Ich möchte die Frage nach der Attraktivität des europäischen Hochschulsystems zum Schluss noch einmal ins Weite wenden. Inwieweit hängt der Aufstieg des europäischen Hochschulsystems damit zusammen, dass es einen parallelen Aufstieg Europas so etwa ab 1500 gegeben hat, als Europa im Lauf der Jahrhunderte bis zum Höhepunkt um 1900 zum führenden Kontinent geworden ist, obwohl es ja nur ein ganz kleiner Zipfel am Westrand Eurasiens ist und um 1500 im Vergleich mit anderen Weltregionen nicht wirklich beeindrucken konnte? Die Frage nach der Ursache dieses Aufstiegs Europas, des „rise of the West", ist ja schon alt, zahllose Antworten sind versucht worden. Ich denke zum Beispiel an Max Weber und den protestantischen Kapitalismus. Andere sehen die technologischen Innovationen in der Seefahrt, die dann zur Dominanz über die Landwege geführt haben. Militärhistoriker heben die Fregatte hervor, die zur Projektion europäischer Macht in alle Weltteile gedient hat, andere Historiker die besonderen politischen Institutionen. Und dergleichen viel mehr – es ist wahrscheinlich wie bei der Frage nach den Ursachen für den Untergang Roms, bei der Erklärungsversuche wohl mehr die Gesellschaft widerspiegeln, die versucht, das Phänomen zu verstehen, als das historische Phänomen selbst. Auf die Gefahr hin, derselben Spiegelung zu unterliegen, hat mir eigentlich immer die Erklärung am besten eingeleuchtet, dass zwar um 1500 andere Großregionen der Welt, zum Beispiel Indien, China, das Osmanische Reich, womöglich auch Mittelamerika, sehr viel besser aufgestellt schienen als Europa, hätte man gefragt, wer in drei oder vier Jahrhunderten die Welt beherrschen würde, aber dass Europa anders als diese Großräume durch eine enorme Rivalität auf engstem Raum gekennzeichnet war. Dieser Konkurrenzkampf, bei dem jedes Mittel erlaubt war, bei dem man den Nachbarn immer eifersüchtig belauschte, ob er vielleicht einen kleinen Vorsprung erlangt haben könnte, hat eine große Vielfalt von Entwicklungsansätzen generiert, aus denen sich dann letztlich evolutionär der erfolgreichste Ansatz durchgesetzt hat. Und so mag es beim europäischen Hochschulraum genauso sein. Während monolithische, planerisch gesteuerte Strukturen zwar sehr erfolgreich sein können, sind sie aber auch anfällig für den globalen Entwicklungsfehler, der das gesamte System überhaupt dysfunktional macht. Wir wissen alle, dass der Preis für dieses Verhalten Europas die europäische Selbstzerstörung ab 1914 war, darum auch unser enormes Bemühen um europäische Einigung. Trotzdem frage ich mich, ob wir dabei nicht das Kind mit dem Bade ausgeschüttet haben, was die Attraktivität des europäischen Hochschulraums angeht, und im Moment die Integration des europäischen Hochschulraums übertreiben, die uns für die Fehler monolithischer Großstrukturen anfällig macht. Das möchte ich kurz präzisieren: Es geht natürlich nicht darum, in Bereichen wie etwa der Großforschung wieder in kleinteiligste Strukturen zu verfallen, und es geht auch nicht darum, irgendwelche Mobilität einzuschränken. Ganz im Gegenteil. Die freie Mobilität des Geistes ist genau das, was wir brauchen, um diesen altbewährten innereuropäischen Wettbewerb so zu organisieren, dass beispielsweise eine Abstimmung der Studenten und der Forscher auch mit den Füßen stattfinden kann. In diesem Sinne sind die Ziele von Bologna, die ja gerade das bewirken wollten, äußerst unterstützenswert.

Aber darüber hinaus möchte ich eine Lanze brechen für Wildwuchs im europäischen System, ohne nationale oder internationale Konkurrenzverbote. Das beste System wird sich dann schon durchsetzen. Davon sind wir aber weit entfernt, wie man anekdotisch schon innerhalb Deutschlands belegen kann: als am 14. Dezember 2010 das kleine Bundesland Mecklenburg-Vorpommern die Wiedereinführung des Diplomtitels beschlossen hat, war ich beruflich unterwegs und habe aus Interesse am Ausgang der Parlamentsabstimmung mit dem Suchbegriff „Mecklenburg-Vorpommern Diplom" gegoogelt. Der erste Treffer bei Google, den ich bekommen habe, war: „Wütende Proteste in Nordrhein-Westfalen gegen die Mecklenburg-Vorpommerschen Pläne." Wieso kann eine Regierung wie in Nordrhein-Westfalen mit 17 Millionen Einwohnern und zahllosen, darunter vielen renommierten Hochschulen, nicht einfach sagen, man sei von der eigenen Reform überzeugt und darüber hinaus sei es doch völlig egal, was die Handvoll Pommern in der hinteren Ecke von Deutschland machen. (Meine Sympathie gehört hier den Pommern, die flapsige Formulierung ist damit hoffentlich entschuldigt.) Können wir da nicht weniger ängstlich sein? Es steht doch auch nicht zu befürchten, dass es zu einer totalen Fragmentierung kommt: schon in den vergangenen Jahrhunderten war das europäische System immer darauf aus, sich dem erfolgreichen anderen Modell sehr schnell anzupassen. So haben etwa die Franzosen 1871 die Niederlage gegen die deutschen Staaten auf den preußischen Volksschullehrer geschoben, weil er eine höhere Alphabetisierungsquote der Soldaten zustande gebracht habe, was dann unmittelbar zu den Schulreformen von Jules Ferry geführt hat. Insofern würde ich einen frei entfalteten Wettbewerb der Institutionstypen und der Institutionen, der ja auch der ständigen Selbstinfragestellung in der Wissenschaft entspricht, fordern: das hat Europa groß gemacht und kein ängstliches Kuscheln in einer globalisierten Welt, auch wenn man vielleicht nicht so weit gehen muss wie der rumänische Philosoph Emile Cioran, der geschrieben hat: „Tausend Jahre Krieg haben den Okzident groß werden lassen, ein Jahrhundert Psychologie hat ihn vor die Hunde gehen lassen."

Andreas Speer

Auf ein Glas Wein mit Kant

Oder: „Der Mensch ist, was er trinkt"

„Der Mensch ist, was er isst" – für die meisten wird die ursprüngliche Schreibweise wie auch die Herkunft dieses gerne zitierten Satzes unklar sein. Gerade die beim Hören unentscheidbare Ambiguität macht seinen Reiz aus. Das mag durchaus der Intention des Urhebers dieses Satzes, Ludwig Feuerbach, entsprochen haben. Denn Feuerbach bringt darin seine fundamentale Kritik an einer Anthropologie zum Ausdruck, die in einer dualistischen Trennung und idealistischen Überhöhung der Seele gegenüber dem Leib und des Geistes gegenüber dem Körper, der Vernunft gegenüber der Natur und des Bewußtseins gegenüber dem bloßen Sein ihre tragenden Prämissen besitzt. Daher wendet er sich in seiner 1846 erschienenen Streitschrift „Wider den Dualismus von Leib und Seele, Fleisch und Geist" gegen die Auffassung, daß sich die menschliche Wirklichkeit primär oder gar ausschließlich im Geist abspielt. „Der Leib", so Feuerbach, „ist die Existenz des Menschen; den Leib nehmen, heißt die Existenz nehmen; wer nicht mehr sinnlich ist, ist nicht mehr." (Ges. Werke 10, 141)

Das ist philosophisch keinesfalls eine Neuerung, wenn man an die „longue durée" der aristotelischen De anima-Tradition denkt, gemäß der auch die geistige Seele unauflöslich mit dem Körper verbunden ist, so daß ihre Trennung als unnatürlich gelten muss. Das Denken ist ebenso an die Sinne gebunden wie die Seele an den Körper. Will man verstehen, was der Mensch ist, so muss man ihn zur Gänze und als Ganzes begreifen, d.h. man muss auch verstehen, was der Mensch isst – und trinkt.

Um das Trinken geht es in diesem Beitrag, aber nicht um das Trinken als ein elementares Lebensbedürfnis, können wir doch sehr wohl über eine recht lange Zeit ohne feste Nahrung auskommen, nicht aber ohne zu trinken. Trinken ist für den Menschen also nicht bloß Befriedigung eines biologischen Bedürfnisses, sondern Teil seiner „zweiten Natur", die er gestalten muss. Das gilt nicht nur für die ganz konkrete Auswahl der Getränke unter dem Aspekt, ob sie uns zuträglich sind oder schaden. Trinken ist weit mehr noch Sozial- und Ausdruckshandlung.

Das gilt insbesondere für das Getränk, um das es in diesem Beitrag geht: den Wein. Der Wein gilt kulturgeschichtlich von Anfang an als ein besonderes Getränk. Auch Sokrates führt seine philosophischen Gespräche nicht nur auf dem Marktplatz, sondern mindestens ebenso gerne bei Symposien in den Häusern von Freunden. Hierbei begleitet der Wein die Gespräche, mitunter bis an die Grenze der Trunkenheit, an die man sich durchaus absichtsvoll herantrinkt – womöglich um, wie es David Hume ausdrückt, die Torheiten des einen Tages zu vergessen, um denen des anderen Tages Platz zu machen.

Kant, die Einbildungskraft und der Wein

Dieses Hume-Zitat findet sich bei Immanuel Kant, der nicht nur selbst gerne Wein getrunken, sondern im ersten Teil seiner „Anthropologie in pragmatischer Absicht" auch systematisch der Frage nachgegangen ist, worin seine Wirkung besteht. Der Ort hierfür ist die Abhandlung über die Einbildungskraft und wie diese zu erregen und zu besänftigen sei (A 70 | B 71 – A74 | B 75). Die Einbildungskraft ist die aristotelische Phantasia, und diese hat es mit den sinnlich vermittelten Eindrücken und Vorstellungsbildern zu tun. Anders als das abstrakte begriffliche Denken, bleibt die Phantasie also an diese Vorstellungsbilder gebunden. Und genau diese Einbildungskraft wird durch körperlich einwirkende „Genießmittel" erregt oder besänftigt.

Das Arsenal der Genießmittel, das Kant nennt, ist beeindruckend. Zu den stärkenden, das Gefühl erhebenden Mitteln zählt er gegorene Getränke, vorzüglich Bier und Wein. Beiden kommt gegenüber der „stummen Berauschung" – als Beispiel nennt Kant Opium und Branntwein – der Vorzug zu, die Geselligkeit und die wechselseitige Gedankenmitteilung zu fördern. Bier und Wein trinkt man also in Gesellschaft. Doch gebührt dem Wein bei weitem der Vorrang. Denn während Bier eher nährend und gleich einer Speise sättigend ist, was dazu führt, dass die Trinkgelage mit Bier verschlossener und oft auch ungeschliffen sind, so ist der Wein „bloß reizend" und die entsprechenden Trinkgelage sind fröhlich, laut und mit Witz redselig.

„Die Grenzlinie des Selbstbesitzes"

Mit der „Unelthaltsamkeit" im gesellschaftlichen Trinken bis hin zur „Benebelung der Sinne" geht Kant vergleichsweise nachsichtig um, selbst wenn dabei die Grenzlinie des Selbstbesitzes überschritten wird. Treffend beschreibt er in diesem Zusammenhang die Sorgenfreiheit, die der Rausch bewirkt, als ein „täuschendes Gefühl vermehrter Lebenskraft". Der Berauschte fühle nun nicht mehr die Hindernisse des Lebens, sondern ist glücklich in seiner Schwäche, „indem die Natur wirklich in ihm bestrebt ist, durch allmähliche Steigerung seiner Kräfte sein Leben stufenweise wieder herzustellen" (A 72 |B 73). Schon Cato, so ein stoischer Verehrer, habe seine Tugend durch Wein gestärkt. (Horaz, Carm. III 21f.)

Eine kathartische Wirkung misst Kant insbesondere der Tatsache bei, dass der Wein die Zunge löse. „Er öffnet aber auch das Herz und ist ein materiales Vehikel einer moralischen Eigenschaft, nämlich der Offenherzigkeit" (A 73 | B 74). Denn das Zurückhalten seiner Gedanken sei „für ein lauteres Herz ein beklemmender Zustand". Das bedeutet aber auch, das der „lustige Trinker" es nicht leicht dulden kann, daß jemand sich mit dem Trinken zurückhält, um stattdessen die Runde der Trinkenden zu beobachten. Auch das strategisch eingesetzte Trinken bei politischen Verhandlungen kennt Kant bereits, wenn eine trinkfeste Partei die weniger trinkfeste bei Trinkgelagen zu übervorteilen sucht.

Skeptisch bleibt Kant hingegen bezüglich der Frage, ob man beim Trinken das Temperament oder den Charakter desjenigen, der sich gepflegt betrinkt, erforschen könne. Vielmehr führt die neue Mischung der Säfte – so die treffsichere humoralpathologische Analyse – weit eher zu einer anderen Natur. So wird der eine verliebt, der andere großsprecherisch und ein dritter zänkisch. Doch alle werden, wenn sie dann ihren Rausch ausgeschlafen haben, über diese „wunderliche Stimmung oder Verstimmung der Sinne" des vorausgehenden Abends lachen. Und dass man mit Wein besser schläft als wenn man nur und vor allem zuviel Wasser trinkt, das macht Kant in seiner Schrift „Der Streit der Fakultäten" gegen den damals weithin berühmten Professor Hufeland geltend. Man schlafe weder gut noch tief, wenn man sich der „Wasserschwelgerei" hingebe. (A189).

Der „Wahrmacher"

Darum, so möchte man mit dem berühmten Trinklied des Alkaios, dem Zeitgenossen der Sappho sagen, sollen wir, bevor der Abend naht, den Wein aus großen bemalten Bechern trinken. Denn der Wein, die Gabe des Dionysos, so heißt es in dem zitierten Fragment 346, läßt uns unsere Sorgen vergessen. Es ist übrigens derselbe Alkaios, auf den das Adagium „in vino veritas" zurückgehen soll (Fragm. 366). Vielleicht kann man die Offenherzigkeit, von der Kant spricht, und die Geselligkeit als den dem Wein eigentümlichen „Wahrmacher" bezeichnen. Denn gibt es ein besseres Beispiel für die Wahrheit als ein offenes Gespräch unter Freunden, die einander ihr Herz bei einem Glas Wein öffnen? Von einer idealen Kommunikationsgemeinschaft würde wohl Jürgen Habermas sprechen. Prosit!

Dieter Thomä

Zwist am Abgrund

Eine Debatte zur Frage „Gibt es noch eine Universität?"
aus dem Jahr 1931/32

Vor achtzig Jahren führten wichtige Intellektuelle in der „Frankfurter Zeitung" eine Debatte über die Frage „Gibt es noch eine Universität?". Nicht nur die Frage ist heute so aktuell wie damals. Die Antworten sind es auch.

Es war ein Zwist am Abgrund: Im November 1931 lancierte die „Frankfurter Zeitung" auf ihrer Sonderseite „Für Hochschule und Jugend" eine Serie mit dem provokativen Titel „Gibt es noch eine Universität?". In den folgenden Wochen und Monaten wurden die Zeitungsseiten Schauplatz eines Streits zwischen Ernst Bloch, Theodor Haecker, Karl Jaspers, Siegfried Kracauer, Ernst Krenek, Emil Lederer, Alfred von Martin, Erich Przywara, Eduard Spranger, Paul Tillich und anderen. Diese Debatte wirkt heute ebenso nah wie fern, lebendig wie gespenstisch. Man hofft nicht zu viel, wenn man sich vom heftigen Hin und Her der Meinungen, die in den annähernd zwanzig Beiträgen zum Ausdruck kamen, Anregungen für die heutige Bildungsdebatte verspricht.

Und doch kann die Neugier, mit der man diese Serie wieder ans Licht zieht, nur beklommen sein. Im wichtigsten Feuilleton der Weimarer Republik wurde seinerzeit um Fragen gerungen, die sich gut ein Jahr später, als Hitler die Macht ergriff, auf brutale Art erledigt haben sollten. Die Stunde war damals nicht günstig für eine Debatte über Hochschulreform. Hermann Herrigel, der Redakteur der Hochschulseite, verwies schon 1931 auf die „heutigen abnormen Verhältnisse". Die Mehrheit der Autoren wurde von den Nazis ins Exil getrieben. Ein Abgrund trennt die späte Weimarer Zeit von der Lage heute.

Dieser Abgrund hat nicht nur politische, sondern auch statistische Dimensionen. Damals gab es in Deutschland etwa 100 000 Studenten, heute sind es 2,2 Millionen. Damals machten 3,3 Prozent eines Jahrgangs Abitur, heute sind es rund 50 Prozent. Angesichts dieser immensen Unterschiede können die Universitäten damals und heute eigentlich kaum mehr als ihren Namen gemeinsam haben. Und doch führt die alte Frage „Gibt es noch eine Universität?" heute nicht ins Leere. Die Universität war schon damals ein Patient, der sich vor Behandlungen kaum retten konnte, die alten und neuen Ansätze zur Diagnose und Therapie ähneln sich auf verblüffende Weise.

Hier eine Auswahl. Der Breslauer Jurist Ludwig Waldecker schlug einen „zweistufigen Aufbau" des Studiums vor (Bachelor/Master?). Der Religionsphilosoph Paul Tillich empfahl die Zusammenlegung von Universitäten und außeruniversitären Forschungseinrichtungen (Karlsruhe Institute of Technology?). Auch forderte er eine Ergänzung des Fachstudiums durch Seminare an der „humanistischen" Fakultät (Studium generale? Studium fundamentale? Kontextstudium?). Der Pädagoge Eduard Spranger empfahl die Einrichtung einer „College-artigen" Grundstufe (Leuphana Universität?). Der Philosoph Karl Jaspers und der Ökonom Emil Lederer forderten die Beschäftigung zusätzlicher „Lektoren" (Lehrprofessoren? Lehrknechte?). Jaspers wollte die „Elite" vor der „Durchschnittlichkeit der Mehrheit" schützen und eine „Reichsuniversität" einrichten (Bundesuniversität?); bei Georg Swarzenski, dem Generaldirektor der Frankfurter Museen, hieß dies „ein deutsches Oxford". Eduard Spranger und der katholische Publizist Theodor Haecker sahen die Aufgabe der Geisteswissenschaften in der Traditionspflege, Tillich und Lederer dagegen in der „aktuellen Weltgestaltung". FZ-Redakteur Siegfried Kracauer wollte verhindern, dass die Universität fern von der Welt „verdorre". Ernst Bloch fand die Lage ausnahmsweise ziemlich hoffnungslos, sah in der humanistischen Vernunft nurmehr eine „Attrappe", beklagte deren „wirtschaftsliberale Tendenzen" und erwartete den wahren Fortschritt von den „technisch-rationalen Fächern". Ziemlich einig war man sich in der Sorge um Überfüllung: Der Frankfurter Rektor Erwin Madelung fand die Universität „entsetzlich aufgeschwollen"; er stritt mit seinen Kollegen darüber, ob man sie klein und fein halten oder aber massiv ausbauen solle.

Das Arsenal der aktuellen Universitätsdebatte kann mit der achtzig Jahre alten Munition aus der „Frankfurter Zeitung" fast vollständig bestückt werden. Man mag dies deprimierend oder tröstlich finden: Wunsch und Wirklichkeit, universitäre Ideale und Institutionen sind sich über alle Bürokratien, Katastrophen, Revolten und Reformen hinweg auf geradezu störrische Weise treu geblieben. Bei Karl Jaspers heißt es einmal: „In einem Bildungsideal endgültig geprägt zu sein, ist wie der Tod." Er ergänzte überraschenderweise, dass dieser Tod „ein schöner" sei, „für den sich zu begeistern eine Verführung ist". Hat sich dieser schöne Tod nun in ein jahrzehntewährendes Siechtum verwandelt?

Angesichts der frappanten Korrespondenz zwischen damals und heute könnte man geneigt sein, die Universitätsreform zur Sisyphusarbeit zu erklären, in der sich die ewiggestrige oder ewige Anrufung hehrer Bildungsgüter bis zum Abwinken oder Erbrechen wiederholt. Doch zu beobachten ist nicht nur eine ewige Wiederkehr des Gleichen, sondern ein permanenter Umbau. So profitiert man auch beim aktuellen Umbau der Universität vom Rückblick auf die alten Texte. Sie bieten die kostbare Gelegenheit zur Selbstprüfung. Der Blick zurück ist wie der Blick in einen fernen Spiegel, in dem sich alle Phänomene – den optischen Gesetzen zum Trotz – übergroß abzeichnen. Man sieht die Lage schärfer, man erkennt die Aufgaben deutlicher.

Die Frage, die beim Blick zurück zuallererst ins Auge sticht, ist die Frage nach dem Verhältnis zwischen Ausbildung und Bildung. Sie stellte sich seinerzeit mit ungewohnter Schärfe. Erst damals brach sich jene Spezialisierung und Verwissenschaftlichung des Studiums Bahn, an die man sich inzwischen längst gewöhnt hat; als Paradebeispiel diente seinerzeit die sich aller Quacksalberei entledigende Medizin.

Der allgemeine Aufstieg der Ausbildung wurde freilich mit Sorge zur Kenntnis genommen. Paul Tillich befürchtete, dass die Spezialisierung zu einer „antihumanistischen Struktur" der Universität führen könne. Jaspers' Verdikt lautete, eine reine Berufsausbildung sei „geistlos" und bleibe „unmenschlich, wenn sie nicht auf das Ganze" ziele. Man kann in dieser Warnung eine Vorwegnahme der These von der „Banalität des Bösen" erblicken, die seine Schülerin Hannah Arendt als Beobachterin des Prozesses gegen Adolf Eichmann aufstellte. Heute stellt sich die Frage, wo die universitas noch lebendig ist, wenn sich jeder in seiner klitzekleinen scientific community abstrampelt.

Neben die kontrollierte Offensive der Ausbildung trat damals eine unkontrollierte Defensive der Bildung. Deren Gehalt stand nach dem Kollaps „übergeordneter" Gewissheiten (Siegfried Kracauer) zur Disposition. Unverdrossen sah der Jesuitenpater Erich Przywara die Aufgabe der Universität darin, die Studenten über Wissensvermittlung hinaus zu „erziehen". Manchen – wie Eduard Spranger – erschien dies unabdingbar. Anderen – wie Ernst Bloch – war dies unheimlich, weil sich damit ein Einfallstor für ideologische Indoktrination öffnete. Selbst der sonst um keine Schwülstigkeit verlegene Jaspers warnte vor dem Kult eines „verschwommenen Bildungsideals". Heute streichen die meisten Universitäten um ein solches Ideal herum wie die Katze um den heißen Brei.

Als Ideal und als Institution war die Universität seinerzeit ins Schwanken geraten. Die Diskutanten bewegten sich in der dünnen Luft des Geistes, sie landeten aber auch auf dem Boden der Tatsachen. Dieses Auf und Ab kam darin zum Ausdruck, dass man die Leitfrage der Serie „Gibt es noch eine Universität?" mit zwei verschiedenen Betonungen las und in zwei Fragen unterteilte. Die erste Frage zielte auf das Ideal: „Gibt es noch eine (wirkliche) Universität" – also eine Institution, die diesen Namen verdient? Die zweite Frage war ganz pragmatisch: „Gibt es noch eine (einzige) Universität?" Dahinter steckte der Befund, dass verschiedene Studiengänge mit spezifischen Fach- und Berufsprofilen weitgehend isoliert nebeneinander herliefen. Es erschien demnach konsequent, verschiedene Bildungseinrichtungen zu schaffen und viele der bestehenden Studiengänge aus der Universität auszugliedern. Sollte die Universität vielleicht zur Ausnahme von der Regel der Fachhochschule werden?

Paul Tillich, von dem damals die eigentliche Initiative zu der Serie in der „Frankfurter Zeitung" ausging, handelte sich den Ärger vieler Kollegen ein, weil er diese letzte Frage entschieden bejahte. Er tat das freilich nicht leichten Herzens, sondern weil er den Eindruck hatte, dass die Universität, wie er sie damals antraf, ohnehin nur Etikettenschwindel betrieb, sie also den über das Fachidiotentum hinausgehende Bildungs- und Forschungsanspruch nur noch als schmuckvolle, aber folgenlose „Fiktion" aufrechterhielt. Die „Reste des alten Humanismus" hätten sich in ein paar „Dachkammern" zurückgezogen, schrieb er, in der Beletage der Universität machten sich die „Berufsvorbildung" und die fachwissenschaftliche „Forschung" breit.

Sich an jene „Fiktion" zu klammern führte Tillich zufolge nur dazu, dass man die bestehenden Probleme verdecke und verdränge. Dass man etwa in den Geisteswissenschaften Lehrer ausbilde, ohne ihnen etwas über die Psychologie der Jugend beizubringen, fand er „grotesk"; er plädierte dafür, den Anforderungen aus der Berufspraxis gerecht zu werden. Vor allem aber ging es ihm darum, eine „humanistische Fakultät" gewissermaßen als Universität in Schrumpfform und Reinkultur zu schaffen, in der die Fähigkeit zum „radikalen Fragen" ungehindert zur Entfaltung kommen sollte. In diesem Modell sah Tillich auch einen Beitrag zur Vereinbarkeit von Elite und Demokratie – eine Vorstellung, die anderen Diskutanten, etwa Eduard Spranger, ganz fremd war. Tillichs „Haltung, auch das in Frage zu stellen, worauf wir stehen", hatte übrigens eine politische Spitze: Die Nationalsozialisten sahen darin ein Beispiel für die vermeintliche „Bodenlosigkeit" der aufgeklärten Moderne.

Tillich wollte die Universität zerschlagen, um sie zu retten. Einen ähnlichen Vorschlag hatte übrigens vor Tillich schon der Philosoph Max Scheler unterbreitet. Viel später, in den 1990er Jahren, sollte Jürgen Mittelstraß auf eigene Faust ähnliche Ideen propagieren. Allerdings wollte Tillich zwischen der neuen, kleinen, feinen Universität und den massiv ausgeweiteten Fachhochschulen durchaus Brücken bauen. Die Bildung sollte zur Ausbildung hinzutreten, „sämtliche Studenten der Fachhochschule" sollten einzelne Veranstaltungen aus dem Bereich des „humanistisch-wissenschaftlichen" Vorlesungswesens belegen. Ob dieser Balanceakt gelingen könne, war unter den Diskutanten der „Frankfurter Zeitung" umstritten. Der Jurist Hans Fehr befürchtete eine „Zerreißung der gebildeten Volksschicht".

Zahl, Größe und Fächerspektrum der Universitäten sind seit dem Jahr 1931 drastisch gestiegen. Man könnte sagen: Sie wachsen und gedeihen. Von Tillich her fällt ein Schatten auf diese Blüte. Da es zur Etablierung der von Tillich – wie auch immer angelegten – humanistischen Universität nicht gekommen ist, kann man kurzerhand behaupten, dass es heute überhaupt keine Universitäten mehr gibt, sondern nur noch Fachhochschulen. Es wäre lebensgefährlich, diese bösartige Diagnose als Übertreibung abzutun. Und es wäre fahrlässig, die Universität für unheilbar krank zu halten.

Häufig hört man in der aktuellen Debatte über die Krise der Universität in Deutschland die These, die Zweiteilung in Bachelor- und Masterstudium sei die Wurzel allen Übels. Das ist blühender Blödsinn. Diese Zweiteilung schützt die Studenten davor, sich auf halbem Wege im Dickicht des Wissens zu verirren, und sie eröffnet den Universitäten die Möglichkeit, im besten Sinne elastisch zu werden. Man kann Studenten das Erfolgserlebnis eines frühen Abschlusses bescheren und sie mit weiteren Angeboten locken, man kann Masterprogramme forschungs- oder praxisnah konzipieren, man kann sie fächerübergreifend ausgestalten, man kann Themen setzen und das eigene Profil schärfen, man kann große Gefäße schaffen und kleine Experimente wagen, man kann Angebote in der Breite und in der Spitze machen, man kann die Möglichkeiten für Zugänge und Ausgänge vervielfältigen.

Die Frage, ob eine Zweiteilung des Studiums sinnvoll ist, kann man getrost ad acta legen und sich stattdessen der Frage zuwenden, wie diese Zweiteilung am besten auszugestalten und auszukosten sei. Wendet man sich mit dieser Frage den real existierenden Universitäten zu, dann allerdings wird man trübsinnig. In weiten Teilen setzte sich bei der Einführung des neuen zweistufigen Studiums eine Tendenz durch, die mit der Bachelor-Master-Struktur eigentlich gar nichts zu tun hat. Sie ist in aller Schärfe schon von den Diskutanten der „Frankfurter Zeitung" 1931/32 diagnostiziert worden: nämlich eben als Offensive der Ausbildung einerseits, als Defensive der Bildung andererseits.

Im Bachelorsegment heißt dies: Der Pflichtbereich wird ausgeweitet und in zahllose kleine Module zerteilt, in denen die Studenten Credit Points hamstern und Ganztexte (was für ein Unwort!) hassen lernen. In den Masterstudiengängen rückt die Vermittlung von Spezialkompetenzen in den Vordergrund. Man bildet, wie Karl Jaspers seinerzeit böse anmerkte, „Erfolgsmenschen" aus, „die sich selbst als Apparat benutzen". Im Grunde ist die Lage absurd: Die deutschen Universitäten haben im vergangenen Jahrzehnt unter unendlichen Mühen neue Studienmodelle eingeführt, von denen die meisten schon direkt nach der Einführung wie Fremdkörper wirken. Die Studenten, die in die Universität eintreten, werden durch das vorgezogene Einschulungsalter und die Verkürzung der Gymnasialzeit immer jünger und passen nicht in das Korsett, mit dem sich die meisten Bachelorstudiengänge gerüstet haben. Diejenigen, die die Universität verlassen, laufen mit ihrem Expertenwissen ins Leere, wenn sie in das Wechselbad ihres Berufslebens hineingeraten. In einer Situation, in der Fachwissen immer schneller überholt ist, tut nicht nur Ausbildung not, sondern auch Bildung.

Die Klage über das Ende der Universität als Stätte der Bildung ist vollauf berechtigt. Doch Klagen allein genügt nicht. Man muss auch den Beweis dafür erbringen, dass die Bildung jenseits der Ausbildung sinnvoll ist, dass es sich bei ihr um ein kostbares Gut handelt und nicht um ein verblasenes Versatzstück. Und dieser Nachweis ist gar nicht so einfach.

In der „Frankfurter Zeitung" stand Bildung etwa für die Fähigkeit zum „radikalen Fragen" (Tillich), für die Wahrung des christlichen Erbes (Przywara) oder für die Perspektive auf das „Ganze" jenseits des Spezialistentums (Jaspers). Unweigerlich geraten all diese Anrufungen in den Verdacht der Folgen- oder Zahnlosigkeit – und dieser Verdacht kommt auch in der jüngeren Diskussion immer wieder auf. So hört man von Vertretern einzelner Disziplinen, die auf ihre methodischen Standards stolz sind, sie würden innerhalb der Fachausbildung selbstverständlich auch die Fähigkeit zur Kritik und zum unabhängigen Denken schulen; weiter gehende Bildungsansprüche führten allenfalls zu inflationärem Palaver und seien letztlich Zeitverschwendung.

Doch damit nicht genug: Die Berufung auf Bildung ist auch deshalb heikel, weil dieses Wort in all seiner Unbestimmtheit zum Missbrauch geradezu einlädt. Auch hierzu ist die Erinnerung an die späte Weimarer Republik in bedrückender Weise hilfreich. Man höre nur, was ein prominenter Zeitgenosse seinerzeit zu sagen hatte: „Es liegt im Zug unserer heutigen materialisierten Zeit, dass unsere wissenschaftliche Ausbildung sich immer mehr den nur realen Fächern zuwendet, also der Mathematik, Physik, Chemie usw. Es soll ein scharfer Unterschied zwischen allgemeiner Bildung und besonderem Fachwissen bestehen. Da letzteres gerade heute immer mehr in den Dienst des reinen Mammons zu sinken droht, muss die allgemeine Bildung, wenigstens in ihrer mehr idealen Einstellung, als Gegengewicht erhalten bleiben." Die Zustimmung zu diesen Zeilen bleibt einem im Halse stecken, wenn man erfährt, dass es sich hier um ein Zitat aus Hitlers „Mein Kampf" handelt. Viele Professoren bekämpften damals im Namen der Bildung eine Tendenz zur Versachlichung oder zum schnöden Materialismus, für die sie wahlweise Engländer, Juden oder Kommunisten verantwortlich machten. Wer von Bildung redet, darf nicht darüber schweigen, dass sie zur Ideologisierung taugt.

Im Angesicht dieser Abgründe wird verständlich, warum sich viele aus dem unsicheren Gelände namens Bildung zurückziehen. Man ist hin- und hergerissen zwischen dem Horror vor den „Fachmenschen ohne Geist" (Max Weber) und der Abwehr einer Bildung als bloßer Einbildung, als rhetorischem Dünkel. Es handelt sich bei der Bildung wohl um das, was als ein Dachbegriff bezeichnet wird. Statt auf diesem Dach herumzutanzen, sollte man nachschauen, wie es in dem Haus aussieht, das es bedeckt. Dann kann man die Bildung wieder in die Offensive bringen, dann stößt man auf den guten Kern der Bildung oder, genauer gesagt, auf deren zwei gute Kerne. Sie heißen Reflexion und Orientierung.

Bei der Reflexion geht es um eine Kompetenz, die zur methodischen Beherrschung, kritischen Prüfung und kreativen Entwicklung von Theorien befähigt. Darüber hinaus verbindet man mit Bildung so etwas wie Charakterbildung, moralische Integrität und auch soziale Kompetenzen – also, allgemein gesagt, Orientierung. Eine Universität, die über die Fachausbildung hinausgeht, darf sich nicht davor scheuen, diese höheren, in sich vielfältigen Ansprüche an sich selbst zu richten.

Reflexion setzt dort ein, wo man über die Grundlagen einer Disziplin Rechenschaft ablegt und Einsicht in das Fragmentarische des Spezialwissens erlangt. Gefragt ist – wie Tillich sagte – das „Bewusstsein um die Ganzheit unserer Situation, in der alle Elemente unserer Kultur miteinbegriffen sind". Diese Reflexion kann man freilich nicht in abstrakter Weise leisten, sondern nur im Austausch mit anderen Disziplinen. Zugegeben: Mit der ebenso oft gepredigten wie geschmähten Interdisziplinarität tut man sich heute schwer. In jedem Großforschungsantrag wird sie an vorderer Stelle bemüht, aber insgeheim würden wohl Scharen von Forschern am liebsten Reißaus nehmen, wenn von Ferne der Ruf nach Interdisziplinarität ertönt. Verschiedene Verbundprojekte, die mit großem Tamtam angestoßen wurden, sind inzwischen gescheitert oder tun sich enorm schwer. Doch so steinig der Weg der Interdisziplinarität auch sein mag – wenn man ihn nicht beschreitet, bleibt Bildung als Reflexion hohl. Der preußische Hochschulpolitiker Carl Heinrich Becker wetterte schon um das Jahr 1920 gegen den „Konservatismus" reiner „Fachschulung" und plädierte für den „Mut zum Dilettantismus", mit welchem erst wissenschaftliches Neuland erschlossen werden könne: „Ein Volk ist senil, das sich vor solchem Dilettantismus fürchtet." Sollten wir etwa senil geworden sein?

Mit der Bildung als Orientierung tut man sich heute ebenso schwer wie mit der Reflexion. Wenn die Universitäten den Ruf nach Orientierung hören, dann neigen sie dazu, sich für unzuständig zu erklären und diese Forderung an die Elternhäuser der Studenten zurückzuverweisen. Wenn es auch zutrifft, dass die Moralerziehung zuallererst eine Sache der Familie ist, dann gilt doch, dass die von der Universität forcierte Wissensgesellschaft mit wachsenden ethischen Herausforderungen einhergeht. Man muss sich zurechtfinden in verschiedenen kulturellen Kontexten, man muss aber in der Lage sein, in Organisationen und Produktionsprozessen Verantwortung zu übernehmen. Vor der Vermittlung der Kompetenzen, die dafür erforderlich sind, dürfen sich die Universitäten nicht drücken.

Die Universität ist ein Geduldsspiel, ein Balanceakt. Wenn sie nicht abstürzen will, muss sie in Bewegung bleiben. Sie ist – Reformmüdigkeit hin oder her – eine permanente Baustelle, kein Gebäude, das irgendwann zu Humboldts Zeiten fertiggestellt worden wäre und dem man sich nur denkmalpflegerisch nähern dürfte. Zu dieser Beweglichkeit der Universität gehört auch das Bewusstsein von den Drehungen und Wendungen ihrer Geschichte. Es lohnt sich, die Bausteine, die in der Debatte über den Umbau der Universität vor 1933 gesichtet und behauen worden sind, heute auf ihre Brauchbarkeit zu prüfen. Der damalige Kurator der Frankfurter Universität, Kurt Riezler, schrieb 1929: „Der Boden schwankt und eine neue Welt scheint zu entstehen bemüht." Die Bemühung damals führte ins Nichts, sein Satz hat nichts von seiner Gültigkeit verloren.

Zitate

Es ist ein Erbübel der Universität, dauernd der Gefahr der Verknöcherung ausgesetzt zu sein. Es ist eine Lebensfrage für sie, diese Gefahr immer wieder zu überwinden.
Richard Koch

Der junge Mensch von heute hat meist keine noch so lose Beziehung zur näheren oder ferneren Vergangenheit.
Emil Lederer

Die Idee der ‚Humanität' in dem alten Sinne eines in sich selbst ruhenden Bildungs- und Lebensideals ist heute zur bloßen Ideologie depraviert. Eine reale Funktion zu erfüllen vermag nur eine Haltung, welche die ganze Spannung und Gespanntheit der Zeit in sich aufzunehmen gewillt und vermögend ist.
Alfred von Martin

Seien wir ehrlich: das ganze Elend kommt daher, dass wir den Elitegedanken verleugnet haben.
Eduard Spranger *Ob der Staat eine Universität dulden kann, in der Wahrheit um der Wahrheit willen gelehrt werden soll, ist, da er die Lüge liebt, sehr fraglich.*
Theodor Haecker

Es wird sich also das ergeben, was sowohl dem Bildungsideal wie der modernen Staatsidee auf das schärfste widerspricht, eine Zerreißung der gebildeten Volksschicht, wie sie nicht schroffer gedacht werden kann.
Hans Fehr

Man vergesse aber auch nicht: eine wirkliche Reform ist in erster Linie eine Frage des Geldbeutels.
Ludwig Waldecker

Im Geistigen steht uns ein Zeitalter der Restauration bevor, falls wir nicht ganz versinken. Zu bekämpfen sind alle Tendenzen, die Durchschnittlichkeit der Mehrheit geistig zu versorgen.
Karl Jaspers

Die Stellung, die die deutschen Universitäten einnehmen, ist nur daher zu verstehen, dass Bildung bei uns nicht eine national einigende, sondern eine sozial differenzierende Bedeutung besessen hat.
Hermann Herrigel

Es handelt sich nicht nur darum, Praxis oder Theorie zu vermitteln, sondern auch zu erziehen.
Erich Przywara

Die Fiktion einer humanistischen Universität muss aufgelöst werden. Der Humanismus, von dem ich rede und allein reden kann und will, ist ein Humanismus, für den das radikale Fragen sich gerade bezieht auf aktuelle Weltgestaltung. Ein Humanismus der Persönlichkeitskultur ist radikal abzulehnen.
Paul Tillich

Die Fachwissenschaftler weisen immer wieder nachdrücklich auf die Gefahr des Verdorrens hin, denen ein von der Allgemeinbildung abgeschnürtes Spezialistentum ausgesetzt sei. Sie haben zweifellos recht; nur eben ist ja gerade das übergeordnete Allgemeine fragwürdig geworden.
   Siegfried Kracauer

Die technisch-rationalen Fächer sind wichtiger und unbelasteter als ein Bildungsideal, das nicht ohne Grund gesprungen ist und das man nicht am falschen Platz reparieren soll.
   Ernst Bloch

Konrad Vössing

Non scholae sed vitae?

Lehre an antiken Hochschulen

"Nicht für die Schule, sondern für das Leben lernen wir" (*non scholae sed vitae discimus*) – das ist eines der „geflügelten Worte" des Altertums, die unser Bildungssystem noch heute begleiten. Es eignet sich deshalb als Leitfaden eines kurzen Ausflugs in die Welt der antiken Hochschulen und ihrer Lehre.

Solche Merksätze sind allerdings aus historischer Sicht nicht unproblematisch. Zunächst wird man, wenn man das Originalzitat aus dem 106. Brief des römischen Philosophen Seneca (gest. 65 n. Chr.) aufsucht, etwas verblüfft feststellen, dass dort genau das Gegenteil steht: „nicht für das Leben, für die Schule lernen wir" (*non vitae, sed scholae discimus*). Aber da der Stoiker hier offenbar eine bittere Kritik formuliert, könnte man doch den Eindruck haben, hier mitten in der ewigen Diskussion über das richtige Verhältnis von Schulbildung und praktischem Nutzen zu sein und gleichsam zusammen mit Seneca für eine Ausbildung streiten zu können, die nicht in ihrem eigenen System gefangen ist, sondern ‚lebensnah' auf die reale Welt vorbereitet.

Dies aber ist nicht der Fall. Zwar wurden in Rom auch die (in etwa mit unseren Hochschulen vergleichbaren) Schulen des höheren Unterrichts „scholae" genannt. Mit dem Gegensatz von *schola* und *vita* geht es Seneca jedoch um etwas ganz anderes: um den Spezialbereich der philosophischen Unterweisung, konkret um das, was notwendig dazu gehöre und was nicht. Mit *vita* ist dabei gerade nicht die normale Lebenswelt des Erwachsenen gemeint, sondern die gute, die sittliche Lebensführung. Ihr, so Seneca, müsste das Hauptinteresse philosophischen Lernens gelten, nicht aber der theoretischen Spekulation, die zu Unrecht den Unterricht beherrsche; das dabei Erlernte habe nur ‚für die Schule', also für die intellektuelle Auseinandersetzung, einen

Wert, nicht aber für die Suche nach dem ‚guten Leben'. Mit dieser Idealvorstellung von der *philosophia* als Lebenslehre stand er keineswegs allein.

Hier wird, nebenbei bemerkt, deutlich, wie sehr sich antike und moderne Lehre gerade in einem Bereich unterscheiden, in dem man gemeinhin große Nähe vermuten würde: dem der Philosophie. Heutige universitäre Philosophen würden nur in kleiner Minderheit als ihr Hauptziel formulieren, die richtige Lebensführung zu vermitteln, vielmehr ihr Arbeitsfeld genau da sehen, wo Seneca den Unterricht des Philosophen auf dem Holzweg sieht: in der ‚Schule' des Nachdenkens.

Aber lassen wir den philosophischen Unterricht beiseite, der zwar als Krönung der Bildung galt – die sog. Freien Künste (Grammatik, Rhetorik, Dialektik, Arithmetik, Geometrie, Musik, Astronomie) sollten ja darauf vorbereiten –, dem sich in der Praxis aber nur eine kleine Minderheit der „studentes" widmete. Die Mehrheit der aufs Ganze gesehen ohnehin höchst elitären Schicht der Gebildeten konzentrierte sich auf eine literarische Ausbildung: sprachlich-grammatische Regeln, Literatur und Rhetorik. Die Lehr- und Lernmethodik war im Prinzip einfach: sie bestand im Vorführen exemplarischer Texte seitens der Lehrer und im Einprägen bzw. Reproduzieren seitens der Schüler, unterstützt von grammatischen und rhetorischen Lehrbüchern. Aus heutiger Sicht könnte es kaum eine stärkere Orientierung an einem vorgegebenen schulischen System geben, weit entfernt von einer lebenspraktischen Ausrichtung des Unterrichts.

Dieser Eindruck verstärkt sich noch, wenn wir Alter und Art der Referenztexte betrachten: es dominierten die klassischen Dichtungen (z.B. die Epen von Homer und Virgil oder berühmte Theaterstücke) und prominente Reden; effektive Methoden der Mnemotechnik erlaubten den Schülern, große Teile davon auswendig zu lernen. Auch bei der Produktion eigener Texte gab die (Schul-)Tradition die Richtung vor. Berühmt waren die sog. Deklamationen, Ziel und Abschluss des rhetorischen Trainings. Die Aufgabe bestand darin, vorgegebene – teils der Geschichte entnommene, teils fingierte – Fälle oder Aufgabenstellungen nach festgelegten Regeln zu bearbeiten und in Gerichts- oder Beratungsreden zu transformieren, die dann vorgetragen wurden, durchaus auch vor größerem Publikum. Man konstruierte dabei gern unwahrscheinliche, verzwickte und spektakuläre Fälle, die anzuwendenden Gesetze waren zuweilen frei erfunden, und die Handlung erinnert oft eher an antike Romane als an die Fälle, die wir aus den Rechtsquellen kennen: wir treffen auf Tyrannenmörder, Seeräuberfürsten und verschleppte Jungfrauen, viel weniger als erwartet jedoch auf die normale gesellschaftliche und vor allem juristische Lebenswelt der Zeit, zumal viele Themen der jahrhundertealten griechischen Tradition entnommen waren.

Es fällt nicht schwer, sich die moderne Reaktion auf diese Lehrmethoden vorzustellen. Sie ist von Unverständnis oder sogar Spott geprägt: Gibt es etwas Lebensfremderes als einen derartig erstarrten Schematismus? Dieses Urteil beruht jedoch auf einem unhistorischen Vorverständnis von dem, was höhere Bildung zu leisten und zu beinhalten habe, nämlich eine Einführung in möglichst viele Bereiche des praktischen Lebens. Man sollte nicht übersehen, dass es nicht der Staat und auch nicht irgendeine Intellektuellen-Clique war, die dieses Lehrsystem bis zum Ende der Antike in Geltung hielt, sondern die (nicht unerhebliche Summen) zahlende Klientel dieses Unterrichts. Offenbar erwies er sich durchaus als erfolgreiche Vorbereitung auf ‚das Leben'. Das Deklamieren wurde sogar zu einer verbreiteten Beschäftigung für Erwachsene.

Tatsächlich war hier – bezogen auf die Gesamtheit der Lernenden – die Verbindung zwischen ‚Schule' und ‚Leben' viel enger, als wir es aus heutiger Zeit kennen: der Einzelne bleibt heute ja oft nur mit einem kleinen Teil des in Schul- und Studienzeiten Gelernten in Kontakt. Der antike Absolvent dagegen wandte einen Gutteil seiner Kenntnisse auch im ‚Leben' an. Allerdings dürfen wir *vita* dabei nicht als die Summe aller Lebensbereiche verstehen, für die eine formelle Ausbildung nötig war. Vieles davon war Sache von Spezialisten, und die meisten heutigen Schul- und Studienfächer wären für die damaligen Eliten als dauerhafte geistige Beschäftigung nicht akzeptabel gewesen. Die antike *schola* entsprach dagegen genau der Lebenssituation einer Oberschicht, deren öffentliche Kommunikation wesentlich literarisch und rhetorisch geprägt war und die sich in diesen ästhetischen Formen auch ihrer Superiorität sowie ihres Zusammenhalts versicherte.

Die europäische Universität der Moderne verdankt dem antiken Bildungswesen viel. Das beginnt schon bei den Begriffen: Auch wir haben professores (samt ihrem Lehrstuhl, der cathedra) und studentes, die diesen im auditorium ‚zuhören'. Betrachten wir aber Ausrichtung und Zielsetzung der antiken Hochschule in ihrem historischen Kontext, zeigt sich eine durchaus herausfordernde Andersartigkeit.

Andreas Voßkuhle / Johannes Gerberding

Michael Kohlhaas und der Kampf ums Recht

I. Die Akte Michael Kohlhaas

Die Akte „Michael Kohlhaas" dürfte eigentlich keinem Juristen Freude bereiten. Kohlhaas wurde freigesprochen, er wurde als Querulant und Krimineller verurteilt. Man hat ihn moralisch verdammt, als „Märtyrer seines Rechtsgefühls" emporgehoben und – auch das! – in ihm den „Vorläufer des proletarischen Revolutionärs" gesehen. Seitdem Heinrich von Kleist den Fall des Rosshändlers im Juni 1808 aufgerufen hat, läuft der Prozess. Anfechtungen, Revisionen, Wiederaufnahmen – ein endgültiges Urteil ist nicht abzusehen, Rechtssicherheit nicht zu erwarten.

Vielleicht gerade deshalb übt die Akte „Michael Kohlhaas" auf jede neue Juristengeneration eine ganz eigentümliche Faszination aus. Kaum eine andere deutsche Erzählung hat soviel juristischen Scharfsinn mobilisiert. Kaum eine andere deutsche Erzählung ist so häufig Anlass gewesen zu weit ausgreifenden rechts- und moralphilosophischen Reflexionen.

Als man im Laufe des 19. Jahrhunderts damit aufhörte, beim Namen Kleist an den Idyllendichter Ewald zu denken, und anfing, sich stattdessen an den unglücklichen Heinrich zu erinnern, waren die Juristen von Anfang an mit von der Partie. Wer also als Jurist zu Michael Kohlhaas Stellung bezieht, tritt in ein laufendes Gespräch ein. Zunächst werden Grundlagen und Kontext dieses Gesprächs in den Blick zu nehmen sein; dafür soll schlaglichtartig beleuchtet werden, wie Literatur und Literaturwissenschaft im Bereich des Rechts wirksam werden können. Sodann soll ausgelotet werden, welche Herausforderungen die „Konstellation Kohlhaas" für die Rechts- und Staatsphilosophie der Zeitgenossen Heinrich von Kleists bereithält, bevor der Sprung aus dem Jahre 1810 in die Gegenwart gewagt wird. Denn die Figur Michael Kohlhaas erfreut sich weiterhin großen Interesses. Wir begegnen ihr auch heute überall dort, wo um das Recht oder für

Gerechtigkeit gekämpft wird. Dies wirft die Frage auf, welche Herausforderung der Kohlhaas für unser demokratisch verfasstes Gemeinwesen darstellt.

II. Zum Verhältnis von Literatur und Recht

Man kann über das – noch dazu: ziemlich lebhafte – Gespräch der Juristen über Kleists *Kohlhaas* durchaus in Erstaunen geraten. Denn tut sich nicht eine unüberbrückbare Kluft auf zwischen der Freiheit des Dichters auf der einen Seite und den Zwängen des Juristendaseins auf der anderen Seite, eines Daseins, das sich – wenn schon nicht durch Normtexte, so doch durch Institutionen, Konventionen und Kontinuitätserwartungen – vielfachen Bindungen ausgesetzt sieht? Diese Differenz sollte nicht überspielt werden; die Autonomie der Kunst und die Autonomie des Rechts bezeichnen grundverschiedene Vorstellungen. Für die Begegnung von Recht und Literatur stellt diese Differenz aber kein unüberwindliches Hindernis dar.

Zwischen Rechtswissenschaft und Literaturwissenschaft sind zahlreiche Brückenschläge gelungen; in den USA hat der Grenzbereich unter dem Label *law and literature* seit den 1970er Jahren sogar eine gewisse disziplinäre Verfestigung erfahren. Es erweist sich etwa als ein durchaus ertragreiches Unterfangen, dem juristischen Sachverhalt mit dem begrifflichen Instrumentarium der Erzähltheorie zu Leibe zu rücken. Die in der Literaturwissenschaft entwickelten Auffassungen der Textinterpretation haben das Potential, eine in die Jahre gekommene juristische Methodenlehre zu irritieren und ihr ungewohnte Perspektiven zu eröffnen. Dass die rhetorischen Elemente der juristischen Begründung nicht schmückendes Beiwerk und für die juristische Analyse zu vernachlässigen sind, ist eine vielfach geäußerte Vermutung – auch hier etwa lohnt es sich, den Blick interdisziplinär zu weiten. Eine dergestalt informierte Sicht auf das Recht fordert eine offene Rechtswissenschaft. Sie setzt eine nicht bloß oberflächliche Vertrautheit mit dem disziplinären Feld der Literaturwissenschaft voraus, um den – jeden interdisziplinären Versuch begleitenden – Gefahren der Verfälschung und Trivialisierung der rezipierten Theorien und Erkenntnisse zu entgehen.

Das angesprochene Verhältnis von Literatur und Recht erschöpft sich indes nicht in einer Beziehung der zwei „Nachbarwissenschaften" Literaturwissenschaft und Rechtswissenschaft. Auch „die Literatur" als ästhetische Erfahrung und als vorwissenschaftlich rezipiertes Kulturphänomen wird im Bereich des Rechts produktiv. Insoweit erscheint es sinnvoll, zwei Stoßrichtungen literarischer Impulse auf Rechtspraxis und Rechtswissenschaft auseinanderzuhalten.

1. Eine der Literatur eigene, spezifische Darstellungskraft erweitert die juristische Perspektive; literarischer Ästhetik kann man sich nur schwer entziehen. Eine rechtliche Problemlösung erfordert nicht selten den Rückgriff auf – zumeist freilich unausgesprochene – Annahmen über psychologische, soziale, wirtschaftliche oder politische Phänomene und Zusammenhänge. Zwar mag man eine dekonstruktivistisch inspirierte Skepsis gegenüber der Vorstellung hegen, dass die Literatur einen repräsentationalen Charakter hat und sich auf irgendetwas außerhalb ihrer selbst bezieht. Die beglückende Erfahrung, dass Literatur die Befähigung zur eigenen Welterschließung verbessert und erweitert, mag theoretisch nicht zufriedenstellend durchdrungen sein, ihre praktische Wirksamkeit wird man dagegen nicht in Abrede stellen können. Das „Wissen der Literatur", von dem etwa Jochen Hörisch spricht, ermöglicht eine reflektiertere, im besten Fall: aufgeklärtere Rechtsanwendung und Rechtswissenschaft.

2. Mitunter fordert die Literatur die Jurisprudenz geradezu heraus. Sie irritiert und ist eine Inspiration dazu, neue Wege einzuschlagen. Der juristische Blick wählt aus und trennt das Rechtserhebliche vom Unerheblichen. Der juristische Sachverhalt wird nicht vorgefunden, sondern hergestellt. Selbst dort, wo es rechtlich gefordert ist, „alle Umstände des Einzelfalles" zu berücksichtigen, verfestigen sich im Rechtssystem von Entscheidung zu Entscheidung abstrakte Vorrangregeln, Strukturen und Schemata. Mit einer solchen reduktionistischen Vorgehensweise einher geht notwendigerweise eine gewisse Abschottung gegenüber der Komplexität der Wirklichkeit. Justiz ist Realitätsentzug, bringt es Alexander Kluge – selbst promovierter Jurist – lakonisch auf den Punkt. Diese juristische Verengung des Blickfeldes ist gewollt. Nur sie ermöglicht es, vorgefundene Komplexität unter zum Teil gravierenden zeitlichen, personellen und sächlichen Einschränkungen zu bewältigen. Nur sie gewährleistet Rechtssicherheit.

Es liegt auf der Hand, dass unter diesen Bedingungen juristischen Arbeitens aus anderer Perspektive Wesentliches aus dem Blick geraten kann. Auf dieses „unwesentlich Wesentliche" vermag die Literatur die Aufmerksamkeit zu lenken. Die literarische Darstellung, zentral der narrative Text, kann Antworten auf die juristische Frage „Was soll sein?" in ihrer Selbstsicherheit und Selbstverständlichkeit erschüttern. Die Literatur wird zum Problemfall für das Recht, der literarische Text zur Versuchsanordnung. Dies geschieht etwa dort, wo Verantwortlichkeit und Schuld zugeschrieben werden (z.B. bei Dostojewski, Verbrechen und Strafe; Kleist, Prinz Friedrich von Homburg; Sophokles, König Ödipus; Melville, Billy Budd), wo Unterscheidungen zwischen „öffentlich" und „privat" getroffen werden (z.B. bei Kleist, Die Marquise von O...; Lessing, Emilia Galotti) oder wo Freiheit und Bindung verhandelt werden (z.B. bei Kleist, Die Familie Schroffenstein; Shakespeare, Der Kaufmann von Venedig; Goethe, Iphigenie auf Tauris).

Man stellt das juristische Argument auf eine ungewohnte Probe, gleicht man es mit einem durch den literarischen Text geschärften Sinn für das Angemessene ab. Dabei kann das Ergebnis dieses Abgleichs unterschiedlich ausfallen. Geltendes Recht, juristische Begründungen und Argumente können an Überzeugungskraft gewinnen, insoweit eignet der Literatur ein affirmativer und legitimationsstiftender Charakter. Andererseits kann hier ein rechtskritisches Potential der Literatur seine Wirkungen entfalten. Wenn die literarische Darstellung den Blick auf Aspekte lenkt, für die das Recht blind ist, wirkt dies mitunter auf das Recht zurück. Literatur versetzt das Recht in Bewegung, bricht womöglich festgefügte Strukturen auf und schlägt neuen Sichtweisen eine Bresche. Literatur hilft dem Recht, klarer zu sehen.

III. Die Deutungsoffenheit der Geschichte

In diesem theoretischen Umfeld situiert, rücken wir nahe heran an Kleists Erzählung des rechtsschutzsuchenden Rechtsbrechers. In filigranen Satzkonstruktionen, genauso verwickelt wie das erzählte Geschehen selbst, entfaltet Kleist die katastrophalen Folgen eines Unrechts, das dem brandenburgischen Rosshändler Michael Kohlhaas Mitte des 16. Jahrhunderts im Kurfürstentum Sachsen zugefügt wird. Kohlhaas wird von dem Junker Wenzel von Tronka rechtswidrig gezwungen, zwei seiner Pferde als Pfand zu hinterlassen, um die Lande des Junkers passieren zu dürfen. Seine Pferde erhält Kohlhaas später in einem beklagenswerten Zustand, abgemagert und heruntergewirtschaftet, zurück. Alle Versuche, das ihm zugefügte Unrecht durch die Justiz berichtigen zu lassen, scheitern an einer ebenso korrupten wie einflussreichen Kamarilla, die sich im kursächsischen Staat breitgemacht hat. Wo die meisten in Resignation verfallen mögen, widmet sich Kohlhaas nun mit eherner Unbedingtheit seinem „Geschäft der Rache". Von einer Schar Anhänger unterstützt, verfolgt er die Junkersippe quer durch das kursächsische Territorium, brandschatzt und tötet. Trotz des offensichtlichen Leides, das er durch seinen Rachefeldzug Unbeteiligten zufügt, erfährt Kohlhaas großes Wohlwollen in der kursächsischen Bevölkerung. Die Kampagne des Rosshändlers nimmt revolutionäre Züge an: „Zur Errichtung einer besseren Ordnung der Dinge", wie Kohlhaas ausruft, beginnt er damit, selbst Recht zu setzen und zu vollstrecken. Es bedarf schließlich der Autorität eines Martin Luther, den Kohlhaas'schen Feldzug zu stoppen. Luther freilich belässt es nicht bei einer Verurteilung des Rachefeldzugs. Er nimmt die Rolle eines Vermittlers ein und weckt bei Kohlhaas die Hoffnung, am sächsischen Hof doch noch zu seinem Recht kommen. Diese Hoffnung wird enttäuscht. Der Kurfürst von Sachsen bricht sein Wort und verurteilt Kohlhaas zu einem grausamen Tode. Erst durch das Eingreifen des brandenburgischen Kurfürsten zugunsten seines Untertanen wendet sich für Kohlhaas das Blatt. Dort, in Brandenburg, kommt Kohlhaas schließlich zu seinem Recht. Er erreicht, dass der Junker von Tronka zum Ersatz des Schadens verurteilt wird. Kohlhaas selbst allerdings wird für seinen Rachefeldzug zur Verantwortung gezogen und als Straftäter wider den kaiserlichen Landfrieden zum Tode verurteilt.

Diese geraffte Wiedergabe schöpft das von Kleist erzählte vielschichtige Geschehen und den außergewöhnlichen Personenreichtum der Novelle nicht aus. Die Produktivität des Kohlhaas-Stoffes nicht nur im Bereich des Rechts, sondern etwa auch in der Soziologie und Pädagogik, Psychologie und Historik erklärt sich gerade aus dem Facettenreichtum der Erzählung. Es hieße, den Charakter der Erzählung als deutungsoffenes Kunstwerk zu verfehlen, würde man sie mit Verbindlichkeitsanspruch auf die Entfaltung eines bestimmten Gedankens festlegen wollen. Dass Kleists Erzählung somit als literarische Flankierung der Preußischen Reformen, als Kommentar zu der Lutherischen Zwei-Reiche-Lehre oder als tiefenpsychologisches Profil des Fanatikers gelesen werden kann, soll deshalb nicht in Abrede gestellt werden.

IV. Gesellschaftsvertrag und Widerstandsrecht

1. Hier aber soll die Kleist'sche Versuchsanordnung als Testfall für ein Großthema der westlichen politischen und Rechtsphilosophie verstanden werden: Die Idee des Gesellschaftsvertrages, dieser „von den Weltweisen mit menschenfreundlichem Witz erfundene Grund des Gehorsams gegen die Gesetze", wie, angestoßen durch eine Kabinettsordre Friedrich Wilhelm II. im August 1786, wenige Jahre nach Kleists Geburt, formuliert wird. Der Gedanke, Herrschaft durch den Verweis auf eine ursprüngliche Übereinkunft der Herrschaftsunterworfenen zu legitimieren, wurzelt historisch tief; in der frühen Neuzeit bildet er das Fundament für philosophische Lehrgebäude von außerordentlicher Vielgestaltigkeit. Der Auftritt Martin Luthers in Kleists Erzählung ist dafür zeichenhaft, bringt doch die konfessionelle Spaltung wie kein zweites Ereignis theologische Legitimationsbegründungen politischer Herrschaft ins Wanken. Gesellschaftsvertragliche Denkmuster und Argumentationsformen bleiben bis in die Lebenszeit Kleists hinein zentraler Bezugspunkt in der politisch-philosophischen Debatte. Am kontraktualistischen Denken arbeitet sich auch Adam Müller ab, jener junge Mann, mit dem Kleist zeitweise befreundet war und zusammen in Dresden den *Phöbus* herausgegeben hat – jenes „Journal für die Kunst",

das im Juni 1808 erstmals Fragmente des *Michael Kohlhaas* abdruckt. Man ist geneigt, Kleists Novelle als Stellungnahme in dem gesellschaftsvertraglichen Diskurs der Neuzeit zu lesen.

2. In jeder Skizze gesellschaftsvertraglichen Denkens – und sei sie auch mit groben Strichen gezeichnet – bildet sich eine Bewegung ab, die einem Erweckungserlebnis gleichkommt: Individuen treten aus einem Naturzustand heraus und unterwerfen sich einer rechtsförmigen Herrschaftsordnung. Das vertragstheoretische Argument spezifischer zu fassen, erscheint kaum möglich. So wird der Naturzustand mal als eine unwirtliche Düsternis beschrieben, in der das Leben – in den Worten von Thomas Hobbes, dem Ahnherr des neuzeitlichen Kontraktualismus – „einsam, armselig, scheußlich, tierisch und kurz" ist. Mal stellt sich der Naturzustand als eine naturrechtliche Ordnung von ungewisser Stabilität dar, mal als ein freundliches, wenn auch durch widrige Naturumstände bedrohtes Miteinander.

Das Heraustreten aus dem Naturzustand, den Vertragsschluss, haben manche Vertragstheoretiker empirisch-sozialevolutionär gedeutet, andere als Gedankenexperiment, das heißt als einsichtigen oder zwingenden Grund für eine bestehende Herrschaftsordnung verstanden. Der Einzelne verzichtet mit dem Eintritt in den rechtlich verfassten Zustand auf gewisse Rechte oder Freiheiten. Dass er sich dafür eine Gegenleistung verspricht, liegt auf der Hand. Für Michael Kohlhaas bleibt eine solche Gegenleistung aus. Ihm wird „der Schutz der Gesetze versagt", dessen er doch so dringend „zum Gedeihen [s]eines friedlichen Gewerbes" bedarf, wie er gegenüber Martin Luther empört ausruft. Sein Rechtsweg endet vor bloßen Justizattrappen. Dem so einflussreichen wie weitverzweigten Geschlecht derer von Tronka fällt es leicht, Rechtsbeugung und Prozessverschleppung zulasten des Rosshändlers zu organisieren. Kohlhaas, der den Kampf um sein Recht aufnimmt und sich so grandios wie gewaltvoll zum „Weltfreien, Gott allein unterworfenen Herrn" erklärt, beginnt damit, Feuer und Tod über die kursächsischen Lande zu bringen. Der Rachefeldzug des Michael Kohlhaas erscheint als offensichtlicher Rechtsbruch; für ihn bezahlt Kohlhaas schließlich mit seinem Leben. Man hellt zwar die Gegebenheiten des 16. Jahrhunderts auf, verfehlt dabei aber die rechtsphilosophische Pointe, nimmt man das erzählte Geschehen zum Anlass, Kohlhaas' Verhalten mit Tatbestand und Rechtsfolge etwa des Rechtsinstituts der mittelalterlichen Fehde abzugleichen.

Gesellschaftsvertraglich informiert zögert man, in seinem Urteil über den Rachefeldzug des Michael Kohlhaas beim Verdikt der Rechtswidrigkeit stehenzubleiben. Denn Kohlhaas stellt sich gegen eine allgemeine Unrechtsherrschaft. Um die Bedrückung der kursächsischen Bevölkerung nachzuempfinden, braucht man sich nur zu vergegenwärtigen, wie viel Zuspruch und Unterstützung der aufständische Rosshändler erfährt, der immerhin dreimal den Versuch unternommen hat, Wittenberg niederzubrennen. Und in der Tat ist es unmöglich, über kontraktualistische Formen der Herrschaftsbegründung nachzudenken, ohne zugleich die Frage eines Widerstandsrechts zu erörtern, mögen dessen Wurzeln auch deutlich älter sein als das vertragstheoretische politische Denken. Es ist ein naheliegender Gedanke, das durch den Gesellschaftsvertragsschluss Erhoffte zur Bedingung der eigenen Zustimmung zu erheben. Bleiben dann die Sicherheit für Leib und Leben oder der Schutz eines vorrechtlich gedachten Eigentums oder gesetzlicher Rechte aus, so wird der Gesellschaftsvertrag hinfällig. Der Schutzlose sieht sich, wie Michael Kohlhaas es ausdrückt, „zu den Wilden der Einöde" – in den Naturzustand – hinausgestoßen.

3. Musterhaft dargelegt ist die Begründung eines Widerstandsrechts aus dem Geiste des Kontraktualismus bei John Locke. Locke, Kirchenvater des westlichen Liberalismus und der große Ideengeber der Amerikanischen Revolution, begreift den gesellschaftsvertraglich geschaffenen

Staat als Einrichtung zur Durchsetzung natürlicher Rechte. Der Locke'sche Staat ist, in den Worten von Wolfgang Kersting, „organisierte Grundrechtspflege". Der vergesellschaftete Mensch gibt seine natürlichen Rechte nicht auf. Lediglich ihr Schutz und ihre Durchsetzung sind einem Staat, verstanden als Einrichtung der bürgerlichen Gesellschaft, überantwortet. Ist vertraglich begründete Herrschaftsgewalt auf den Schutz der naturrechtlichen Locke'schen Trias von *life*, *liberty* und *estate* verpflichtet, verfehlt deren Missachtung den Vertragszweck und berechtigt zum Widerstand. Auf diesem theoretischen Fundament aufbauend ist es kein fernliegender Gedanke, in Michael Kohlhaas einen Widerständler nach Locke'scher Inspiration zu sehen. Das Rechtsgefühl, das den Kohlhaas antreibt, erhält so eine zentrale Bedeutung. Die Verletzung des Rechtsgefühls chiffriert die Verletzung der Locke'schen Naturrechtsgüter Leben, Freiheit und Eigentum. Es verlässt damit die Domäne des Emotional-Affektiven und wird zum Sensorium für die untrügliche Erkenntnis eines dem Menschen vorgegebenen, überpositiven Rechts.

4. Freilich markiert John Locke nicht den letzten Stand vertragstheoretischen Denkens, als Heinrich von Kleist zur Ausarbeitung seines *Kohlhaas* ansetzt. Die Locke'sche Beweisführung, die ohne den Rekurs auf bestimmte anthropologische Annahmen nicht auskommt, erscheint brüchig und nicht in der Lage, einer Herrschaftsbegründung ein festes Fundament zu liefern. Immanuel Kant – der Philosoph, dessen Lektüre den jungen Kleist immerhin in eine veritable „Kant-Krise" gestürzt haben soll – verabschiedet Willens- und Klugheitsargumente aus der herrschaftlichen Geltungsbegründung. Das Heraustreten aus dem Naturzustand wird als zwingender Vernunftakt konzipiert, die Staatsgründung folgt nicht einem Kalkül der Nützlichkeit etwa zum Schutz von Leib und Leben wie bei Thomas Hobbes oder zur Sicherung natürlicher Freiheitsrechte. Jeder Mensch ist jedem Menschen a priori schuldig, sich einer öffentlichen und allgemeinen Gesetzgebung zu unterwerfen; der Staat wird zu einem Ding der Notwendigkeit. Auf der Grundlage seiner Vernunftvorstellung erledigt Kant das Widerstandsrecht nun mit transzendentalphilosophischer Gründlichkeit. Die Vorstellung einer obersten Gesetzgebung sei selbstwidersprüchlich, bestünde gegen sie ein Widerstandsrecht. Die Feststellung, dass dem Volk unter einer „wirklichen Gesetzgebung" womöglich „seine Glückseligkeit" vorenthalten wird, kann dagegen nichts ausrichten. In der Kantischen Herrschaftsbegründung wird diese Feststellung normativ nicht relevant. Das Aufbegehren gegen die Herrschaftsgewalt bleibt unter allen Umständen unrechtmäßig – schlimmer noch: ein Akt wider die menschliche Vernunft –, eine Konsequenz, die von den Kritikern der „Gemeinspruch"-Schrift, in der Kant seinen Gedankengang entfaltet, verständlicherweise als Zumutung empfunden wurde.

In diesem intellektuellen Klima entsteht Kleists *Kohlhaas*. Mit seiner Erzählung fordert Kleist die Kantische Lehre heraus. Denn dort, wo Michael Kohlhaas am rücksichtslosesten, am wildesten kämpft, geht es ihm gerade nicht um ein glückliches Leben, seinen persönlichen Nutzen, sein behagliches Dasein als wohlhabender Rosshändler, in dem er sich doch so kommod eingerichtet hat. Kurzum: Jener eigenen „Glückseligkeit", von der Kant spricht, begegnet Kohlhaas mit kalter Geringschätzung. Haus und Hof hat er verkauft, seine liebe Lisbeth hat er verloren, nun kämpft er nur noch um die Durchsetzung seines Rechtsanspruchs. Bei seinem Kampf ums Recht handelt Michael Kohlhaas nicht nach den Maximen einer Kosten und Nutzen gegeneinander abwägenden Klugheit – eine Abwägung übrigens, deren Ergebnis Martin Luther Michael Kohlhaas klar aufgezeigt hat. Seine Ablehnung instrumenteller Rationalität, sein Pflichtgefühl und seine Konsequenz machen Michael Kohlhaas gleichsam zu einem dunklen Spiegelbild des Kantischen Vernunftmenschen.

Damit zielt Kleists Novelle auf eine Leerstelle in Kants politischer Philosophie. Für seine genial konstruierte „Vereinigung einer Menge von Menschen unter Rechtsgesetzen" erörtert und verwirft Kant zwar ein Widerstandsrecht gegen ungerechte Gesetzgebung. Die Vorstellung einer gewaltengeteilten Herrschaft und einer hieran orientierten Ausdifferenzierung des Widerstandsrechts-Gedankens kommt bei Kant aber nicht vor. Kleist stellt dem Kantischen Intellektualismus die Wirklichkeit eines nicht zu verwirklichenden Rechts entgegen. Michael Kohlhaas rebelliert gerade nicht gegen den von Kant als absolut gesetzten Staat, sondern gegen dessen Fehlen, nicht gegen die „wirkliche[..] Gesetzgebung", von der Kant spricht, sondern gegen eine un-wirkliche.

V. Kohlhaas als „Sozialfigur" der Gegenwart

1. Von den konkreten Zeitumständen „um die Mitte des sechzehnten Jahrhunderts" ist bei den Betrachtungen von Gesellschaftsvertrag und Widerstandsrecht abgesehen worden. Kleists Novelle legt ein solches Vorgehen nahe. Die Erzählung will keine Probleme einer untergegangenen Epoche beleuchten. Zum Inventar des 16. Jahrhunderts gehören keine bürokratisch organisierten Behörden und auch nicht das schriftliche Verfahren vor Gerichten. Kleist lädt also dazu ein, die Kohlhaas-Konstellation in einen abweichenden Zeitbezug zu setzen. Eine solche Einladung wird heute mit großer Bereitschaft angenommen. Kohlhaas ist zu einer Sozialfigur der Gegenwart geworden, zu einer Rollenbeschreibung im Theater der Welt. „Der Kohlhaas von heute interessiert natürlich als Wutbürger", hieß es in Hannover, wo das Schauspiel den „Staatsfeind Kohlhaas" zum Kleistjahr auf die Bühne brachte, und dass man im Alten Schauspielhaus in Stuttgart das Stück „Kohlhaas 21" besuchen konnte, überrascht niemanden, der nur eine ungefähre Erinnerung an die Schullektüre des *Kohlhaas* hat.

2. Doch machen die Bedingungen unseres demokratischen Verfassungsstaates und seiner Rechtsordnung Kohlhaas-Vergleiche heutzutage zu einer durchaus heiklen Angelegenheit.
Für Michael Kohlhaas fallen die Verletzung seines Rechtsgefühls, eines überpositiv-vorgegebenen und des gesetzten Rechts in eins – im „Paragraphenreiter aus Rechtsgefühl", von dem Ernst Bloch abfällig spricht, kommt diese Identität treffend zum Ausdruck. Mit dem harmonischen Dreiklang ist es indessen vorbei. Rechtsverletzung und Rechtsgefühlsverletzung stehen in einer sehr losen Beziehung zueinander. Die Vorstellung eines überpositiven, den Menschen unverfügbar bindenden Rechts mag der Rechtsphilosophie auch in Zukunft reichlich Diskussionsstoff liefern. Praktische Wirksamkeit bei der Gestaltung unseres Gemeinwesens entfaltet sie nicht, insoweit gilt Richard Rortys sprichwörtlich gewordenes Diktum vom Vorrang der Demokratie vor der Philosophie. Denn: Der Kompass des Rechtsgefühls ist nicht abgestimmt auf die historisch beispiellose Masse positiven Rechts – eines Rechts, in dem sich unzählige Individual- und Allgemeininteressen artikulieren, die zu gewichten, miteinander zu koordinieren und in Ausgleich zu bringen sind. Eine unüberschaubare Vielzahl von Normsetzern hat hier eine dynamische Struktur von eindrucksvoller Komplexität geschaffen, deren Kontingenz jeden nach überzeitlicher normativer Wahrheit Suchenden schroff zurückweist.

Wie verorten wir in dieser normativen Struktur das Rechtsgefühl, das einen heutigen Michael Kohlhaas antreibt? Zwar sind Willkür und Rechtlosigkeit in einem demokratischen Rechtsstaat wie der Bundesrepublik sicherlich nicht mehr an der Tagesordnung, auch als seltene Phänomene behalten sie aber ihre eigene Sprengkraft. Wo wir von verletztem Rechtsgefühl sprechen, meinen wir ein verletztes Gerechtigkeitsempfinden, und verbinden dies mit dem Anspruch, dass das geltende Recht diesem Gerechtigkeitsempfinden entsprechen soll. Der Kampf ums Recht des Michael Kohlhaas ist der Kampf für Gerechtigkeit. Dass Recht und Gerechtigkeit nicht immer eins sind, gehört zu den verstörenden Erkenntnissen des 20. Jahrhunderts. Diese Erkenntnis ist unhintergehbar. In vielen Gerechtigkeitsfragen liegen wir wahrscheinlich weit auseinander; einig sind wir uns aber ganz überwiegend darin, dass das demokratisch erlassene Gesetz gilt, auch wenn wir vielleicht manche Regelung als ungerecht erachten.

3. Indes ist unsere Rechtsordnung in vielerlei Hinsicht empfänglich für verletztes Gerechtigkeitsempfinden. In einer besonders anschaulichen Weise zeigt sich diese Offenheit des Rechts in den Grundrechtsgarantien der Glaubens- und Gewissensfreiheit – anders, als man zunächst meinen könnte, aber nicht in dem grundgesetzlich niedergelegten Widerstandsrecht. Weniger plastisch, aber nicht weniger wirksam sind die zahlreichen Mechanismen zur Korrektur rechtswidriger Entscheidungen, die unsere Rechtsordnung bereitstellt. Schließlich ist die grundsätzliche Änderbarkeit des Rechts selbst eine wertvolle Ressource für die Gestaltung gerechterer Verhältnisse.

a) Das Recht ist nicht blind für höchstpersönliche Vorstellungen von Gut und Böse, vom gerechten und ungerechten Handeln. Es anerkennt solche Vorstellungen als beachtlich, mitunter erweist es sich ihnen gegenüber als durchaus nachgiebig. Die in Art. 4 GG niedergelegten Grundrechte der Glaubens-, Weltanschauungs- und Gewissensfreiheit schützen die Persönlichkeit des Einzelnen, indem sie ihm die Orientierung an eigenen Wertvorstellungen ermöglichen wollen. Dabei geht es nicht bloß um den Schutz eines inneren Reservats; Vorstellungen von Gut und Böse sollen sich gerade auch in persönlichen Entscheidungen ausdrücken können. Macht der Einzelne glaubhaft, die Stimme seines Gewissens als unbedingt verpflichtend zu erfahren, kann es deshalb erforderlich sein, dass die Rechtsordnung gewissensschonende Handlungsalternativen auch dort eröffnet, wo sie nach dem Wortlaut des Gesetzes, eines Arbeitsvertrages oder einer Vereinssatzung fehlen. Einschränkungen der Freiheit, nach seinem Glauben, seiner Weltanschauung oder seinem Gewissen zu handeln, kann der Staat nicht allein deshalb vorsehen, weil das zweckmäßig wäre, um ein bestimmtes Ziel zu erreichen. Die Grenzen dieser Freiheit können sich nur aus der Verfassung selbst ergeben. An eine solche Grenze stößt man etwa dort, wo die Grundrechte anderer Personen zu berücksichtigen sind.

Welche Kraft eine solche Freiheitsgewährleistung entfaltet, macht beispielsweise die Lektüre einer jüngeren Entscheidung eines Wehrdienstsenats des Bundesverwaltungsgerichts deutlich. Ein Offizier der Bundeswehr hat sich gegenüber einem militärischen Befehl auf die Stimme seines Gewissens berufen, weshalb man ihm zum Vorwurf gemacht hat, seine soldatische Pflicht zum treuen Dienen verletzt zu haben. Seiner weit ausgreifenden Entscheidungsbegründung zugunsten des Offiziers stellt das Bundesverwaltungsgericht wuchtig zwei Sätze voran: „[D]as Grundgesetz sieht die Möglichkeit der Berufung eines Soldaten auf die Gewissensfreiheit ... vor. Die Erteilung eines militärischen Befehls steht unter einem entsprechenden Vorbehalt seiner Grundrechtskonformität."

b) Dagegen kommt dem Widerstandsrecht, das sich in Art. 20 Abs. 4 GG findet, eine geringere – oder zumindest: eine andere – Bedeutung zu, als man womöglich glauben könnte. Die Vorschrift gewährt allen Deutschen das Recht zum Widerstand gegenüber jedem, der es unternimmt, die verfassungsmäßige Ordnung des Grundgesetzes zu beseitigen. Der symbolische Gehalt dieser Verbürgung ist nicht geringzuschätzen, unterstreicht die Verfassungsbestimmung doch die

Verteidigungswürdigkeit unserer freiheitlichen Ordnung. Als Grundrecht hingegen befeuert die Vorschrift die Phantasie der Allgemeinheit deutlich mehr als die der Verfassungsjuristen – der Eintrag zu Art. 20 Abs. 4 GG in der Volksenzyklopädie Wikipedia ist der längste zu allen Absätzen dieses Grundgesetzartikels, in dem immerhin auch Prinzipien wie Demokratie und Sozialstaatlichkeit, Gewaltenteilung und Gesetzesbindung niedergelegt sind. Die geringe Bedeutung des Widerstandsrechts als Grundrecht hängt mit der einschränkenden Klausel: „sofern andere Abhilfe nicht möglich ist" zusammen. Das Recht zum Widerstand ist ultima ratio. Alle von der Rechtsordnung geschaffenen Möglichkeiten der Rechtsverteidigung gehen dem Widerstand vor. Die Vorschrift markiert einen Grenzfall des verfassungsrechtlich vernünftigerweise Regelbaren. Sie greift erst dort ein, wo die Ordnung des Grundgesetzes bereits zur Gänze im Zerfall begriffen ist. Das steht einer verfassungsgerichtlichen Einklagbarkeit des Widerstandsrechts entgegen: Wo noch gerichtlicher Schutz besteht, liegen die Voraussetzungen für die Ausübung des Widerstandsrechts gerade nicht vor. Ein Kommentator des Grundgesetzes schließt seine Erläuterungen der Vorschrift deshalb mit der lakonischen Feststellung: „Damit trägt Art. 20 Abs. 4 GG den Keim seiner Unanwendbarkeit bereits in sich."

c) Erweitern wir nun unsere Perspektive. Wir betrachten nicht länger einzelne Rechte, sondern richten unseren Blick auf die allgemein bestehende Möglichkeit, ein als Ungerechtigkeit empfundenes Unrecht berichtigen zu lassen. Diesem Zweck dient ein ausdifferenziertes Gerichtssystem, vor dem der Einzelne Rechtsschutz suchen kann. Dabei stellt sich unsere Rechtsordnung nicht blind gegenüber der Tatsache, dass jede Rechtsanwendung Menschenwerk ist und deshalb nicht gefeit vor Irrtümern, Fehlern und Nachlässigkeiten. Die Rechtsordnung reagiert auf diesen Befund, etwa indem sie institutionelle Sicherungen vorsieht, die den Erlass rechtmäßiger Entscheidungen begünstigen sollen. Die unter dem Stichwort „richterlicher Unabhängigkeit" zusammengefassten Garantien stärken dem Richter das Rückgrat und schirmen ihn ab gegenüber Einflussnahme von außen. Der Wert solcher Garantien wird deutlich, wenn man sie der bestürzenden Mitteilung von Kohlhaas' „Rechtsgehülfen" gegenüberstellt, der dunkel raunt, die Klage sei „auf eine höhere Insinuation, bei dem Dresdner Gerichtshofe, gänzlich niedergeschlagen worden".

Daneben kennt das geltende Recht eine Vielzahl von Möglichkeiten zur Selbstkorrektur und zur Berichtigung rechtswidriger Entscheidungen. Nur selten hat dasselbe Gericht das erste und das letzte Wort. Regelmäßig ist es dagegen möglich, eine gerichtliche Entscheidung anzugreifen und ein höheres Gericht mit seiner Sache zu befassen. Für manche besonders drastische Fehler kennen die Prozessordnungen die Möglichkeit, auch rechtskräftig abgeschlossene Verfahren wiederaufzunehmen. Die bekannte, in unzähligen Kriminalgeschichten variierte Handlung von der verbissenen Suche nach dem fehlenden Beweisstück, das die Unschuld des Verurteilten bezeugen soll, setzt solche Korrekturmechanismen innerhalb des Rechtssystems gerade voraus. Die schikanöse Behandlung durch die Justiz, die Michael Kohlhaas erfahren hat, die Rechtsverweigerung und die Missachtung seines Anspruchs auf rechtliches Gehör hätten also heute gute Chancen, im Instanzenzug korrigiert zu werden. Wann immer wir in der Zeitung lesen, dass einem Menschen vor Gericht „späte Gerechtigkeit zuteil geworden ist", hat man dafür unser positives Recht nicht als Ungerechtigkeit beiseite geschoben und es gebrochen, sondern gerade angewandt.

Eine besondere Dynamik entwickelt dieser Prozess, weil unser Recht deutungsoffen und interpretationsbedürftig ist. Damit ist es in der Lage, Gerechtigkeitsvorstellungen – nach eigenen Maßstäben – in sich aufzunehmen. Die Anwendung des Grundgesetzes durch das Bundesverfassungsgericht bietet hierfür reichhaltiges Anschauungsmaterial. Die Auslegung der schlicht und erhaben formulierten Grundrechtsbestimmungen etwa kann die Kraft entfalten, auch große Bereiche des Rechtssystems neu zu orientieren. Damit kann ein bis dato übersehenes Rechtsgut unter Schutz gestellt oder einer Freiheit die Chance zu ihrer tatsächlichen Entfaltung gegeben werden. Wer sich dessen vergewissern will, mag etwa die Umbauten der Rechtsordnung betrachten, die erforderlich wurden, weil das Bundesverfassungsgericht mit der Grundrechtsverbürgung: „Männer und Frauen sind gleichberechtigt." Ernst gemacht hat.

In diesem Zusammenhang finden auch die Debatten um zivilen Ungehorsam ihren angemessenen Ort im Recht. Dieses Phänomen, das manchmal unter dem Stichwort des „kleinen Widerstandsrechts" verhandelt wird, ist nicht als unlösbarer Großkonflikt zwischen Recht und Gerechtigkeit zu begreifen. Stattdessen gibt ziviler Ungehorsam Anlass dazu, Ausdrucksformen der Kritik und des politischen Protests sehr genau und umsichtig auf ihre Rechtswidrigkeit hin zu überprüfen und diese nicht leichthändig zu bejahen. Die Sitzblockade, Emblem bundesrepublikanischen Ungehorsams, zeigt auf, wie konfliktreich sich das Ringen um die rechtliche Würdigung gestalten kann: Oberlandesgerichte verweigerten dem Bundesgerichtshof ihre Unterstützung; zwei frühe Entscheidungen des Bundesverfassungsgerichts wurden – dies ist sehr selten – mit vier zu vier Stimmen getroffen, eine spätere mit fünf zu drei Stimmen. Gleichwohl ist die Thematik innerhalb unserer Rechtsordnung handhabbar gemacht worden. Man stritt über das richtige Verständnis von Begriffen wie „Gewalt" und „Verwerflichkeit", jene Merkmale, die eine strafbare Nötigung (§ 240 StGB) beschreiben. Wann immer Theoretiker des zivilen Ungehorsams für dessen Rechtmäßigkeit argumentieren – und dies ist der Normalfall –, sind sie letztlich doch motiviert durch die Fähigkeiten unserer Rechtsordnung zur Selbstkorrektur.

Der Gerechtigkeitssinn als Antrieb vermag im Recht also durchaus etwas zu bewegen. Der Kampf ums Recht und der Kampf für Gerechtigkeit können miteinander einhergehen. Ein wenig Michael Kohlhaas darf damit jeder sein, der die Mühen auf sich nimmt, das Recht für sein Anliegen zu mobilisieren und einen mitunter langen und beschwerlichen Rechtsweg zu beschreiten.

d) Mit dieser idyllischen Zweisamkeit von Recht und Gerechtigkeit ist es schnell vorbei, wo unterschiedliche Gerechtigkeitsvorstellungen aufeinanderprallen – Kollisionen, zu denen es in unserer pluralistischen Gesellschaft eher früher als später und eher häufig als selten kommt. Das Recht verspricht zwar jedem sein Recht, nicht aber jedem seine Gerechtigkeit. Hinter den Zustand konfligierender Gerechtigkeitsvorstellungen gibt es kein Zurück. Der demokratische Verfassungsstaat ist die Konsequenz dieser Einsicht; er ist die praktisch beste Antwort auf das Problem der Gerechtigkeit. Normative politische Philosophie, rechtspolitisches Feuilleton oder die Lehren vom „richtigen Recht" haben sich deshalb auf die – wichtige – Rolle zu beschränken, überzeugende Maßstäbe zur Kritik der Verhältnisse zu entwickeln und ein rationales – im weitesten Sinne demokratisches – Gespräch über Gerechtigkeitsfragen zu ermöglichen. Mehr sollte von ihnen nicht erwartet werden, aber das darf auch von ihnen erwartet werden.

Für unseren Mitbürger Kohlhaas, der jenseits aller denkbaren Rechtsmittel von der Befriedigung seines Gerechtigkeitsempfindens nicht lassen will, gibt es keine Differenz zwischen individueller Gerechtigkeitsvorstellung und allgemeinem Gesetz. Gerade diese stets mögliche Differenz begleitet aber unser Leben als Bürgerin oder Bürger eines Gemeinwesens, das all seinen Mitgliedern – so unterschiedlich sie auch sind – das gleiche Maß an politischer Freiheit garantiert. Aus heutiger Sicht wäre unser Kohlhaas deshalb gut beraten, wenn er von der Vorstellung abließe, dass sich ihm eine wahre Bedeutung des geltenden Rechts erschlösse, die allen anderen verborgen bleibt. Wenn es keine unverfrorene Begriffsentführung wäre, könnte man versucht sein, insoweit von Privat-Recht in Parallele zur Wittgenstein'schen Privatsprache zu sprechen.

Einen Ausweg eröffnet hier die Änderbarkeit des Rechts, weil wir sie mit dem – nicht unberechtigten – Glauben daran verbinden, dass wir die tatsächlichen Verhältnisse durch Rechtsetzung beeinflussen können. Der demokratische Verfassungsstaat stellt Rechtsinhalte zur Disposition, er ermöglicht Zäsuren, Reformen, Neuanfänge. Jedermann erhält somit die Chance, verletztes Gerechtigkeitsempfinden produktiv werden zu lassen. Das Recht selbst unterstützt diesen Vorgang, indem es die Freiheit zur Rechtskritik gewährleistet. Die Meinungsfreiheit und Pressefreiheit erlauben es, für seine Vorstellungen von gerechten Verhältnissen, von gerechtem Recht werben zu können. Unter dem Schutz der Versammlungsfreiheit kann man für sein Anliegen auf die Straße gehen. Die Vereinigungs- und Koalitionsfreiheit garantieren die Möglichkeit, für seine Interessen in Gemeinschaft mit Gleichgesinnten einzutreten.

Die hintergründige Radikalität dieses Gedankens sollte nicht unterschätzt werden. Sie wird besonders deutlich, wenn man sich vergegenwärtigt, dass sich die Änderbarkeit des Rechts auch auf die Erzeugungsbedingungen von Recht selbst bezieht. Demokratie ist auf rechtliche Institutionen und Verfahren angewiesen. Es sind Rechtsvorschriften, die Wahlen und Abstimmungen konstituieren; die gesetzgebenden Körperschaften und ihre Verfahren verdanken ihre Existenz selbst Verfassungsbestimmungen. Auch diese den demokratischen Prozess konstituierenden Vorschriften sind gestaltbar. Das „demokratische Versprechen" gibt hier die Maßstäbe vor, nicht die Inhalte. Zwar mögen die absoluten Grenzen einer Verfassungsänderung, wie sie im ambitioniert als „Ewigkeitsklausel" bezeichneten Art. 79 Abs. 3 GG niedergelegt sind, derzeit in der Öffentlichkeit ein besonderes Interesse finden. Diese Aufmerksamkeit sollte aber nicht den Blick davon ablenken, in welch großem Maße es unserem Gemeinwesen möglich ist, sich auf neue Regeln und Verfahren zu einigen. Das Recht kann damit reagieren auf Forderungen nach Inklusion oder nach umfassenderer oder früherer Partizipation. Dass die eine Rechtskritik ermöglichenden Freiheitsrechte auch eine Kritik an der konkreten Ausgestaltung demokratischer Institutionen und Verfahren unter ihren Schutz stellen, rundet dieses Gefüge ab. Und tatsächlich gehen eine Kritik als ungerecht empfundenen Rechts und die Kritik seiner Entstehungsbedingungen regelmäßig einher.

5. Man sieht: Unserem Zeitgenossen Kohlhaas öffnet sich in den Grenzen des Rechts ein weites Betätigungsfeld. Haben wir ihm seinen Furor damit restlos ausgetrieben? Die Antwort lautet nein. Unser Kohlhaas geht nicht auf in der Figur eines von Gerechtigkeitssinn befeuerten Citoyens. Wo sich unser Kohlhaas auf eine höhere Gerechtigkeit beruft, der das Recht schlichtweg zu weichen hat, bekommt sein Tun eine bittere, weil antidemokratische Note. In diesem Verhalten manifestieren sich Selbstüberhöhung und eine Missachtung demokratischer Gleichheit. Der Zusammenstoß zwischen geltendem Recht und Gerechtigkeitsempfinden ist klassisches Thema der Rechtsphilosophie. In den Erörterungen klafft aber eine markante Lücke, wenn von den Entstehungsbedingungen des Rechts abgesehen wird. Demokratisch geschaffenes Recht fordert dem Rechtsunterworfenen besondere Verhaltensweisen ab. Hierher rührt eine Skepsis, ob in der Kleist'schen Versuchsanordnung von den Bedingungen der Herrschaft abgesehen werden kann.

Es gibt ein Bewusstsein dafür, dass der Rechtsbruch im Namen der Gerechtigkeit in der Demokratie eine Untugend ist; ein Bewusstsein, das sich, wenn man genauer hinschaut, selbst bei denjenigen zeigt, die das geltende Recht nicht akzeptieren: Kaum ein Rechtsbruch, der nicht begleitet wird von der Denunziation unseres demokratischen Gemeinwesens als bloße Kulisse, hinter der die tatsächlichen Machthaber – als übliche Verdächtige etwa: das Großkapital, das Ausland, eine politische Klasse – alle Fäden in der Hand halten. Kaum ein Mehrheitswille, der nicht als Ausdruck eines falschen Bewusstseins und als Verfehlung eigentlicher Interessen diskreditiert wird. In seiner letzten Konsequenz kann dieser Gedankengang zur Gewalttätigkeit im Namen der Gerechtigkeit Anlass geben. Aber lassen wir uns nicht täuschen: Wo dies geschieht, tritt einem Michael Kohlhaas in der Gestalt des Terroristen entgegen.

VI. Ausblick

Im Rückblick wird der Facettenreichtum von Kleists *Kohlhaas* augenfällig. Der Standpunkt des Betrachters ist bestimmend dafür, vor welche Herausforderungen uns die Auseinandersetzung mit dieser Figur stellt. Als Zeitgenosse Kleists verweist sie auf die Unvollständigkeit vertragstheoretischer Begründungen von Herrschaft. Unter den Bedingungen demokratischer Selbstbestimmung wird Kohlhaas zu einer hochgradig ambivalenten Figur. Mal tritt er uns als energischer Kämpfer für die Berichtigung von Unrecht und die Veränderung des Rechts entgegen, mal als Brecher der selbstgegebenen Spielregeln unseres Miteinanders.

Jede Kohlhaas-Interpretation ist zeitgebunden. Ihr Bezugspunkt aber sind Fragen nach Recht und Gerechtigkeit – Fragen, von denen wir erwarten können, dass sie sich dem Menschen auch in Zukunft drängend stellen werden. Dass auch der 300. Todestag des Heinrich von Kleist Anlass dazu geben wird, den Fall des brandenburgischen Rosshändlers zu verhandeln, ist deshalb keine waghalsige Vermutung – und eine, die in gewisser Weise beruhigt.

Barbara Zehnpfennig

Wie ökonomisch ist Bildung?

Wenn heute in Bildungsfragen der Blick sehr schnell auf die ökonomische Effizienz gerichtet wird, wird dabei in der Regel eines vergessen: Die Ökonomie erzeugt sich nicht aus sich heraus. Sie bedarf eines bestimmten kulturellen Umfeldes, um jene Innovationskraft zu gewinnen, die eine Wirtschaft erst dynamisch macht. Das gilt weniger für Ökonomien, die sich auf die Nachahmung und Optimierung schon vorhandener Produktionsweisen und Produkte beschränken, wie das früher in den asiatischen Ländern der Fall war. Das gilt vor allem für die Ökonomien, die Vorreiter und Marktführer sein wollen, wie es europäischer und in der Folge dann amerikanischer Ehrgeiz gewesen ist. Als Vorreiter aber muss man auch Vordenker sein, und wer damit sofort nur den möglichen wirtschaftlichen Ertrag assoziiert, wird kaum jene Phantasie entwickeln, die dann tatsächlich, allerdings oft auf nicht vorhersehbaren Umwegen, zum ökonomischen Erfolg führt.

Selbst wenn man also glaubt, dass der wirtschaftliche Fortschritt für uns heute lebende Menschen das entscheidende Ziel sein sollte – wozu gleich noch etwas zu sagen ist –, greift man zu kurz, wenn man von vornherein alles, und eben auch die Bildung, ökonomischen Imperativen unterwirft. Welche Forschung sich „gelohnt" hat, zeigt sich oft erst im Nachhinein. Und vielleicht ist die Veränderung unseres Weltbilds, wie sie Kopernikus für unsere Selbstverortung im physischen Kosmos und Kant für unsere Selbstverortung im geistigen Kosmos bewirkt haben, grundlegender für die Gestaltung unseres modernen Lebens als jene technischen Innovationen, denen gegenwärtig das Hauptaugenmerk gilt.

Ökonomie und geistige Kultur

Wieso kann man überhaupt meinen, dass in der Ökonomie das Heil läge? Wohlstand hervorzubringen, ist ein sehr leicht vermittelbares, jedermann eingängiges Ziel. Geadelt werden kann es dadurch, dass man es zur Bedingung der Möglichkeit auch höherer Arten der Selbstverwirklichung deklariert: Man muss sein Glück nicht im Konsum finden, man kann es auch in geistiger Betätigung suchen. Doch ist letztere erst, wie schon Aristoteles behauptete, auf der Grundlage gesicherten Wohlstands vorstellbar? Eine Existenz wie die sokratische wäre so nicht zu erklären, und doch hat diese Existenz das abendländische Denken wie (fast) keine andere geprägt. Dass Geist auf Geld verwiesen wäre, ist eine gewagte These. Sehr viel plausibler ist, dass ein deutlich über die bloße Subsistenzsicherung hinausgehender Wohlstand vor allem für jene Konzepte von Selbstverwirklichung nötig erscheint, die ihr Selbst in etwas Äußerem suchen: der Manifestation von Erfolg im Statussymbol, dem Selbstgenuss des Siegers in der sozialen Konkurrenz, möglicherweise auch der als solche nicht erkannten Flucht vor sich selbst in Form eines Mehrhaben-Wollens, das an kein Ende kommt und auf diese Weise vom inneren Elend ablenkt. Natürlich gibt es auch sinnvollere Arten, Wohlstand zu verwenden, bspw. für soziale oder kulturelle Projekte. Aber dass es bei der Wertschöpfung in erster Linie um derartige Verwendungszwecke ginge, erscheint doch etwas zweifelhaft.

Fassen wir zusammen: Um ökonomische Zielsetzungen aussichtsreich zu verfolgen, bedarf es einer nicht primär ökonomisch ausgerichteten, geistig weiteren Kultur; die ökonomischen Zielsetzungen selbst sind nicht notwendig der Königsweg zu einer erfüllten Existenz. Ist es vor diesem Hintergrund zu rechtfertigen, Bildung zunehmend als wirtschaftlichen Faktor zu definieren und zu behandeln? Was bedeutet es überhaupt, einen Menschen zu bilden?

Ganzheitliche Bildung

Bildung ist nicht identisch mit der Vermittlung von Wissen. Bildung ist, wie der Begriff schon nahelegt, ein ganzheitlicher Prozess, der den Menschen insgesamt formt. Der im Bildungsprozess zu bearbeitende „Stoff" ist also nicht das Wissen, sondern der junge Mensch, der es erwerben, verstehen, anwenden soll. Damit kehrt sich die Blickrichtung um: Das Wissen wird vom Zweck zum Mittel, das Objekt der Wissensvermittlung – der Schüler, der Student – wird zum Subjekt der Wissensaneignung. Dem Hochschullehrer kommt in einem so verstandenen Bildungsprozess vor allem die Rolle des Anregers und Katalysators zu: Idealiter verkörpert er selbst jenen souveränen Umgang mit dem Wissen, zu dem auch der Student allmählich befähigt werden soll. In gemeinsamer Bemühung um die Sache, von der Lehrender wie Studierender profitieren, übt sich eine Geisteshaltung ein, die sukzessive von der natürlichen, Ich-zentrierten Perspektive befreit: Der Umgang mit Wissenschaft wirkt, ernsthaft betrieben, in jeder Weise horizonterweiternd. Er ermöglicht die Erfahrung mit bisher noch nicht Gedachtem, er zwingt zu Rationalität, er fordert Selbstüberwindung bei der Verabschiedung liebgewonnener Vorurteile. Das alles wirkt auf die Person zurück, und weil dies nichts ist, was ein anderer stellvertretend für den Studierenden unternehmen könnte, ist dieser Prozess ein ganz individueller, obwohl er doch das Allgemeine der Wissenschaft zum Gegenstand hat.

Um die Entfernung von dem, was die Universitäten als pseudo-nutzenmaximierende Lernmaschinen tatsächlich heute bestimmt, noch weiter zu treiben: Besinnen wir uns doch einmal auf jenes Bildungskonzept, das am Anfang unserer abendländischen Überlieferung stand und wohl jenen Weisen zum Vorbild hatte, der mit seiner dialogischen Wissensprüfung zwar viele zur Verzweiflung, doch einige auch zur Selbsterkenntnis trieb: die platonische, Sokrates als Ideal verherrlichende Vorstellung von Bildung. Diese ist vorbehaltlose Ursachensuche, welche sich stufenweise entfaltet und die Wissenschaften als wesentliche, aber letztlich auch wieder zu überschreitende Stufe fasst. An den Wissenschaften, an ihrem Verwiesen-Sein auf ihrerseits nicht begründete Prämissen, wird die Begrenztheit des Wissens erfahrbar – dass sie, so unverzichtbar sie sind, nicht die letzte Wahrheit sein können. Diese letzte Wahrheit ist erst durch die Selbstüberschreitung des Wahrheitssuchenden zu erringen, in seiner Prüfung der Prämissen, nicht zuletzt der eigenen. Der Schlüssel liegt also in der Selbsterkenntnis und keineswegs in einem göttlichen Allwissen. Der so gebildete Mensch hat ein sachliches Verhältnis zu sich und in der Folge auch zu dem Wissen, mit dem er umgeht. Er achtet es, ohne es zu vergötzen, er sucht nach dessen Nutzen, ohne diesen vorschnell und partikular zu definieren. Und er weiß um seine Verantwortung, weil er ebenfalls weiß, dass die Wissenschaft selbst den Maßstab ihrer Anwendung nicht mitliefert.

Die ökonomische Logik

Eigentlich wäre das, was hier als Ideal gezeichnet wird, genau das, was unsere Gesellschaft bräuchte – was jeder Gesellschaft gut täte. Welcher Logik aber haben wir uns verschrieben, wenn wir dem ökonomischen Denken so weitgehenden Einfluss auf unser Bildungssystem, auf unsere Universitäten zugestehen? Die ökonomische Logik ist ganz klar die der Eigennutzmaximierung und damit das Gegenbild zu dem sachlichen Selbstverhältnis des gebildeten Menschen. Wer also bspw. Professoren ermuntert, doch viel stärker ökonomisch zu denken, appelliert nicht an ihr wissenschaftliches Ethos, sondern an ihre menschlich-allzumenschliche Seite und könnte damit die folgenden Reaktionen provozieren: Die in die Lehre investierte Zeit hat keine sichtbaren Konsequenzen für die Reputation, also gilt es, sie zu reduzieren. Dann bemüht man sich eben nicht um die Persönlichkeitsentwicklung der Studenten, sondern füttert sie mit immer wieder verwendbaren Folien, gibt ihnen so gute Noten, dass sie einen nicht auch noch ein zweites Mal als Prüfling belasten, oder hält sie sich durch geschickte Berufungsverhandlungen, die jahrelange Befreiung von der Lehre zur Folge haben, ganz vom Leibe. Drittmitteleinwerbung steht beim Prestigegewinn ganz oben auf der Liste, und so ist es zur Verbesserung der Erfolgschancen besonders ökonomisch, unabhängig von deren tatsächlicher Bedeutung modische Themen zu bearbeiten, keine riskanten Außenseiterpositionen zu beziehen, die prospektiven Gutachter nicht durch Kritik zu vergrätzen. Ein optimierter Lebenslauf erhöht die Marktchancen, und so macht es sich doch gut, als Redner auf einer wichtigen Konferenz verbucht worden zu sein, auch wenn man kurzfristig abgesagt hat, das Gespräch mit einem ausländischen Kollegen als Beweis für die Existenz eines internationalen Forschungszusammenhangs anzuführen oder einen armen kleinen Gedanken in immer wieder neuer Form zu präsentieren, um die Publikationsliste zu imposanter Größe anwachsen zu lassen.

Bildung – ein kostbares Gut

Das alles – und natürlich noch sehr viel mehr, hier nicht Genanntes – ist konsequentes ökonomisches Verhalten. Kann unserer Gesellschaft daran gelegen sein, zu solchem Verhalten zu animieren? Kann sie davon ausgehen, dass sich die individuelle Nutzenmaximierung, der Kern des ökonomischen Paradigmas, auf wundersame Weise in einen gesellschaftlichen Gesamtnutzen wandelt? Oder müsste ihr nicht vielmehr daran gelegen sein, in ihren Bildungseinrichtungen Persönlichkeiten heranzuziehen, die in der Lage sind, die vorherrschenden Nutzenvorstellungen kritisch zu prüfen?

In der Massenuniversität ist das schwierig, das ist schon richtig. Aber auch dem Ziel, immer mehr Hochschulabsolventen zu produzieren, liegt vielleicht schon eine fragwürdige (ökonomische) Nutzenvorstellung zugrunde. Bildung ist ein wahrhaft kostbares Gut, gerade auch für die Zukunft unserer Gesellschaft. Wir sollten sie nicht kurzsichtigen Kosten-Nutzen-Rechnungen opfern.

Die Autoren

Böhm, Rainer, ist promovierter Kinder- und Jugendarzt mit Schwerpunkt Neuropädiatrie und Leitender Arzt des Sozialpädiatrischen Zentrums Bielefeld-Bethel. rainer.boehm@evkb.de / www.fachportal-bildung-und-seelische-gesundheit.de/

Bosse, Heinrich, ist promoviert und forscht vor allem auf dem Gebiet der Bildungs- und Sozialgeschichte des 18. Jahrhunderts. Bis 2002 war er Akademischer Rat an der Universität Freiburg.

Gerberding, Johannes, Assessor, ist Wissenschaftlicher Mitarbeiter am Bundesverfassungsgericht.

Gerhardt, Volker, ist Inhaber des Lehrstuhls für Praktische Philosophie an der Humboldt-Universität zu Berlin und seit 2008 Mitglied des Deutschen Ethikrates.

Hartmann, Michael, ist Professor für Elite- und Organisationssoziologie an der TU Darmstadt.

Hörisch, Jochen, ist Professor für Neuere deutsche Literatur und Medienanalyse an der Universität Mannheim.

Junker, Thomas, ist Wissenschaftshistoriker und Evolutionsbiologe. Er lehrt seit 2006 als apl. Professor an der Fakultät für Biologie der Universität Tübingen.

Kamphausen, Georg, ist Professor für Soziologie an der Universität Bayreuth.

Kielmansegg, Peter Graf, ist Politologe und lehrte bis zu seiner Emeritierung 2002 an der Universität Mannheim. Er war danach lange Präsident der Heidelberger Akademie der Wissenschaften.

Kirchhof, Paul, Bundesverfassungsrichter a.D., lehrt Öffentliches Recht, Verfassungsrecht, Finanz- und Steuerrecht an der Universität Heidelberg.

Knape, Joachim, ist geschäftsführender Direktor des Seminars für Allgemeine Rhetorik der Universität Tübingen.

Kurzke, Hermann, ist Professor (im Ruhestand) für Neuere Deutsche Literaturgeschichte an der Universität Mainz.

Lenzen, Dieter, ist Professor für Philosophie der Erziehung an der Freien Universität Berlin, Präsident der Universität Hamburg und Vizepräsident der Hochschulrektorenkonferenz.

Loss, Julika, ist Professorin für Epidemiologie und Präventivmedizin am Universitätsklinikum Regensburg.

Mainzer, Klaus, ist Professor für Philosophie und Wissenschaftstheorie und Direktor des Munich Center for Technology in Society (MCTS) an der Technischen Universität München.

Maio, Giovanni, ist Inhaber des Lehrstuhls für Medizinethik am Institut für Ethik und Geschichte der Medizin der Albert-Ludwigs-Universität Freiburg.

Neuwirth, Angelika, ist Professorin für Arabistik an der Freien Universität Berlin und leitet das Corpus-Coranicum-Projekt der Berlin-Brandenburgischen Akademie der Wissenschaften.

Randall, Lisa, ist Professorin für Theoretische Physik an der Harvard University.

Rieger, Frank, ist einer der Sprecher des Chaos Computer Clubs.

Rüthers, Bernd (emeritiert), lehrte Bürgerliches Recht, Arbeitsrecht, Handelsrecht und Rechtstheorie an der Universität Konstanz.

Schlaffer, Hannelore, ist freie Publizistin und lebt in Stuttgart. Bis zum Jahr 2001 war sie Professorin für Neuere Deutsche Literatur an der Ludwig-Maximilians-Universität München.

Schollwöck, Ulrich, ist Professor für Theoretische Physik an der Ludwig-Maximilians-Universität München.

Speer, Andreas, ist Professor für Philosophie am Philosophischen Seminar der Universität zu Köln und Direktor des Thomas-Instituts sowie Sprecher der a.r.t.e.s. Forschungsschule.

Thomä, Dieter, ist Professor für Philosophie an der Universität St. Gallen.

Vössing, Konrad, ist Professor für Alte Geschichte an der Universität Bonn.

Voßkuhle, Andreas, ist Professor für Staatswissenschaft und Rechtsphilosophie an der Universität Freiburg und Präsident des Bundesverfassungsgerichts.

Zehnpfennig, Barbara, ist Professorin für Politische Theorie und Ideengeschichte an der Universität Passau.

Quellennachweis

Rainer Böhm: *Die dunkle Seite der Kindheit. Kleinkinder dauerhaftem Stress auszusetzen ist unethisch. Eine Analyse der Risiken und Nebenwirkungen der deutschen Krippenoffensive*
  Dieser Beitrag ist zuerst erschienen in der Frankfurter Allgemeinen Zeitung vom 4. April 2012.

Heinrich Bosse: *Die Bildung des Bürgers. Veränderte im achtzehnten Jahrhundert das Bürgertum die Gesellschaft oder die Gesellschaft das Bürgertum? Ein Beitrag zur Sozialgeschichte aufgeklärter Geselligkeit.*
  Aus: Frankfurter Allgemeine Zeitung vom 12. Juli 2012. „© Alle Rechte vorbehalten. Frankfurter Allgemeine Zeitung GmbH, Frankfurt. Zur Verfügung gestellt vom Frankfurter Allgemeine Archiv". Soeben vom Autor erschienen: Bildungsrevolution 1770-1830. Hg. mit einem Gespräch von Nacim Ghanbari, Heidelberg 2012.

Volker Gerhardt: *Der Wert der Wahrheit wächst. Die Unparteilichkeit der Wissenschaft als Parteilichkeit für die Erkenntnis der gemeinsamen Welt*
  Aus: Forschung & Lehre 5/2012, S. 360ff. Festvortrag gehalten zur Eröffnung des 62. Verbandstags des Deutschen Hochschulverbands in Hannover am 19. März 2012.

Michael Hartmann: *Der „Hamsterrad"-Effekt. Unparteilichkeit der Wissenschaft – Anspruch oder Wirklichkeit?*
  Aus: Forschung & Lehre 5/2012, S. 368f.

Jochen Hörisch: *Das Geld der Wissenschaft. Potenz und Faszination des Geldes für die Wissenschaft*
  Vortrag auf der Jahrestagung der DGGMNT – Deutsche Gesellschaft für Geschichte der Medizin, Naturwissenschaft und Technik / GWG – Gesellschaft für Wissenschaftsgeschichte in Mainz am 28. September 2012

Thomas Junker: *Grundphänomen des Lebens. Sammeln und Horten – eine menschliche Eigenart?*
  Aus: Forschung & Lehre 4/2012, S. 280f.

Georg Kamphausen: *Wie Studenten denken – Eine Stichprobe. 157 Versuche, eine Karikatur zu verstehen*
Aus: Frankfurter Allgemeine Zeitung vom 20. Juni 2012. „© Alle Rechte vorbehalten. Frankfurter Allgemeine Zeitung GmbH, Frankfurt. Zur Verfügung gestellt vom Frankfurter Allgemeine Archiv".

Peter Graf Kielmansegg: *Die institutionalisierte Geringschätzung der Lehre. Und was die Exzellenzinitiative dazu beigetragen hat*
Aus: Frankfurter Allgemeine Zeitung vom 8. August 2012. „© Alle Rechte vorbehalten. Frankfurter Allgemeine Zeitung GmbH, Frankfurt. Zur Verfügung gestellt vom Frankfurter Allgemeine Archiv".

Paul Kirchhof: *Verfassungsnot!*
Aus: Frankfurter Allgemeine Zeitung vom 12. Juli 2012. „© Alle Rechte vorbehalten. Frankfurter Allgemeine Zeitung GmbH, Frankfurt. Zur Verfügung gestellt vom Frankfurter Allgemeine Archiv".

Joachim Knape: *Keine Zweifel, kein Abwägen, keine Kompromisse. Populismus aus rhetorischer Sicht*
Aus: Forschung & Lehre 7/2012, S. 540ff.

Hermann Kurzke: *Kann man trinkend gute Bücher schreiben? Der Wein und die Literatur*
Aus: Forschung & Lehre 9/2012, S. 706ff.

Dieter Lenzen: *Humboldt aufpoliert. Kann ein Studium Bildung und Ausbildung zugleich sein? Ja!*
Dieser Beitrag ist zuerst erschienen in DIE ZEIT vom 15. März 2012.

Julika Loss: *Wandel in der Medizin: Folgen für Arzt und Patient.*
Aus: Karl Max Einhäupl (Hg.): Chancen und Grenzen (in) der Medizin. Veröffentlichungen der Hanns Martin Schleyer-Stiftung, Bd. 80, 2012, S. 39ff. Der Text basiert auf einem mündlichen Vortrag auf dem III. Interdisziplinären Kongress Junge Naturwissenschaft und Praxis vom 18. bis 19. Oktober 2011 in Berlin.

Klaus Mainzer: *Symmetrie und Gottes Teilchen*
Dieser Beitrag ist zuerst erschienen in der Süddeutschen Zeitung vom 16. Juli 2012. Von ihm sind u.a. erschienen: Symmetrien der Natur, De Gruyter. Berlin/New York 1988 (engl. Übers. 1996); Symmetry and Complexity. The Spirit and Beauty of Nonlinear Science, World Scientific: Singapore 2005.

Giovanni Maio: *Ärztliche Hilfe als Geschäftsmodell? Eine Kritik der ökonomischen Überformung der Medizin.*
Aus: Deutsches Ärzteblatt 2012; 109(16): A 804–7.

Angelika Neuwirth: *Muslime auf Augenhöhe. Ein Forschungsprojekt sucht nach der europäischen Dimension des Koran.*
Dieser Beitrag ist zuerst erschienen in der Frankfurter Allgemeinen Zeitung vom 16. April 2012.

Lisa Randall: *Gibt es andere Universen – und wie viele? Auch die moderne Wissenschaft hat ihre Glaubensfragen. Ein Gespräch mit der US-amerikanischen Physikerin*
Aus: DIE ZEIT vom 3. Mai 2012. Das Gespräch führten Tobias Hürter und Max Rauner.

Frank Rieger: *Bald wird alles anders sein. Doch wir können die Folgen steuern: Manifest für eine Sozialisierung der Automatisierungsdividende*
Dieser Beitrag ist zuerst erschienen in der Frankfurter Allgemeinen Zeitung vom 18. Mai 2012.

Bernd Rüthers: *Die Werte der Tyrannei*
Aus: Frankfurter Allgemeine Zeitung vom 19. September 2012. „© Alle Rechte vorbehalten. Frankfurter Allgemeine Zeitung GmbH, Frankfurt. Zur Verfügung gestellt vom Frankfurter Allgemeine Archiv".

Hannelore Schlaffer: *Goethe und ein Ende. Lektüre und Lebensstil*
Dieser Beitrag ist zuerst erschienen in der Süddeutschen Zeitung vom 10. Mai 2012.

Ulrich Schollwöck: *Für Wildwuchs im europäischen System. Über die Attraktivität des europäischen Hochschulraums*
Aus: Forschung & Lehre 8/2012, S. 640ff. Diskussionsbeitrag anlässlich der Tagung der Villa Vigoni und des Deutschen Hochschulverbandes vom 3. bis 6. April 2011 „Der Europäische Hochschulraum: Vision, Fiktion oder Wirklichkeit? Eine Zwischenbilanz".

Andreas Speer: *Auf ein Glas Wein mit Kant. Oder: „Der Mensch ist, was er trinkt"*
Aus: Forschung & Lehre 9/2012, S. 700ff.

Dieter Thomä: *Zwist am Abgrund. Eine Debatte zur Frage „Gibt es noch eine Universität?" aus dem Jahr 1931/32*
Aus: Frankfurter Allgemeine Zeitung vom 8. Oktober 2012. „© Alle Rechte vorbehalten. Frankfurter Allgemeine Zeitung GmbH, Frankfurt. Zur Verfügung gestellt vom Frankfurter Allgemeine Archiv". In einem jüngst erschienenen Buch hat er die Artikelserie aus der „Frankfurter Zeitung" neu herausgegeben und mit einem Nachwort versehen. Das Buch ist bei Konstanz University Press erschienen und trägt den Titel: „Gibt es noch eine Universität? Zwist am Abgrund – eine Debatte in der Frankfurter Zeitung 1931/32".

Konrad Vössing: *Non scholae sed vitae? Lehre an antiken Hochschulen*
Aus: Forschung & Lehre 6/2012, S. 454f.

Andreas Voßkuhle/Johannes Gerberding: *Michael Kohlhaas und der Kampf ums Recht*
Es handelt sich um den Text einer Vorlesung, die der erstgenannte Autor am 6. Dezember 2011 im Rahmen der Ringvorlesung des Deutschen Seminars und der FRIAS School of Language & Li-

terature der Albert-Ludwigs-Universität Freiburg zum 200. Todesjahr Heinrich von Kleists gehalten hat. Die mit Nachweisen versehene Fassung des Vortrags wurde veröffentlicht in: Juristenzeitung 2012, S. 917 bis 925.

Barbara Zehnpfennig: *Wie ökonomisch ist Bildung?*
   Aus: Forschung & Lehre 10/2012, S. 796ff.

Bei Fragen zur Produktsicherheit wenden Sie sich bitte an:
If you have any questions regarding product safety,
please contact:

Walter de Gruyter GmbH
Genthiner Straße 13
10785 Berlin
productsafety@degruyterbrill.com